海南大学法学文丛

本书系国家社科基金重大项目“百年南海疆文献资料的发掘与整理研究”（18ZDA193）阶段性成果。

2013年度国家法治与法学理论研究部级一般科研项目“国家海上民事管辖权研究”（13SFB2026）成果

国家海上民事管辖权研究

撰稿人（以结项证书所列为序）| 王　琦　李　永　丁洁琼　何海榕　安晨曦　牛文杰　郭中元

法律出版社
LAW PRESS · CHINA

总序

海南大学法学院建立于1988年，其前身是创办于1983年的海南大学法律系。1988年起招收本科生，先后设有国际经济法、法学和经济法三个专业，1999年根据教育部新的专业目录，调整合并为法学本科专业。2007年8月，原海南大学法学院与原华南热带农业大学文法学院法律系合并，成立新海南大学法学院。

经过近三十年的发展，海南大学法学院已经形成了学士、硕士和博士完整层次的人才培养体系，法学学科是一级学科硕士授权点、一级学科博士授权点，海南省重点学科，法学院是第三批高等教育特色专业建设点、全国专业学位研究生教育培养综合改革试点单位、卓越法律人才教育培养基地和中国法学会"海法方阵"八家理事单位之一。目前，法学院设有国家"2011计划"司法文明协同创新中心南方基地、中国法学会法治研究基地"海南省南海政策与法律研究中心"、特区法制研究所、中德法律研究所、金融刑法研究所等科研机构，拥有教职工76人，其中专任教师57人，具有博士学位27人，在读博士9人。

"法治天下、人才第一。"法学院历来十分注重学生综合素质的培养，使其能够成为合格的卓越法律人才。为此，学院力推教学改革，打造精品课程和优秀教学团队，以提升教育质量。学院目前拥有国家级教学团队1个，国家级精品课程、国家级精品资源共享课、教育部研究生重点建设课程各1门；设立了法学综合实验实践教学中心，开设了法律诊所、案例分析、模拟法庭、物证技术以及速录技能等课程，以培养和训练学生的“三基三能”；设立了1个国家大学生校外实践教育基地和55个实践教学基地，以培养学生的实践能力。

教学、科研与社会服务是高等院校的三大基本职能，也是海南大学法学院学科建设的三大方向，其中，科研是提高教师综合素质的途径，也是提升办学水平和教学质量的保障。为了提升学院的科研水平，法学院设立了科研机构，制定了科研激励机制，创造了良好的科研环境。目前，法学院充分利用其所在的地理、学科优势，在南海法律问题、经济特区法治建设、旅游岛法治建设、农村土地政策等方面形成了自己的研究特色。其中，利用海南省南海政策与法律研究中心这一科研机构，打造了“南海区域合作论坛”以及“南海法律高端论坛”等学术交流平台，使其逐渐成为南海法律领域的智库。近年来，法学院超过50%的研究项目和40%的论文、著作、奖项均集中在南海法律研究上，并提交了108份涉海资政研究报告，其中多份获中央领导重要批示，部分报告已转化为国家海洋政策，在南海维权方面发挥重要作用，因而在南海法律研究领域凸显了海南大学法学院的优势和特色。

法学是一门与社会发展紧密相连的社会科学，法学科研总是随着时代的发展而面临新的课题与新的挑战。因此，提高科研水平，拓展研究方向，以适应社会发展和需求，是法学专业的内在要求，也是法学院校发展的基础。但是与国内知名法学院校相比，海南大学法学院的整体科研实力与水平还相对较弱，与学院提出的建设国内一流法学院的目标还存在较大差距。因此，为了提升海南大学法学院整体科研实力，促进海南大学法学院的持续发展，必须打造科研团队，加大科研力度，提高科研水平，扩大学术影响。

海大法学文丛的推出是鼓励海南大学法学院教师潜心学术、投身科研的重要举措,也是展示和反映海南大学法学院科研实力与水平的平台。我虽然已经不再担任海南大学法学院的领导职务,但我仍是海南大学法学院的一员,希望丛书的作者能够多研究问题,出版高质量的学术著作,为法治中国建设做出力所能及的贡献。

海南大学副校长　王崇敏

2016 年 9 月 7 日

序

在我们这个蓝色星球上，海洋占地球面积的近71%，是地球自然地理区域的主要组成部分，蕴藏着巨大的资源和财富。我国是海洋大国，拥有1.8万公里长的海岸线和近300万平方公里的主张管辖海域。因此，如何有效地对我国海域进行管辖，已成为新时代亟需解决的重要课题。

在上述背景下，王琦教授主持完成了"法治建设与法学理论研究部级科研项目"——《国家海上民事管辖权研究》。本书是在该项目结项报告的基础上修改而成的，主要有以下几大特点：

第一，填补了我国"国家海上民事管辖权问题"研究的空白。本书是我国目前首部对"国家海上民事管辖权"进行全面系统研究的著作。该书的出版，不论是对国家海上民事管辖权的基础理论研究，还是对我国海上民事管辖权现实问题的解决，都具有重要的理论价值和现实意义

第二，厘清了国家海上民事管辖权方面的诸多理论困惑。众所周知，《联合国海洋法公约》第28条是国家海上民事管辖权制度的"宪法性条款"，也是整个公约中唯一对民事管辖权问题作出明确规定的条款。然而，由于理论研究的薄弱和条约规定的单一，导致现今国际社会对于国家海上民事管辖权的基本概念、权源基础、权利属性、权利内容、权域范围等基本理论尚未形成定论；对于资源开发、海洋科研、海洋环保等行使海上民事管辖权的国家实践还存在许多争议。鉴于此，本书通过全面分析"国家管辖权""国际民事管辖权"

“国家民事管辖权”“国家海洋民事管辖权”等概念的联系与区别，明确提出了“国家海上民事管辖权”指一国依据国际法和本国法律，为规范和管理其管辖权域范围内各类涉外平等民事主体及其行为，实施的各类立法权、司法权以及行政权等权力。国家海上民事管辖权具有民事性、涉外性以及多元性的特点，并包括立法权、司法权和行政权三方面的内容。国家海上民事管辖权的权源基础主要来自于国家“主权”的权利延伸。国家海上民事管辖权的权域范围，一方面体现在国家管辖海域，另一方面又体现在国家管辖外海域，等等。上述种种学术观点，进一步突显了本书的理论创新和学术价值。

第三，丰富了国家海上民事管辖权的研究内容。本书主要包括“国家海洋维权民事管辖权之厘释”“我国海洋维权民事管辖权的主体”“国家海洋维权民事管辖权的主体对象”“国家在领水的海洋维权民事管辖权”“国家在毗连区和专属经济区的海洋维权民事管辖权”“国家在其他相关海域的海洋维权民事管辖权”“完善我国海洋维权民事管辖权制度的建议”等七章。在以上章节中，本书将国家海上民事管辖权的研究视域，不但包括在“领水”“毗连区”“大陆架”“专属经济区”等国家传统管辖范围内的海域，而且根据国家海上民事管辖权基于“主权”延伸出的权利特质，其权利还及于“公海”和“国际海底区域”等区域。

第四，提出了完善我国海洋维权民事管辖权制度的建议。国家海洋维权管辖权是国家主权、主权权利和管辖权在海上的延伸。其中，国家海上民事管辖权，是对管辖海域实施有效管控的常态化手段，亦是实现党的十八大报告提出的“建设海洋强国”战略的重要途径。因此，本书在全面分析国家海上民事管辖权基础理论、管辖权主体以及管辖权权域范围的基础之上，有针对性地提出未来强化我国海上民事管辖权，不但需要完善相关立法和协调机制，而且还要强化司法职能、加强程序性规范等。以上对策和建议，将为我国立法机构和实务部门解决海上民事管辖权相关问题现提供重要的智力支持和决策依据。

以“法学”为核心的文化旅游学科群是海南大学重点建设的世界一流学科,海洋法学又是海南大学法学传统优势专业。我相信,本书的出版,既为我国“国家海上民事管辖权问题”研究增添了一部不可多得的参考书,也是海南大学海洋法学涉海力作迭出的重要体现。

王琦教授是一位非常勤奋的学者,曾作为首席专家主持承担了2018年国家社科基金重大招标项目“百年南海疆文献资料的发掘与整理研究”等重大项目。我与王琦君有多年的学术交往,今应邀为本书作序,故谨致数语,聊以充序。

杨泽伟 *

2020年7月于武汉

---

* 教育部长江学者特聘教授、武汉大学二级教授、珞珈杰出学者、博士生导师。

前言

“海洋”是地球的主要组成部分，占地球面积的近71%，蕴藏着无穷的资源和财富。随着科学技术的飞速发展，人类利用海洋能力不断增强，开发利用海洋区域不断扩大。同时，随着陆地资源的紧张，人口和环境的压力不断增大，世界各国纷纷向海洋寻找生存和发展的新空间，海洋的地位和作用日益重要。21世纪更将是“海洋的世纪”。

自上世纪五十年代以来，国际海洋法得到较快发展。联合国先后于1958年、1960年和1973年召开了三次国际海洋法会议，组织各国代表对国际海洋法进行编纂。1982年12月10日，联合国第三次海洋法会议最终通过了《联合国海洋法公约》(United Nations Convention on the Law of the Sea)。1993年11月16日，该公约第60个缔约国——圭亚那批准了该公约之后，《联合国海洋法公约》于1994年11月16日正式生效。海洋作为人类社会实现可持续发展的一个支持系统，被纳入《联合国海洋法公约》的法律制度当中，标志着对海洋的利用和管理进入了一个新的时代。

《联合国海洋法公约》把整个海洋分成内水、领海、毗连区、专属经济区、大陆架、群岛水域、公海、国际海底区域等具有不同法律地位的海域，同时规定了内陆国出入海洋的权利、海洋环境保护和保全、海洋科学研究、海洋资源开发与利用、海洋技术的发展和转让以及海洋争端解决等一系列有关海洋利用的法律制度。这些规定使其成为一部“海洋宪章”，涉及海洋所有方面的问题和所有国家的利益，成为人类历史上迄今为止最全面、最完整、也最有实践性的海洋法典。我国于1996年5月15日经第八届全国人民代表大会第19次会议通过决议批准了《联合国海洋法公约》。1996年6月7日，我国常驻联合国代表向联合国秘书长的代表递交了批准书。1996年7月7日，《联合国海洋法公约》开始对我国生效。

自1994年《联合国海洋法公约》生效以来，其法律制度的实施引起国际社会及沿海国海洋管理实践的重大变革，一是改变了世界海洋的政治和地理格局。全球约36%的海洋和90%的海洋资源被纳入沿海国的管辖范围，约1.09亿平方千米的近海被沿海国以200海里专属经济区和大陆架等形式划归为管辖海域，从原有“公海”性质海域转变成为具有“国土”性质的海域。二是出现了“蓝色圈地运动”，沿海国陆续划定多次国家间的海上边界，据不完全统计，联合国大陆架界限委员会已收到200海里外大陆架的划界案和初步信息资料分别达到53件和46件。三是对国际海底矿产资源逐步建立了国际社会共同管理的制度。四是各沿海国纷纷制定国内海洋法律政策、海洋战略等，强化本国的海洋综合管理能力。五是海洋管理制度日趋严格，公海传统捕鱼权利受到限制，生物多样性保护及深海遗传资源等受到越来越多的关注和严格保护性管理，等等。

对于《联合国海洋法公约》的通过和生效，于我国而言，既是机遇，又是挑战。从机遇而言，按照以《联合国海洋法公约》的有关规定，我国海岸线长达1.8万公里，居世界第四位。我国可主张的管辖海域面积多达300万平方公里，接近我国陆地领土面积的1/3。其中与领土有同等法律地位的领海面积为38万平方公里。但同时，《联合国海洋法公约》的生效也给我国带来诸多挑战。根据《联合国海洋法公约》，我国可以主张300万平方公里的管辖海域，但是，如何有效对我国海域进行管辖，业已成为中国新时代的重要课题。国家海洋维权管辖权是国家主权、主权权利和管辖权在海上的延伸。其中，国家海上民事管辖权，是对管辖海域实施有效管控的经常化手段，亦是实现党的十八大报告提出的“建设海洋强国”战略的重要途径。《联合国海洋法公约》第28条明确规定了国家海上民事管辖权制度，是整部条约中唯一对民事管辖权问题作出明确规定的条款。但是，由于理论上研究的薄弱和条约法上规定的单一，导致目前国际社会对于国家海上民事管辖权的基本概念、权源基础、权利属性、权利内容、权域范围等基础理论尚未形成定论；对于资源开发、海洋科研、海洋环保等行使海上民事管辖权的国家实践还存在许多争议，以上问题都亟待在学理层面予以回应和解决。

目录

第一章　国家海洋维权民事管辖权之厘释

明晰国家海洋维权民事管辖权的概念，是研究其理论和实践的基石。国家海洋维权民事管辖权在本质上属于国家涉外权力体系中的一类。准确认识国家海洋维权民事管辖权的内涵与外延，要追本溯源，需要通过对国际民事管辖权、国家管辖权、民事管辖权、国家海洋民事管辖权等国家涉外权力体系上的几个与其相关的权利概念的比较去发现和寻找。

第一节　国际民事管辖权的概念及特征

一、国际民事管辖权的概念

国际民事管辖权是国际法上一个内涵多元的概念。从不同角度分析国际民事管辖权，对其会有不同的内涵和外延的界定。在学理上，有些观点认为，所谓国际民事管辖权就是指一国法院在审理涉外案件时所享有的管辖权力，具体而言是指一国国内法院在受理涉外平等民事主体基于民事纠纷而产生的民事案件的具体范围。[1] 有

---

〔1〕 刘振江：《国际民事管辖权冲突及其解决》，载《法律科学》1990 年第 2 期，第 47 页。

些观点从一国法院诉讼管辖权角度出发分析国际民事管辖权，认为国际民事管辖权是一国国内具有适格管辖权的法院审理具有涉外因素的平等民事主体案件的权限。[2] 有些观点则认为，国际民事管辖权是各国国内法院在国际交往过程中受理的平等民事主体之间具有涉外因素的国际民事或商事案件的资格。[3] 有学者认为，国际民事管辖权不论是在国内法上还是在国际法上，其主要是就民事诉讼管辖权而言的，其外在表现为一国法院对案件的管辖。[4] 还有学者认为，国际民事管辖权是指一国国内法院依据条约或者该国之国内法，对具有涉外因素的国际民商事案件行使诉讼管辖权的资格。[5] 此外，还有其他学者从诉讼管辖权角度分析，认为国际民事管辖权其实质就是指国际民事诉讼管辖权。[6]

从以上不同观点不难发现，学界对于国际民事管辖权的界定主要是围绕诉讼管辖权或者司法管辖权展开的，[7]其核心均是从国际私法角度，对一国国内法院具有涉外因素的民商事案件之诉讼管辖权资格予以论述。[8] 但是，如果从国际公法的视角去理解国际民事管辖权，仅将其限定为一国国内法院受理或审理平等民事主体之间具有涉外因素的民商事案件的诉讼管辖权是否合理？其界定是否

---

〔2〕 刘卫翔：《国际民事管辖权的根据及限制》，载《比较法研究》1996 年第 4 期，第 367 页。

〔3〕 张鋆：《论国际民事管辖权冲突产生的原因及协调》，载《南昌大学学报》（人文社会科学版）2009 年第 2 期，第 85 页。

〔4〕 安晨曦、王琦：《国家海上民事管辖权：概念及其展开》，载《中国海商法研究》2015 年第 3 期，第 77 页。

〔5〕 刘卫国：《论国际民事管辖权的立法趋向》，载《法商研究》2001 年第 6 期，第 39 页。

〔6〕 李先波：《国际民事管辖权的协调》，载《法学研究》2000 年第 2 期，第 114 页。

〔7〕 王丽娜：《沿海国对外国船舶的民事管辖权问题探析——以〈联合国海洋法公约〉第 28 条规定切入》，载《法学论坛》2016 年第 5 期，第 115 页。

〔8〕 刘卫国：《论国际民事管辖权的立法趋向》，载《法商研究》2001 年第 6 期，第 40 页。

可以当然地推衍到国际公法层面予以适用？如要厘清及解决这些困惑和疑问，需要先行明确何为民事，何为管辖权以及何为国家管辖权等几个基础性概念之内涵。

要准确认识“国际民事管辖权”这一概念，首先要准确理解何为“民事”。虽然在法学概念中，“民事”一词随处可见，但如要真正考究其实质和内涵，还需要从基本的词源学中去把握和考察。〔9〕“民事”一词在我国古代亦早已有之，《周礼》中就有多处记载民事问题。〔10〕在我国古代，民事内涵丰富，几乎涵盖了军政、税务、劳役、出入、借贷、合同等诸多方面。〔11〕虽然在古代，民事内涵会涉及官方的一些事务和权限，但整体上，民事在一般情况下，通常还是指涉及民间的事务。随着“民事”一词的历史发展演变，到了现代，“民事”一词逐渐褪去官方的、行政的非普通民众的色彩，成为特指非民间的普通民众之间事务的专属词汇。从词源学看，通常将“民事”拆解为“民”和“事”两个部分。所谓“民”是指人民的、普通公民的，其相对于官方而言；所谓“事”是指事情。〔12〕也有观点认为，“民”是指民间的，“事”则是指关系、事情或者责任等。〔13〕“民”与“事”在法学视域

〔9〕安晨曦、王琦：《国家海上民事管辖权：概念及其展开》，载《中国海商法研究》2015 年第 3 期，第 76 页。

〔10〕《周礼·天官·小宰》：“以官府之八成经邦治：一曰听政役以比居，二曰听师田以简稽，三曰听闾里以版图，四曰听称责以傅别，五曰听禄位以礼命，六曰听取予以书契，七曰听卖买以质剂，八曰听出入以要会。”以上八项事务按《周礼》注解均为“民事”。

〔11〕安晨曦、王琦：《国家海上民事管辖权：概念及其展开》，载《中国海商法研究》2015 年第 3 期，第 78 页。

〔12〕冷玉龙、韦心主编：《中华字海》，中华书局、中国友谊出版公司 1994 年版，第 26 页。

〔13〕中国社会科学院语言研究所词典编辑室编：《现代汉语词典》（第 5 版），商务出版社 2005 年版，第 1246 页。

下合解为涉关民法的，[14]“民事”即等同于民法之事。与其结合形成的法律术语也就有了民事权利、民事行为、民事法律关系等概念。[15] 从词源学历史发展可以看出，“民事”一词在中国古代其内涵十分丰富，包括各类行政管理的法律关系、税负征集的法律关系、调控市场经济的法律关系、管控契约买卖的法律关系，以及各个法律部门所调控的各类社会关系，其所涉关系面几乎涵盖了社会中所有民事关系的各个领域。[16] 但是，到了现代，尤其是随着以“民法”为代表的私权法出现，“民事”一词发生了巨大的变化。民事成为普通公民之间所涉事务的专属名词，其与官方的、政府的、军方的、行政的国家事务相对。当非官方的“民事”一词成为法学术语时，其不论是在国际法上还是在国内法上，其内涵逐步统一为平等民事主体之间所涉的法律关系。“平等性”是“民事”最本质的特征。

而关于国家管辖权问题，国家管辖权在通常情况下是国际法特有的一个术语。一国国内通常也会使用“管辖权”，但更多的是使用“国家权力”一词。国内法国家的“权力”与普通公民的“权利”常是一对相对的概念范畴。国家管辖权虽然是国际法的一个特有概念，但其适用范围并非适用于国际公法、国际私法和国际经济法等所有的国际法，不论是在理论上还是在国际实践当中，国家管辖权适用的范围主要局限在国际公法之中。在国际经济法和国际私法层面，由于其更多的是突出平等民事主体的民事权利和商事权利，此时，为了保障民事主体私权的自由，国家管辖权在国际私法和经济法领域更多地呈现的是回避和谦让的姿态。故而，对国家管辖权较具有代表

---

〔14〕《现代汉语大词典》编委会编：《现代汉语大词典》，汉语大词典出版社 2000 年版，第 2420 页。

〔15〕中国社会科学院语言研究所词典编辑室编：《现代汉语词典》，商务出版社 2005 年版，第 951 页。

〔16〕安晨曦、王琦：《国家海上民事管辖权：概念及其展开》，载《中国海商法研究》2015 年第 3 期，第 76 页。

性的界定一般都出自国际公法学者的观点。在国际公法上,《奥本海国际法》将国家管辖权界定为是一国为保障国家权利的实现,对其管辖范围内涉及的各类行为及因行为和事件而引发的后果予以调控的权限边界,其内涵多元,并不是单指某一特定的权力种类,其外延表达多元,包括了国家立法权、国家司法权以及国家行政权等。〔17〕布朗利认为,国家管辖权一般在国际公法上也称为管辖权,管辖权是一国国家主权的应有之义,其是一国国家"主权"的一种法律权限外化的重要内容和类型,管辖权既包括国家行使主权行为的立法权,也包括为保障立法目的的实现而衍生的相关的司法权和行政权。〔18〕马尔科姆认为,国家管辖权是一国按照国际法所赋予国际社会主权国家而享有的调整其本国管辖范围内的人、事、物之国家权力,这一国家权力之实现需要该国通过制定相应的法律,行使相关的行政行为以及特定的司法行为而实现。〔19〕国内学者有观点认为,国际民事管辖权通常是指一国依据国际法为维护本国民事主体的合法权益,对涉外民事行为享有的立法、司法及执行的权力。〔20〕姜琪教授则认为在由主权国家构成的现代国际社会,"主权性"是现代国家最核心的特质。国际社会各国在依据"主权"对外进行国际交往过程中,不论国家自然属性大小,经济实力强弱,在法律属性上均具有独立平等的法律地位。主权国家法律属性的"独立"意味着其对本国管辖范围内之人、物、事具有国家权威。这种国家权威在实践当中具体表现为该国对其管辖范围内的人和事具有国际法上的调控和规制权。国家

---

〔17〕［英］奥本海:《奥本海国际法》,詹宁斯、瓦茨修订,中国大百科全书出版社 1995 年版,第 327 页。

〔18〕［英］伊恩·布朗利:《国际公法原理》,曾令良、余敏友等译,法律出版社 2007 年版,第 266 页。

〔19〕Malcom N. Shaw, *International Law* (5*th ed.*), Cambridge University Press, 2003, p. 572.

〔20〕王丽娜:《沿海国对外国船舶的民事管辖权问题探析——以〈联合国海洋法公约〉第 28 条规定切入》,载《法学论坛》2016 年第 5 期,第 114 页。

管辖权就是一国根据国际主权而产生的依据国际法对管辖范围内人、物和事采取的各类行动的范围。[21]

由以上论述可以看出，虽然以上不同学者对国家管辖权的概念界定各有所述，但大同小异，本质上均认为在国际公法层面，国家管辖权的范围既包括立法权力，还包括了为实现立法目的而实施的司法权力。正如有学者指出的那样，国家管辖权不能仅将其内涵定性为一国的司法管辖权力，在国际公法语境之下的国家管辖权内容较之国际私法领域更为宽泛和多元，国家司法管辖权仅是国家管辖权的一个方面。[22] 实际上，近年来我国一些学者已经开始意识到不同学科对国际法上的管辖权的理解是有差别的，尤其是在国际私法学界与国际公法学界之间。在国际公法层面，对一国享有的民事管辖权之界定，仅将其限定在一国对具有涉外因素的案件所享有的司法管辖权的权限或资格有天然的法律缺陷，其本身与现代国际社会主流观点，即以国家视角审视民事管辖权相背离。[23] 产生以上情形的内在原因可能是国际民事管辖权本身具有私权属性。国际民事管辖权较之国际刑事管辖权和国际行政管辖权而言，虽然三者在本质上均属于国际法上的国家管辖权之范畴，但是，在法律效力表达上，三者具有完全不同的外化表达特征。国际刑事管辖权和国际行政管辖权在法律属性上可归为一类，其均是带有浓重公法色彩的管辖权力，为了保障其权力效力的实现，其外在表达上呈现明显的主动性。而国际民事管辖权则不同，基于民事自由和意思自治的要求，不论是在一国的国内法上抑或是在国际法上，一国以保障私权为核心的民事事务的意思自治和自决，通常情况下推行“不告不理”原则，而此时，

〔21〕 姜琪：《简论国际法上的管辖权制度》，载《当代法学》2001 年第 5 期，第 46 页。

〔22〕 王丽娜：《沿海国对外国船舶的民事管辖权问题探析——以〈联合国海洋法公约〉第 28 条规定切入》，载《法学论坛》2016 年第 5 期，第 115 页。

〔23〕 杜睿哲：《国际民事管辖权冲突及其解决》，载《兰州交通大学学报》（社会科学版）2004 年第 5 期，第 89 页。

国家对民事管辖权之行使，通常主要体现为，该国法院通过受理由平等民事主体主动提起的具有涉外因素的民事案件，从而彰显和实现国家对涉外民事中的人、事、物的管辖权之国家权威。[24] 而要在国际公法语境下准确认知和理解国际民事管辖权的内涵和外延，则需要首先跳出以国际私法视角研究国际民事管辖权的樊篱，以平等主权国家之间在交往过程中各国为维护其主权而衍生的管辖权角度去分析和理解，以此才能避免目前学界对国际管辖权在界定和认知上的理解偏差。

因此，在国际公法层面上，作为国家主权衍生的国家管辖权内涵丰富，其不仅包括立法权，还包括了执法权和司法权。而“民事”在通常意义上是指平等的民事主体之间所涉的民商事务。当“国家管辖权”附加“民事”这一限定语时，就可以当然地理解为国家对一国管辖范围内的“民事”行使的管辖权，其具体包括立法权、行政权和司法权。在国家实践中，就国家民事管辖权的立法权而言，民事管辖立法权一般情况下是指一国依据国际法为调控和规制该国管辖范围内各类民事行为而制定的各类法律、法规和法律文件的权力。诸如，一国在领土范围内制定的关于涉外商事合同的立法，关于涉外婚姻的立法，关于涉外继承的立法以及关于涉外侵权的立法等。民事管辖司法权，则是指一国国内司法机构依据国际法和本国国内法，在其管辖权限范围内对各类民事行为的诉讼管辖权力。例如，婚姻缔结地法院受理的涉外离婚案件，不动产所在地法院受理的涉外不动产继承案件，侵权所在地法院受理的涉外侵权案件，合同履行地、合同缔结地法院受理的涉外合同案件等。而民事管辖行政权是指一国适格的各类行政机关依据国际法和本国法律，管控该国管辖范围内各类民事行为的各类行政权力。例如，一国在其领海范围内对因船舶

---

〔24〕［英］奥本海：《奥本海国际法》，詹宁斯、瓦茨修订，中国大百科全书出版社 1995 年版，第 327 页。

碰撞而导致的侵权行为的行政管理行为，在毗连区范围内对涉外船舶涉及的走私等商事行为的行政强制行为，在内水对涉外船舶及其相关主体涉及的合同纠纷而实施的行政许可等。

综上所述，国际公法上的国家管辖权一般是指一国依据国际法，为保障国家权利的实现，而对其管辖范围内各类主体及其行为实施的立法权、司法权以及行政权等权力。而国际民事管辖权在该语境下通常是指一国依据国际法和本国法律，为规范和管理其管辖范围内各类涉外平等民事主体及行为实施的各类立法权、司法权以及行政权等权力。国际民事管辖权具有民事性、涉外性以及多元性的特点。

二、国际民事管辖权的特征

（一）国际民事管辖权的民事性

在一般国际法上，国际法又称国际公法，一般是指调整国际法主体之间具有法律拘束力的原则、规则和制度的总和，[25]这些原则、规则和制度的总和主要是为支配国家关系而形成的，[26]国际公法重在规范国家的行为。[27] 正是由于国际法重在突出“公法”的特性，因此，其在外化表现形态上具有自身的特点。

1. 国际法的主体在一般情况之下是国家，国家是国际法的核心主体。虽然，在现行国际法中除国家之外的一些政治团体，如政府间国际组织、世界性的国际组织、民族解放运动组织等，也是国际法的主体，但是，具有独立的国际社会人格的国家依然是构成国际法的最

〔25〕 邵津主编：《国际法》，北京大学出版社、高等教育出版社2008年版，第1页。

〔26〕 ［英］奥本海：《奥本海国际法》，詹宁斯、瓦茨修订，中国大百科全书出版社1995年版，第3页。

〔27〕 别乔伊主编：《国际法：成就与展望》，联合国教科文组织1991年版，第2页。

主要的主体。

2. 国际法交往的一般方式，主要是通过国家间制定的协议或者条约实现的。在国际法上，虽然国际法的渊源既包括条约、国际习惯法，又包括一般法律原则等，但是，从国际法的适用和实践来看，国际法的主要依据仍然是国际条约。例如，在第三次联合国海洋法会议中，与会各国通过长达9年的谈判最终制定并通过了《联合国海洋法公约》（以下简称《公约》）；1961年4月国际社会通过专门的外交会议制定并通过了《维也纳外交关系公约》；为规制和调整国际社会缔结国际条约的规范性，国际社会制定和通过了《维也纳条约法公约》等。

3. 在国际法实施层面，国际法与国内法存在巨大的差异。在国内法上，为保障国内法的贯彻实施以及体现法律效力的彰显，一国国内建立了强有力的保障机制，如通过行政机关、司法机关等权力部门的设立以保障一国国内法的顺利实施。而国际法则与国内法完全不同，在国际上并没有存在一个凌驾于各国之上的强制机关，如国际统一行政机关、国际统一司法机关。作为最有代表性的联合国，其制定的原则和规则，一般情况下也仅对成员国有一定的拘束力。国际社会虽然也存在国际司法机关，如联合国下设的国际法院，以及依据《联合国海洋法公约》而设立的国际海洋法法庭等，但是，其管辖权并不像国内法院一样具有当然的强制管辖权，其存在基本上都要以国际社会各国的同意为基础。国际法的外在强制主要依靠国际社会各国自己按照国际法，如双边条约、多边条约以及国际习惯法等，本国一国或者以本国为基础联合两个或多个国家以集体的形式实施行动，包括要求违背国际义务、违反国际法的国家承担国家责任，实行报复，进行自卫等。

4. 国际关系是国际法调整的对象，这种国际关系不同于政治学及国际关系学中所指称的“国际关系”，这里的国际关系主要是指主权国家之间在互为交往过程中而产生的由国际法所调整的各种关系。国际关系的内容是多种多样的,包括了经济、政治、军事、文化、外交等方方面面的内容。对这些方方面面的内容如从法律上予以分类,其法律关系可以分为民事、刑事、行政、经济等。特别地,随着全球贸易一体化进程的加快,世界各国交往前所未有地频繁,作为调整和保护世界各国自然人、法人等民事主体私权民事法律关系而产生的民事法律规范,在以上各类法律规范中,越发占据重要法律地位。

"民事性"是主权国家之间在互为交往过程中而产生的由国际法所调整的民事法律关系的本质特征。民事性在外化表现上的显著特点是主体的平等性。主体的平等性通常称为平等主体、主体平等,其包含两方面的含义:一是人格独立,二是意志自由。[28] 人格独立中的人格指的是法律主体的资格,即法律人格。人格独立意味着人都有独立的主体资格,在法律地位上完全平等,彼此不存在任何的隶属关系、地位从属关系。意志自由,通常是指具有独立人格的主体,在缔结财产关系和人身关系时,能够保持自身意志的独立性,排除来自其他人的不当干涉。事实上,人格独立与意志自由是一脉相承的,正是由于人格独立,在身份上互不隶属,才注定了任何人都不能将自己的意志凌驾于他人之上;也正是因为任何人都不能将自己的意志凌驾于别人之上,才注定了任何人都是自由的。可见,人格独立是意志自由的前提条件,而意志自由是人格独立的逻辑结果。为保障平等主体的人格独立和意志自由,在法律上,主要通过调整平等主体之间的财产关系和人身关系实现。以财产关系为例,其可分为静态财产关系、动态财产关系。其中,静态财产关系中包含了物的所有关系、占有关系、知识产权专有关系。动态财产关系中包括两大类:一类是纯民事的动态财产关系,如商品交换关系、遗产继承关系、涉物的侵权关系、不动产抵押关系等;另一类是商事的动态财产关系,如商事关

〔28〕 张玉敏主编:《民法》(第2版),高等教育出版社2011年版,第2页。

系、保险关系、票据关系、海商关系、证券关系、破产关系等[29]。就人身关系而言，其包括人格关系和身份关系。[30] 人格关系中的“人格”是指与生俱来的，人人可以得到、享有并受法律保护的主体性要素，一般包括物质性要素和精神性要素两个组成部分。[31] 前者主要外在表现为生命、身体、健康等客观要素，后者主要体现为姓名、肖像、自由、名誉等内容。身份关系中的“身份”是指人在一定社会组织体系所形成的稳定关系中所处的地位。[32] 身份具有一定的稳定性和依存性，具体表现为婚姻家庭中的身份关系以及知识产权中的某种特定身份关系。[33] 人身关系在具体实践当中，具体表现为与特定权利义务相联系的、平等主体之间的关系，如亲属身份权关系[34]、配偶权关系、亲权关系、亲属权关系、名誉权关系、身体权关系，等等。但是，不论在具体的表现形式上财产关系和人身关系如何多元，其均紧紧围绕平等主体之间的民事活动和商事活动而产生。“民事性”是民事法律关系最本质的特征。

（二）国际民事管辖权的涉外性

国际民事管辖权的涉外性是针对其调整的法律关系而言的，就国际民事管辖权而言，其调整的是具有涉外因素的法律关系。一般认为，法律关系通常包括主体、客体和内容（权利和义务）三个要素。[35] 而国际民事管辖权的涉外性是指一国在依据国际法或国内

〔29〕 范健、王建文：《商法学》，法律出版社 2010 年版，第 245 ~ 425 页。
〔30〕 马俊驹、余延满：《民法原论》，法律出版社 2007 年版，第 58 页。
〔31〕 张玉敏主编：《民法》（第 2 版），高等教育出版社 2011 年版，第 3 页。
〔32〕 张玉敏主编：《民法》（第 2 版），高等教育出版社 2011 年版，第 4 页。
〔33〕 郑成思：《知识产权法》，法律出版社 2008 年版，第 9 页。
〔34〕 叶英萍、李永：《亲属身份权之重塑》，载《西南政法大学学报》2016 年第 1 期，第 131 页。
〔35〕 张文显主编：《法理学》（第 3 版），高等教育出版社、北京大学出版社 2007 年版，第 161 ~ 165 页。

法调整和管理的民事法律行为时，其所涉及的主体、客体、内容这三个要素中，至少需要有一个，或者一个以上的因素能够与国外产生联系。[36]

1. 主体涉外

在主体涉外时，作为国际民商事法律关系的主体一方或双方当事人是外国自然人或法人，或者是住所、惯常居所或营业所在国外的自然人或法人。[37] 一般情况下，对于后者所指的住所、惯常居所或营业所在国外的自然人或法人，比较容易判定，其依据客观的地理条件均可以予以明确。但对于前者所指称的外国自然人和法人在国际法上进行判定就显得较为复杂。国际法上判定外国自然人或法人的主要依据是国籍。国籍（nationality）通常反映了某个自然人具有某个国家的国民资格或者身份，国籍意味着该自然人与该国存在永久性的法律关系，并位于该国的属人优越权之下。[38] 众所周知，国家的存在必然要有生活于其上的居民，决定这个特定的永久居民，是否属于该国之居民或者说国民的，就是国籍。[39] 正是由于国籍是判定一个自然人属于哪一国之国民的衡量标准，进而也就以国籍为标准，在国际法上产生了本国人和外国人。即以一国而言，拥有该国国籍的自然人即为本国人，不论其国籍获得是基于自然原因，诸如出生，还是法律原因，诸如申请加入该国国籍，或者通过婚姻、收养等。相对一国而言，没有该国国籍的自然人都可视为外国人，外国人通常情况下包括两大类：一类是相对于一国而言具有该国以外国家国籍的

---

〔36〕 韩德培主编：《国际私法》（第2版），高等教育出版社、北京大学出版社2007年版，第1页。

〔37〕 有时候外国国家、国际组织以及无国籍人也可能成为涉外主体的一部分。具体内容参见韩德培主编：《国际私法》（第2版），高等教育出版社、北京大学出版社2007年版，第1页。

〔38〕 周鲠生：《国际法》（上册），商务印书馆1981年版，第248页。

〔39〕 李浩培：《国籍问题比较研究》，商务印书馆1979年版，第5页。

自然人，这一类自然人是外国人的主要对象；另一类是无国籍人，即该自然人因法律原因，导致在丧失本国国籍的情况下，又未获得他国国籍，此时该自然人处于国籍空白状态，其对于任一国而言，均没有获得该国国籍，因此，无国籍的自然人对于任何国家而言均属于外国人。由此可见，无论是对于国家还是个人而言，国籍都具有重要意义。〔40〕

一方面，国籍是判断本国人与外国人的根据和标准。国家在通常情况下主要是依据国籍来判断一个自然人是该国的本国人还是外国人的。在此基础上，再甄别其不同的法律地位。但凡具有本国国籍的自然人均属于本国人，即便其经常居住地不在该国国内，抑或是其已获得他国的永久居住权，只要该自然人还具有有效的该国之国籍，其都属于该国的本国人，具有该国国民的法律地位。而不具有本国国籍但具有外国国籍或者是无国籍的自然人都是外国人，哪怕该自然人经常居住地在该国，抑或具有居住国永久性居住权，但其在法律性质上对于本国而言仍属于外国人。国家对于本国人和外国人的管辖权存在重大差异。国籍是一国在处理涉外法律关系时适用不同权源的根本所在。对于本国人而言，国家有权对本国人行使属人管辖权，而对于外国人而言，国家只能对其行使属地管辖权和国际法上规定的诸如普遍管辖权，对于外国人不能行使属人管辖权。

另一方面，国籍是确定国家管辖权的依据。一名自然人如获得了一国之国籍，对其国籍所属国而言，该国籍所属国就具有了对该自然人行使属人管辖权的权源依据，对其就可以行使依据属人管辖权而取得的管辖和支配的权力。〔41〕一国对于该国本国人的属人管辖权以其与国家之身份关系而定，因此，具有一国国籍的自然人不论是在国籍国国内抑或是在国外，除非国际双边条约或者多边条约另对

〔40〕　邵津主编：《国际法》，北京大学出版社、高等教育出版社 2008 年版，第 64 页。

〔41〕　李浩培：《国籍问题比较研究》，商务印书馆 1979 年版，第 12 页。

属人管辖权有所变通或者有其他规定，其均受制于国籍国属人管辖权。国家在享有对国籍国民属人管辖权的同时，也应当对该国民履行相应的国家义务。诸如一国负有在其本国国民赴该国境外投资、旅游以及学习时，保护其投资权益、人身权益和教育权益等相应合法权利的义务；当本国国民在外国突遇战争、军事冲突、自然灾害等事故和事件时，国籍国有义务提供及时、有效的应对措施，帮助本国国民顺利返回母国。国家在行使属人管辖权的同时，必然要履行属人管辖权所负有的各项义务，二者相辅相成共同构筑国家对本国国民的属人管辖权的内容。

此外，需要说明的是，国籍的本意就是自然人所享有的国籍，严格来说，只有单个的自然人才是各国国籍法的主体。然而，从19世纪中后期以来，国籍仅涉及自然人的情况悄然发生改变。由于私人企业贸易活动逐渐扩大，超越了国界，推动了贸易全球化、国际化、跨国界化的逐渐高涨，世界各国为了保护本国商业的利益和工业的发展以及繁荣本国的国际通商关系，需要以国籍作为判定一个企业属于本国企业还是外国企业的判断标准。这样原本仅适用于判定本国人与外国人标准的"国籍"规则，被移用到了企业法人之中。国籍国也因此以国籍为依据，如同对于本国人和外国人享有国家管辖权那样，对具有其国籍的企业法人享有属人管辖权，并承担属人管辖权所负有的各类义务；而对于不具有其国籍的外国企业法人则享有属地管辖权、普遍管辖权等权力，并承担相应的管辖权所带来的义务。虽然国家按照国籍的标准对企业法人予以适用，但企业法人的国籍只是自然人国籍的类推或比喻意义上的适用而已，其并非国籍本来对自然人的原有意义。[42] 企业法人仅是自然人依照一定规则而形成的自然人集合体，这就决定了其在外化适用上不可能像自然人那样，构成一国的居民而隶属该国。但在对其管辖上可以推衍适用以自然

〔42〕 李浩培：《国籍问题比较研究》，商务印书馆1979年版，第14页。

人国籍为标准而形成的不同管辖权类型。

2. 客体涉外

在客体为涉外因素时，主要是指作为国际民商事法律关系的标的物位于国外。[43] 可见，客体涉外有两方面的法律属性要求，一是标的物所处的客观属性要求，二是涉外标的物的物之属性要求。

关于标的物客观属性，主要是指标的物在客观上位于一国管辖权范围之外。一国的管辖权范围在涉外民事法律关系中，通常要做广义解释，其包括领土范围、准领土范围以及主权权利所及之范围三个层级。

第一个层级是领土范围，关于一个国家的领土，通常是指完全属于国家主权下的地球空间部分，这部分并非限制在地球的表面。[44] 一个国家的领土不仅包括了陆地和某些水域表面部分，还包括陆地和某些水域的上空和底土部分。国家领土的构成要素有领陆、内水、领空和底层底土。领陆（Land territory）指国家疆界内的全部陆地，既包括陆地而且还包括了所有的岛屿、岩礁以及其他海中高潮高地。内水则主要包括内陆水和内海水两大部分，内陆水主要有内河、内湖、运河以及水库等，而内海水则包括海港，内海湾，具有历史性所有权的历史性海湾、历史性水域，以及以直线基线向海一面划定一国内水的毗连大陆的海水区域。领空则是连接国家陆地及内水的一定高度的空气空间。与空气空间相对应的是外层空间。空气空间属于一国领空，完全受一国主权支配。但外层空间则实行自由开发利用，不受任何国家主权的控制和管辖，亦不得为任何国家所占用。[45] 区分空气空间和外层空间的高度标准究竟为何，虽然在国际法上仍然没有一个定论，但目前，最权威的解释主要是以卫星上天后飞行的轨道

---

〔43〕 韩德培主编：《国际私法》（第2版），高等教育出版社、北京大学出版社2007年版，第3页。

〔44〕 邵津主编：《国际法》，北京大学出版社、高等教育出版社2008年版，第99页。

〔45〕 贺其治：《外层空间法》，法律出版社1992年版，第39～40页。

高度为限的，此高度以下为空气空间，属于一国主权范围，此高度以上为外层空间，属于人类自由开发利用区域。而底土则是指一国领陆和领水所及的地下区域，包括地下水、矿产、地下生物资源和非生物资源等。

第二个层级是准领土范围，这一区域主要是指领海区域。领海是毗连一国领土及其内水以外邻接其海岸的一带海水。[46] 目前，一国领海的最大宽度是以该国领海基线起算 12 海里。[47] 沿海国在其领海范围内享有完全的主权和控制。[48]

第三个层级是主权权利所及之范围。这一范围主要是对沿海国而言的，在传统国际法上，一国的主权及其管辖权主要及于该国领土之上，但是，随着人类对海洋开发利用的力度不断加大，沿海国依据"陆地统治海洋"原则，不断将其管辖范围波及海洋这一空间区域。尤其是随着 1982 年《联合国海洋法公约》（以下简称《公约》）生效，国际社会对传统上的海洋区域进行了重新界定，《公约》将海洋划分为：内水[49]、领海、毗连区[50]、专属经济区[51]、大陆架及外大陆架[52]、闭海或半闭海[53]、国际海底区域[54]、群岛水域[55]、公海[56]、用于国际航行的海峡[57]等海洋区域（见表 1－1），新增了七大类海洋区域。

---

〔46〕 参见《公约》第二部分第 2 条。
〔47〕 参见《公约》第二部分第 3 条。
〔48〕 陈德恭：《现代国际海洋法》，海洋出版社 2009 年版，第 51 页。
〔49〕 参见《公约》第二部分第 8 条。
〔50〕 参见《公约》第二部分第 2～33 条。
〔51〕 参见《公约》第五部分第 55～75 条。
〔52〕 参见《公约》第六部分第 76～85 条。
〔53〕 参见《公约》第九部分第 122～123 条。
〔54〕 参见《公约》第十一部分第 133～191 条。
〔55〕 参见《公约》第四部分第 49 条。
〔56〕 参见《公约》第七部分第 86～119 条。
〔57〕 参见《公约》第三部分第 34～45 条。

表 1－1　《公约》规定海域制度一览表

序号	海域类别	条款依据
1	领海	第 2～4 条
2	内水	第 8 条
3	毗连区	第 33 条
4	用于国际航行的海峡	第 34～45 条
5	群岛水域	第 49 条
6	专属经济区	第 55～75 条
7	大陆架及外大陆架	第 76～85 条
8	公海	第 86～119 条
9	闭海或半闭海	第 122～123 条
10	国际海底区域	第 133～191 条

其中新增加的专属经济区、大陆架和外大陆架以及群岛水域三大类海洋区域制度，可使沿海国依据《公约》确立的"陆地统治海洋"的基本原则，主张专属于其的超大面积的管辖海域，如沿海国可依据其领海基线而主张 200 海里的专属经济区、[58]200 海里的大陆架和 350 海里的外大陆架，[59]群岛国还可以依据群岛基线划定 9 倍于群岛陆地面积的群岛水域。[60] 沿海国在这些条约法设立的新兴海洋区域中享有重大的经济利益权利，如沿海国在其所属的专属经济区内享有对各类资源开发和利用的权利，进行各类经济性开发和勘探的权利，以及对人工岛屿进行建造和使用，海洋科学研究，环境保护等，[61]对其所属的大陆架和外大陆架享有油气等重要能源开发使用的权利，等等。群岛国依据《公约》主张的群岛水域则享有主权性

〔58〕 参见《公约》第五部分第 57 条。
〔59〕 参见《公约》第六部分第 76 条。
〔60〕 参见《公约》第四部分第 47 条。
〔61〕 参见《公约》第五部分第 56 条。

质的权利,[62]其权利适用之范围不仅及于群岛水域的水体,而且还及于群岛水域的海床和底土以及上空,以上这些海洋权益均是沿海国的主权权利所及之范围。

3. 内容涉外

在内容为涉外因素时,是指产生、变更或者消灭国际民商事法律关系的权利与义务的法律事实发生地位于国外。[63] 通常而言,法律事实是指法律规范所规定,能够引起法律关系的产生、变更和消灭的客观情况以及现象。[64] 法律事实往往在客观表现上具有客观性和法定性两个方面的特性。

客观性是指法律事实在客观上表现出是一种客观存在的外在现象,而非是一种人类的心理现象或心理活动的精神现象。[65] 如在婚姻关系中夫妻双方到婚姻登记机关办理登记的客观活动,继承关系当中被继承人死亡这一客观现象,货物买卖合同当中合同卖方将标的物交付买方的客观活动等,以上行为都是客观上发生的事实活动,这些都是法律事实客观性的具体表现。而与法律事实客观性相对,纯然的心理现象就不能看作或者称为法律事实。例如,在刑事法律关系当中,一名自然人纯粹心理上的犯意臆想,往往就不具有法律事实的客观性,在婚姻法律关系当中,欲缔结为夫妻一方纯粹心理上,欲与另一方缔结婚姻关系的内心活动,不能具有法律事实所具有的客观性。

法定性是指法律事实是由法律规定的、具有法律意义的事实,这

---

[62] 参见《公约》第四部分第49条。

[63] 韩德培主编:《国际私法》(第2版),高等教育出版社、北京大学出版社2007年版,第2页。

[64] 张文显主编:《法理学》(第3版),高等教育出版社、北京大学出版社2007年版,第165页。

[65] 张文显主编:《法理学》(第3版),高等教育出版社、北京大学出版社2007年版,第165页。

种事实能够引起法律关系产生、变更或消灭的效果〔66〕。法定性的核心在于法律对客观性的规定。法定性可从横向和纵向两个方面来把握和理解。在纵向层面,法律往往按照法律位阶和法律地位的异同,从一国国内法而言,分成宪法、基本法律、一般法律、行政法规、地方性法规、政府规章和部门规章,等等。此时法定性的“法”是采用广义而言的。在横向层面,以不同法律部门所调整的社会关系为标准,可将法律划分为,宪法性法律关系、民商事法律关系、刑事法律关系、行政法律关系、经济法律关系、社会法律关系等〔67〕,此时,不同法律关系在法律位阶或者法律效力上不存在高低和大小之分,其仅是以所调整的社会关系为划分标准,而对一国国内法所制定的各类法律规范进行的宏观分类。每个国家因其本国制定的法律规章制度不同,而且对所调整的社会关系归类不同,在划分法律部门的方式上各有不同。就我国而言,立法机关将我国法律部门划分为民商事、刑事、行政、经济、社会等法律部门。不论以哪种划分标准,仅有一国立法机关予以确立的法律规范才能够成为法定性的对象。

引发法律关系产生、变更和消灭的法律事实,依其在法律实践中是否以人们的意志为转移,一般情况下可分为法律事件和行为〔68〕。法律事件是指法律规范规定的,不因当事人的主观意志为转移和改变,从而引发法律关系形成、变更和消灭的客观事实。法律事件在客观表现形式上通常是指社会事件和自然事件这两种类型。社会事件主要是社会主体因政治、经济等原因而人为引发的群体性活动。社会事件在本质上也是由于人类活动而引发的。在客观形态上,往往

---

〔66〕 张文显主编:《法理学》(第3版),高等教育出版社、北京大学出版社2007年版,第165页。

〔67〕 张文显主编:《法理学》(第3版),高等教育出版社、北京大学出版社2007年版,第161页。

〔68〕 张文显主编:《法理学》(第3版),高等教育出版社、北京大学出版社2007年版,第165页。

表现为一国因政治斗争而导致一国国内的社会革命、武装冲突、军事政变或战争，或者因为经济原因而产生的一国国内大罢工、大游行、国家对某些行业资产的征收或征用等。自然事件主要是指由法律规定的可引发法律关系产生、变更或消灭的各类自然现象。例如，在继承法律关系当中，基于一个自然人出生这一自然事件，将导致出生个体与其生父母的父母子女关系，与其生父母有关的近亲属之间的亲属关系等；基于一个自然人死亡这一自然事件，将导致该自然人现存的婚姻自然解除，并可引发该自然人的财产发生法定继承或约定继承等继承法律关系。需要说明，那些纯粹的与人类活动无关的自然现象不是法律关系当中的自然事件，如月球绕地球公转，地球自转，银河星系各类天体的运行现象，黑洞现象，河外星系间的运转、碰撞及合并等，这些与人类活动纯然无关的自然现象都不属于法律关系所指称的自然事件，纯粹的自然事件与法律关系中的自然事件最大的区别在于法定性，即当法律将某一自然现象纳入其调整范围之时，其就可成为法律关系当中所调整的自然事件。而且纯粹自然事件与法律关系中的自然事件可以不断地转换，比如随着科技不断进步，人类活动范围也在不断扩大，以前原本不属于法律调整的自然事件，也被纳入法律关系调整的范围当中来，例如，随着人类对深海开发力度的加大，进而导致将深海海底那些原本不属于法律关系调整的深海热岩口周边的生物多样性纳入调整范围。再如，随着人类对太空开发力度的加强，尤其是登月等情况的不断发生，原本不属于法律关系调整的月球自然运行，可能会因人类对其开发力度的加强，有望被纳入法律关系调整的视域。

此外，关于涉外性需要进一步说明的是，国际民事管辖权的主体、客体或者内容这三个涉外要素，有时候有一个以上的因素与国外有联系，例如，一个中国人与一个美国人在美国缔结了合同，就中国而言，在这个合同法律关系中存在着两个涉外因素，一方面既有一个涉及涉外主体的外国人的涉外因素，另一方面又有一个因缔结合同的事实发生在国外而涉及涉外内容的涉外因素。随着现代社会的交往频繁,科技的日新月异,导致在国际民事交往的过程中,具有一个以上的涉外因素同时存在的国际民事活动愈发频繁,要么其主体及客体涉外,要么其主体和内容涉外,要么客体和内容涉外,或者主体、客体和内容三者均涉外,而且随着全球一体化贸易趋势的加强和全球共同体的强化,国际民事活动涉外的多重性愈发明显,国际民商事法律关系通常情况下不仅只有一个因素与国外相联系,还可能有两个,或者两个以上的因素同国外有着关联。

第二节 国际民事管辖权的内容与权源基础

一、国际民事管辖权的内容

国际民事管辖权的内容主要源于上位概念“管辖权”之内涵。国际公法上的管辖权通常又被称为“主权”国家的一般法律权限的特定方面。管辖权为主权的一个方面,它是指立法权、司法权和行政权。[69]在国家管辖权中,立法权(prescriptive or legislative jurisdiction)与司法权和行政权单列,这主要是因为,在国际法上,一国之立法权是做出决定或制定规则的权力,其与为履行做出的决定或制定的规则或结果而采取的行政权和司法权不同。[70] 因此,就国际民事管辖权而言,其亦包含了立法权、司法权和行政权三方面的内容。

(一)立法权

立法权是国家管辖权的核心组成部分。国家对其管辖领域内所

[69] [英]伊恩·布朗利:《国际公法原理》,曾令良、余敏友等译,法律出版社2003年版,第330页。

[70] [英]伊恩·布朗利:《国际公法原理》,曾令良、余敏友等译,法律出版社2003年版,第330~333页。

行使的诸如刑事管辖权、民事管辖权抑或是行政管辖权等各类具有实际执行内容的管辖权，均要以该国对行使具体管辖权的行为具有立法权为基础。在国际法上，由于没有一个凌驾于各国之上的权力机构或者立法机构，因此，其制定国际法主要依靠各国合意，要么通过签订或缔结国际条约，要么通过国际社会合意共识达成国际习惯等而制定国际法。但是，就国家管辖权而言，一国的立法权主要是指通过立法活动而产生的权力。“立法”一般指由特定主体，根据法律规定的职权和程序，通过立法技术制定、认可和变动法律这种特定社会规范的活动。[71] 立法权主要有以下几个特点。

1. 立法是特定主体进行的活动

一个国家的立法是以国家名义而进行的活动。不论是现代还是古代，不论是资本主义社会国家还是社会主义社会国家，在不同时期，不同国家、不同地域，各国的国家机关都是由许多不同职能、不同权限、不同级别的国家机构组成，在众多且纷乱的国家机关构成体系当中，并非每一个国家机关都具有当然的立法权，只有特定的机关才能够具有立法权限。就中国而言，从狭义立法来看，即在制定基本法律和一般法律层面，仅全国人大和全国人大常委会具有立法权。[72] 而从广义立法而言，即在制定行政法规、地方性法规、政府规章和部门规章、军事规章以及规范性文件层面，此时，拥有立法权的机关众多，包括了国务院、地方各级人大及其常委会、各级享有立法权的政府和国务院组成部门、有立法权的各级军事部门以及享有制定规范性文件的各级政府等。

2. 立法是依据一定职权进行的活动

即便是享有立法权的国家机关，其立法权限并非无限制。其立

---

〔71〕 张文显主编：《法理学》（第3版），高等教育出版社、北京大学出版社2007年版，第224页。

〔72〕 李达：《法理学大纲》，法律出版社1983年版，第32页。

法权要根据一定的职权而为之。[73] 一是不能逾越立法权限，就我国而言，享有立法权的各级国家机关在制定立法时，要严格按照《中华人民共和国立法法》（以下简称《立法法》）的要求，根据自身的立法权限进行立法，地方立法机关不能制定国家法律，例如，省级人大及其常委会不能制定适用于全国范围且效力具有法律普适性的法律，而国务院在制定行政法规时，也不得超越立法权限制定与全国人大及其常委会制定的一般法律或基本法律相冲突的立法文件。二是要保证立法权的完整性和独立性。[74] 例如，在立法权分权的情况之下，仅具有法律赋予的提案权的国家机关，其只能享有立法提案权，而不能享有立法的审议权、立法草案的表决权和立法的公布权；而不具有自主立法权须经授权方可享有立法权的国家机关，其授权的立法权限须经授权机关经过授权程序之后，才可以享有。三是严格合理履行立法职责。一国不同的立法机关应就其可以调整或者应当调整的事项予以立法，严格履行立法权限和职责。例如，立法机关在立法时，要充分考察实际，科学立法，对所要予以立法的文件，是综合立法还是单独立法，是以一般性法律立法还是以基本法律立法，均要科学论证，合理配置立法资源；对于立法机关所应当担负的立法职责要严格履行，以地方各级人大及其常委会为例，其在立法权限范围内就负有承担根据本地区实际需要，制定本地区环保、民生、教育、医疗等地方性法规的职责。

3. 立法具有严格的程序性

立法是一种严格按照程序进行的国家行为。[75] 立法程序的内容在不同时代和不同国家均有着巨大差异。现代立法一般需要经过立法前期准备，立法法案到法之公布以及立法后立法完善等各个阶

---

〔73〕 张文显主编：《法理学》（第3版），高等教育出版社、北京大学出版社2007年版，第225页。

〔74〕 沈宗灵：《法理学研究》，上海人民出版社1990年版，第28页。

〔75〕 孙笑侠：《程序的法理》，商务印书馆2005年版，第16页。

段。其中,一个立法法案从“法案”走到“法”的过程,通常都要经过立法草案的提出、法案的审议、法案的表决以及法的公布等程序。虽然在某些特殊情况下,有些法律可能不一定将以上所有程序全部走完,但是,随着现代各国对程序的越发重视,立法程序也会更加固化,愈加完备。古代立法似乎是随便进行的,如奴隶社会、封建社会立法。但是,实际上在古代即便是奴隶社会也都是有自身的立法程序的。在实行民主共和体的国家,如古希腊、古罗马等,其主要的立法规范都应遵循具体的立法程序自不必说。封建社会国家在编撰成文法时,通常是由国家的国王、皇帝或君主现行发出欲制定或者编制法律的命令,再分交具体的单位或个人具体操作实施,当法律按照一定的规程完成后,再由封建社会国家的君主核准并予以公布。在上述过程中,也充满着类似现代社会对于立法所要求的各项程序。这种过程一般都要按照该国以往的先例而行之,遵循先例或常例便是古代的立法程序。当今世界各国的立法程序与古代社会立法程序存在重大差异,这表明不同文化、不同社会、不同时期立法文化具有差异性和多元性,但这并不表明古代立法在制定和出台过程中没有相关的立法程序。立法根据固定的程序进行,才能保持和维护立法的严肃性、权威性和稳定性。[76]

(二)司法权

司法权是与立法权和行政权相对应的概念。司法作为描述国家司法机关专门活动的概念主要是受近代关于国家分权学说的影响而来的。孟德斯鸠对国家的司法权问题第一次进行了较为系统和合理的分析论述。孟德斯鸠认为作为具有独立主权人格的国家都具有三种国家权力,即国家立法权、国家关于对外之国际事务之行政权力、

---

〔76〕 张文显主编:《法理学》(第3版),高等教育出版社、北京大学出版社2007年版,第226页。

国家对于民事法规事项的行政权力。[77] 在这三种国家权力当中，最后一种权利我们现在将其称为司法权，而对第二种国家的行政权利则称为国家的行政权。[78] 近代以来，世界各国通行的司法权概念与审判权互为等同，司法即审判，司法权即为审判权，进而行使司法权的部门也仅指称的是一国国内的各级法院。而与审判权相对应的检察权，在各国通行的国家机构设置中，并不被纳入司法权系统当中，检察权在权限划分中，被划归到行政权之下，检察权是行政权的一部分。检察机关则属于行政系统的一个分支。我国在司法权设置上与国际通行做法并不一致。我国将检察权归入司法权，而非行政权。在我国司法权进而有了两种权力类型，即审判权和检察权。审判权由我国各级人民法院行使。检察权则相应地由各级检察机关行使。由于司法权是对法之适用的一种专业性很强的国家权力，其较之立法权和行政权具有以下特点。

1. 专属性

司法权的核心在于“司法”。司法在通常意义上是指一国的司法机关，通常是指一国的审判机关，根据法定职权和相应的司法程序，适用法律处理案件的专门化活动。质言之，司法是指司法机关将司法权外化适用的一种活动。按照传统的国家权力分权理论，一国的司法权相对于立法权和行政权而言是一种较为独立的国家权力。[79] 司法权须由专门的国家机关和人员行使，以保障司法权能独立于立法权和行政权之外运行。在现代国际社会中，各国为了保障司法权的独立性，一般都将司法权交由该国司法机关及司法人员独

---

〔77〕［法］孟德斯鸠：《论法的精神》（上），张雁深译，商务印书馆 1961 年版，第 155 页。

〔78〕张文显主编：《法理学》（第 3 版），高等教育出版社、北京大学出版社 2007 年版，第 252 页。

〔79〕［法］孟德斯鸠：《论法的精神》（上），张雁深译，商务印书馆 1961 年版，第 156 页。

立行使。司法机关通常仅指一国的审判机关，典型的例子如美国。司法人员也就相应的指的是审判机关的相关人员。不论是大陆法系国家，还是英美法系国家，其通常不将检察机关纳入司法机关之列，而是将检察机关划归入行政机关的范畴。如在英美法系国家当中，检察机关通常独立于法院系统之外单独设置，此时这些国家的检察机关在法律属性上属于行政机关。虽然在实践当中，各国的司法机关不一，但一国之司法机关不论是独属于审判机关，还是由审判机关和检察机关共享，其司法权由司法机关和司法人员独立行使确已为各国所共识。司法权由司法机关和司法人员独立行使，这就要求：一方面，司法权的行使机关具有专属性。司法权仅能也只能由司法机关行使，这就排除了一国政党、政府、立法机关、军事机关以及其他国家机关行使国家司法权的可能性。此外，一国除司法机关之外的其他国家机关，还有配合司法机关独立行使司法权的潜在义务，即司法机关在行使司法权独立审理案件时，不得利用其职权干扰、妨碍以及阻挠顺利行使司法权，当司法机关对案件得出最终审判结果时，有配合、服从司法权威的义务。另一方面，司法权的行使人员具有专属性。司法机关人员构成庞大复杂，既包括了行政人员，又包括了司法人员。而行政人员中既包括了纯粹的执行行政事务的行政人员，如我国法院系统中办公室负责人，还包括了既具有行政职务又从事司法事务的人员，如法院中的各级副院长；司法人员包括了审判人员、书记员、法警等各类人员，但是从狭义的司法权而言，审判机关和检察机关中具有审判权和检察权的人员，应仅指审判案件并具有一定法律资格的法官和检察官。

2. 程序性

司法是严格按照法律规定的程序所进行的专门活动。程序的公正才能保证司法的公正。〔80〕 当今国际社会各国司法所共有的最显

〔80〕 卓泽渊：《法理学》，法律出版社2009年版，第228页。

著的特点之一就是程序性。[81] 由于司法调整整个社会的所有法律关系，而社会中的法律关系又纷繁复杂，既有民商事的法律关系，又有行政上的法律关系，还有刑事法律关系，面对如此种类多样、性质各异的法律关系，司法机关仅凭一种司法程序，很难照顾和平衡各类法律关系的价值取向和法益保护。为保障各类法律关系都能公正司法，当今社会各国通常都将司法权分为三大司法类型，即刑事司法、行政司法和民商事司法，相应地，在诉讼程序上也就有了刑事诉讼、民事诉讼和行政诉讼。司法权的程序性在适用中，一方面要求外部种类的程序性，另一方面要求内部机制的程序性。关于外部种类的程序性，要求司法机关及司法人员在行使司法权时，要根据不同类型法律属性和法律关系的案件，在准确对其予以法律定性之后，再合理地适用不同的诉讼程序。例如，司法机关在审理一起合同纠纷案件之前，首要的是要分清，该案合同纠纷的法律属性是民事的，还是刑事的，抑或是行政的，当属于纯粹的平等民事主体之间基于财产关系而发生的合同纠纷时则定性为民事案件，对其审判就适用民事诉讼程序，而当该案件合同标的数额巨大且满足合同诈骗等犯罪的构成要件时，则要定性为刑事案件，此时，该案就要适用刑事诉讼程序。对于审理案件外部种类判定是司法权程序性的核心。关于内部机制的程序性，其要求司法机关利用司法权审理案件时，须遵守各类不同诉讼程序的内在机制规程。因价值取向和法益保护不同，刑事诉讼、行政诉讼和民事诉讼在设置流程上、内部机制确立上均有各自特点，不同诉讼有明显不同的内在机制。因此，司法机关在审理案件时依据其法律属性判定适用何种诉讼程序之后，就要按照确定的诉讼程序内在的机制和流程审理案件。以我国民事诉讼为例，司法机关在审理民事案件时，要遵守民事诉讼管辖权的要求，既要遵守级别管

---

〔81〕 张文显主编：《法理学》（第 3 版），高等教育出版社、北京大学出版社 2007 年版，第 252 页。

辖、地域管辖，还要遵守裁定管辖以及管辖权异议等相关程序的要求；[82]在审判程序上要遵守普通程序、简易程序、再审程序以及特别程序等相关程序的规定。[83] 司法机关在审理案件时，不仅要遵守对案件的外部种类的程序性规定，而且还要遵守对案件内部机制的程序性要求，这是司法权内在的程序性所决定的。

3. 体系性

司法权在体制运行和权力配置上均有鲜明的体系性，这种体系性在外化过程中集中表现为司法体系。司法体系又称司法体制或者是司法系统，它是指由国家宪法所规定的享有国家司法权的国家机关和个人，在依照司法程序处理案件时，依据各自权限和分工而构筑的一种权力分配及职责分工之体系。当今国际社会各国由于司法权由审判机关单独行使，因此，其司法权所呈现的体系性就是审判机关自身所体现的内部体系性。而在我国，由于我国司法机关包括了审判机关和检察机关，在司法权所体现的体系性上，也就相应地有审判机关自身的体系性和检察机关自身的体系性。根据现行《中华人民共和国宪法》（以下简称《宪法》）、《中华人民共和国人民法院组织法》（以下简称《人民法院组织法》）以及《中华人民共和国人民检察院组织法》（以下简称《人民检察院组织法》）的有关规定，我国现行司法主体呈现出以下自身特点。就我国审判机关而言，按照其司法权的权力分配和审判职责分工，审判系统可以分为一般人民法院系统和专门人民法院系统。一般人民法院系统在体系上主要包括四个层级，即基层人民法院、中级人民法院、高级人民法院和最高人民法院。基层人民法院一般设在县、区一级，中级人民法院一般设在设区的市，有时候也会设在省、自治区辖市，高级人民法院一般设在省级行政区之中，最高人民法院设在中央一级。专门人民法院在层级设

[82] 谭兵：《民事诉讼法学》，法律出版社 2009 年版，第 130～136 页。
[83] 谭兵：《民事诉讼法学》，法律出版社 2009 年版，第 310～413 页。

置上与一般人民法院相似，但由于其所司职责和权限具有专有性，因此我国在一般人民法院之外又单列设置了专门人民法院，我国目前专门的人民法院主要有军事法院、海事法院、林业法院、铁路运输法院，等等。就我国检察系统而言，其与审判系统相对，也分为一般人民检察系统和专门人民检察系统两大部分。一般人民检察系统在体系上也主要包括四个层级，即县、区级检察院，省级人民检察院分院、省辖市及自治州人民检察院，省级人民检察院以及最高人民检察院。人民法院系统与人民检察院系统虽然在设置上都采用了四层级法，但二者在体系特性上存在明显差异，法院系统上下级之间是监督关系，二者虽有级别之异，但上一级人民法院并不能直接对下一级法院审判业务进行直接领导，而人民检察院则不同，检察院系统上下级之间是领导关系，上一级人民检察院对下一级人民检察院不论是在人身任免还是业务指导上均有较大的领导权限，这是二者在法律属性上的本质区别。

（三）行政权

行政权主要指的是一国为管理国家事务而享有的行政权利。行政是国家的组织活动。[84] 行政通常是指国家行政机关和法律授权、委托的组织和个人在行使行政管理权的过程中，依据法定职权和程序，而贯彻实施法律的各项活动。[85] 行政是行政机关的专属性活动，国家立法机关和司法机关不是行政的主体。行政作为行政机关独有的职能，在历史上并非一直都是这样。在奴隶社会和封建社会这样的古代社会，不论是中国还是世界上其他文明国家，都是人治社会，国家君主对国家拥有绝对的权威。古代社会国家不论是立法权，

---

〔84〕 马克思、恩格斯：《马克思恩格斯全集》（第1卷），人民出版社1965年版，第479页。

〔85〕 姜明安主编：《行政法与行政诉讼法》，北京大学出版社、高等教育出版社2007年版，第3页。

还是司法权，抑或是行政权，都由国家君主完全掌控。在当时，国家行政机关根据国家君主的授权而对国家行政事务进行管理。从某种意义来说，不论是奴隶社会还是封建社会，其实际上并无单独的行政活动，行政活动往往伴随着立法和司法活动，当时的行政活动仅是人治社会下，君主绝对王权下的一种权力构成部分。资产阶级革命后，国际社会政体和国体急剧转变，以民主、自由、法治为核心的三权分立的资产阶级价值观念播及世界各国。立法、司法和行政三类不同权力共同分立而设，相互制约，相互监督，进一步避免了古代社会皇权至上的个人独断专行。从某种意义上来讲，将行政权从立法权和司法权单独剥离出来，是人类制度文明进步和成熟的结果。行政是法的实施重要的组成部分和基本实现的方式方法。法的生命在于实施。国家为调控各类纷繁复杂的社会关系而制定法律，其首先的要求是制定的法律，能在社会生活中得以实施、遵守、贯彻和执行。因为，国家制定的法律如果得不到遵守和实施，就会变成一纸空文，失去法应有的权威和地位。世界各国为将国家制定的法落到实处，无一不高度重视行政执法。行政执法较之立法和司法活动有着自身特性。

1. 行政主体的特定性

行政权主体的特定性在于其权力仅能由行政机关行使。行政机关独立行使行政权也是当今国际社会各文明国家共同的做法。在我国，只有行政机关及其公职人员、法律或法规授权的组织及其工作人员、行政机关委托的组织或个人才能在有正当法源支撑或权源支持时，成为适格的行使行政权的主体。除了法律规定、法律授权以及行政委托之外，其他国家机关、社会组织以及个人都不能够成为行政执法的法律主体。我国行政机关包括两大类型：一类是政府，另一类是政府工作部门。[86] 政府包括了中央人民政府和地方人民政府两个层级。按照我国《宪法》规定，中央人民政府是国务院。省、直辖市、

〔86〕 应松年主编：《行政法与行政诉讼法学》，法律出版社2009年版，第56～59页。

县、市、市辖区、乡、民族乡、镇设立地方人民政府。而政府工作部门则同样包括了中央人民政府组成机构和地方各级人民政府组成机构。按照我国《宪法》、《中华人民共和国地方各级人民代表大会和地方各级人民政府组织法》(以下简称《组织法》)、《中华人民共和国国务院组织法》、《中华人民共和国公务员法》以及其他相关法律、法规的规定,我国有行政权的政府工作部门广泛,涉及公安、环保、工商、税务等方方面面,不同政府工作部门按照法定职权和权限行使各自行政权。[87]

2. 行政内容的广泛性

行政是以国家的名义或以国家公权力对社会实施的全面、全方位的组织、调控和管理的各种行为。[88] 不同国家对行政职能划分不同,各个国家行政权的内容和类型,一般只能通过该国国内法的法律规定去寻找和发现。在我国,按照行政权的权力属性,从学理上可以将其分为抽象的行政行为和具体的行政行为,内部行政行为和外部行政行为,作为行政行为和不作为行政行为,单方面行政行为和双方行政行为,行政法律行为和行政事实行为,依职权行政行为和依申请行政行为,羁束行政行为和裁量行政行为,等等[89]。而按照我国法律对行政权力属性的分类,又可将其分为行政立法[90]、行政执法[91]、行政许

---

〔87〕 陈新民:《中国行政法学原理》,中国政法大学出版社 2002 年版,第 17 ~ 27 页。

〔88〕 张文显:《法理学》(第 3 版),高等教育出版社、北京大学出版社 2007 年版,第 247 页。

〔89〕 具体论述可参见胡建淼:《行政法学》,法律出版社 2003 年版,第 197 页。应松年主编:《行政法与行政诉讼法学》,法律出版社 2009 年版,第 115 ~ 120 页。李国光主编:《行政执法与行政审判参考》(第 1 辑),法律出版社 2002 年版,第 178 ~ 180 页。张文显:《法哲学范畴研究》,中国政法大学出版社 2001 年版,第 152 页。董安生:《民事法律行为》,中国人民大学出版社 2002 年版,第 78 页。[日]盐野宏:《行政法》,杨建顺译,法律出版社 1999 年版,第 89 ~ 91 页。

〔90〕 刘莘:《行政立法研究》,法律出版社 2003 年版,第 75 页。

〔91〕 杨惠基:《行政执法概要》,上海大学出版社 1998 年版,第 2 ~ 3 页。徐崇德、皮纯协主编:《新中国行政法学研究综述》,法律出版社 1991 年版,第 293 页。

可[92]、行政给付[93]、行政奖励[94]、行政处罚[95]、行政征收[96]、行政检查[97]、行政裁决[98]、行政强制[99]、行政复议[100]、行政赔偿[101]、行政补偿[102]，等等。而我国行政权按照法律所调整的社会关系，可以将其分为不同的具体行政行为。行政涉及政治、经济、文化、外交、国防、财政、教育、卫生、科学、环保、海关、工业、农业、交通、建设、治安、社会福利、公用事业等各个领域，内容十分广泛。因此，为了将以上不同领域的事务合理科学地纳入行政活动当中，根据法律、法规等相关规定，我国将不同领域的行政权限划分到不同的行政部门当中，进而可以细分为：公安、工商、税收、物价、电力、林业、农业、渔业、水利、交通、铁路、民航、海关、金融、计量、统计、审计、劳动、人事、教育、科学、文化、卫生、城市建设、环境保护、网络管理、食品卫生、技术监督、土地管理、地质矿产、外汇管理、烟草专管、科学技术、

---

〔92〕 罗豪才、洪中乐主编：《行政法学》，北京大学出版社 1996 年版，第 175 页。

〔93〕 柳砚涛：《行政给付研究》，山东人民出版社 2006 年版，第 12 页。

〔94〕 傅红伟：《行政奖励研究》，北京大学出版社 2003 年版，第 32 ~ 33 页。

〔95〕 方世荣：《行政法与行政诉讼法》，中国政法大学出版社 1999 年版，第 230 ~ 231 页。

〔96〕 应松年主编：《行政法学新论》，中国方正出版社 1998 年版，第 307 页。

〔97〕 沈军：《中国行政检查问题研究》，转引自罗豪才：《行政法论丛》（第 8 卷），法律出版社 2005 年版，第 319 ~ 342 页。

〔98〕 吴平：《行政裁决制度研究》，中国民主法制出版社 1997 年版，第 8 页。

〔99〕 傅士成：《行政强制研究》，法律出版社 2001 年版，第 36 ~ 37 页。据有关统计，我国规定的行政强制种类繁多，既包括对人身的行政强制，又包括了对财产的行政强制，前者主要有对人身的强制约束、强制传唤、强制带回、人身搜查、人体体检、限制相对人住所等；后者主要有对财产的扣押、查封、冻结、征缴滞纳金、强制扣款、强制拆除、强制征收、强制拍卖、以物折抵等。具体内容可参见姜明安主编：《行政诉讼与行政执法的法律适用》，人民法院出版社 1995 年版，第 99 ~ 102页。

〔100〕 杨解君：《行政救济法——基本内容及评析》，南京大学出版社 1997 年版，第 136 页。

〔101〕 马怀德主编：《国家赔偿法学》，中国政法大学出版社 2001 年版，第 30 页。

〔102〕 胡建淼主编：《行政法教程》，杭州大学出版社 1990 年版，第 303 页。

新闻出版、计划生育、广播电影电视,等等。需要说明,按照不同领域对行政职权进行分类并非固定不变的,这种分类会因客观事物的发展而不断变化。例如,随着科技的不断进步,许多原本不属于行政管理对象的领域,因其不断的发展变化,而被动地被纳入行政管理的范畴当中,其中,网络空间领域就是典型的代表。

3. 行政权行使的优益性

享有行政权的国家行政机关与经法律授权、委托的组织或个人,在依据法定职权和程序行使行政管理职权的过程中,依法享有法定的行政优益权。行政优益权是一国为保障具有法律适格性的行政主体及时、有效且适当地行使行政职权,以法定形式给予具有行政权的国家行政机关和法律授权、委托的组织或个人在各种内部职务上或者外部物质上优先享有某些利益的资格。行政优益权在本质上比之普通民事权利而言,是赋予行政权在使用方式和实现模式上一定的优先受益性。行政优益权按照权利属性特点,可以分为行政优先权和行政受益权两大类型。行政优先权通常是指具有行政权的国家机关及个人在依法履行行政职权时所享有的各类优先待遇。[103] 也有观点认为优先权是指适格的行政主体在行使各类行政职权或履行行政职责中而依法享有的先行处置等权力。[104] 行政受益权在我国传统理论上被称为行政受保障权。[105] 随着学界对行政法基础理论研究的深入,目前,学界通说已基本上对行政受保障权以行政受益权替代。其中行政受益权又可以分为行政相对人的行政受益权和行政机关的行政受益权。行政相对人的行政受益权通常是指公民为了保护己身合法的人身权益和财产权利,而请求国家行政机关采取作为或

---

〔103〕 胡建淼:《行政法学》,法律出版社 1998 年版,第 223 ~ 224 页。

〔104〕 张淑芳:《行政优先权与法律优先之鉴别》,载《政治与法律》2004 年第 1 期,第 9 页。

〔105〕 应松年、朱维究编著:《行政法学总论》,工人出版社 1985 年版,第 28 页。

不作为方式,或者要求行政机关对其予以行政给付的权利。[106] 行政相对人的行政受益权在本质上是行政相对人依法通过行政机关及其工作人员而取得的各种权益。[107] 而行政机关的行政受益权与行政相对人的行政受益权相对立,其是在履行行政活动过程中,依法获取的因公权力而带来的利益。例如,公安机关及其工作人员在办理案件中所享有的各类便利权等。行政权的优益性在我国许多法律、法规中均有明确的规定,例如,我国《中华人民共和国反间谍法》(以下简称《反间谍法》)第 9 条规定,国家安全机关的工作人员在依法执行紧急任务的情况下,经出示相应证件,可优先乘坐公共交通工具,如遇交通阻碍时,可优先通行。[108]

二、国际民事管辖权的权源基础

权源一般是指作为法律权利的起因或基础的任何行为、事实或情势。[109] 权源可以是完整的,也可以是不完整的。[110] 权源可以很好地解释所有者的权利为什么能够存在。[111] 国际民事管辖权作为主权国家享有的天然国家主权的一部分,从权源属性上看,国际民事管辖权的权源基础主要来自国家"主权"。

"主权"概念是舶来品,源于西方。理论上普遍认为,最早提出

---

[106] 单希岩、刘小生:《公民行政受益权初探》,载《法学论坛》2002 年第 2 期,第 37 页。

[107] 柳砚涛、刘宏渭:《行政受益权研究》,载《法学论坛》2006 年第 2 期,第 28 页。

[108] 参见我国现行《反间谍法》第 9 条。

[109] Jennings R. ,*The Acquisiton of Territory in International Law*, Manchester University Press,1963 , p. 4.

[110] Shaw M. ,*Title to Territory in Africa*:*International Legal Issues*,Clarendon Press, 1986, p. 16.

[111] Brownlie I. , *Principles of Public International Law* (6th ed.), OUP, 2003, p. 119.

主权概念和思想的人是西方著名先哲亚里士多德。[112] 但亚里士多德提出的主权思想与现代社会所指的主权概念相比，无论是在概念的内涵，还是外延上均有重大的差异。而第一次对近代社会所指的主权概念予以清晰界定的人，是法国思想家博丹（Jean Bodin）。其在1577年出版的《论共和国》一书中明确地对国家之主权问题进行了深入的分析和论述。博丹在该书中提出，一国"主权"是指该国之君主在不被法律所束缚情形下的对国家各臣民管理和控制的最高权力。国家的主权是一国与生俱来的权力。主权在权力持续期限上具有永恒性，并非存在权力持续期间；在权力属性上具有独立性，而非来自他国或者其他权力团体的授权和赠与；在权力的行使上具有不可弃性，国家主权只能由国家行使而不能为国家所抛弃，这与国家主权所衍生的可由国家所抛弃的附属权利不同；在权力的界限上具有不受法律束缚性，国家主权与法律在实施过程中具有不受法律限制的特点。博丹提出的主权学说是一种强化君主专权的理论，为当时加强国家君主权威，巩固国家君主地位，消解君主与宗教之间的权力斗争，稳定国家权力运行和保证国家的稳定，提供了理论依据。[113] 博丹提出的主权理论还在此基础上特别强调了各国君主之间在交往过程中的主权平等，这一观点对主权理论的丰富和发展提供了有力助推。到了16～17世纪，以霍布斯、普芬多夫等为代表的学者，在博丹提出主权理论的基础上，又进一步发展完善了国际法上的主权理论。虽然在此期间不同学者的观点不尽相同，但一致都认为国家主权是各国在交往中享有的一种独立且平等的权利。特别是随着《威斯特伐利亚和约》的缔结，国家主权平等成为主权的有机组成部分。18～19世纪随着法国大革命和资产阶级革命的风起云涌，民族独立

---

〔112〕 杨泽伟：《论国际法上的民族自决与国家主权》，载《法律科学》2002年第3期，第40页。

〔113〕 杨泽伟：《论国际法上的民族自决与国家主权》，载《法律科学》2002年第3期，第41页。

国家纷纷建立，欧洲各国民主制取代君主制，民主制中人民主权思想深入人心，逐步取代君主专制中君主的绝对王权思想，这种思想也深刻地影响到国家主权这一概念上来，致使主权在民主思想和理论的影响下，脱离君主人身属性的特点，成了单纯的国家权力。到了现代，随着国际法关于国家主权理论的不断发展，国家实践的不断丰化，国家主权行使的范围和区域越来越广泛。国际社会交往中，各国间的主权在空间上逐步发生交叉和重叠的趋势。[114]

在这种趋势驱动之下，国际法上的主权概念不论是在内涵上，抑或是在外延上均发生了巨大变化，其中，最显著的特点是主权的内容不断丰富，外延不断扩张，内涵不断多元。“二战”之前，国际法上的主权还主要限定在各国所涉及的“政治”这一层面。但是，“二战”以后，国际社会风起云涌，发展中国家纷纷独立，国际社会摆脱以往殖民时代旧有的国际秩序和规则。发展中国家为了实现自身的国家主权权益，不断推动国家主权内涵的丰富和完善。将原本仅涉及政治的国家主权概念，不断扩大适用的范围。许多涉及经济、资源等因素的内容也逐步被纳入主权这一概念中来。尤其是随着《公约》《各国经济权利和义务宪章》《捕鱼与养护公海生物资源公约》《南极条约》《南极矿产资源活动管理公约》《保护南极海洋生物资源公约》《外层空间条约》《关于登记射入外层空间物体的公约》《关于各国探索和利用外层空间包括月球和其他天体的活动原则公约》等国际条约的通过和生效，原本不属于主权调整的南极地区、国际海底、外层空间等区域以及相关区域内的生物资源和非生物资源的开发利用等都被纳入共同主权之下，主权在此情形之下，一方面其内涵不断多元，另一方面其主体也开始发生巨大改变。在主权内涵不断多元发展的大背景下，国家主权还随着国际社会的不断变化和发展而不断地发展

---

〔114〕 翟玉成：《论国际法上主权问题的发展趋势》，载《法学评论》1997 年第3 期，第1页。

演变。尤其是国家主权的内核整体上已不再局限于政治,由政治而衍生出可以影响一国国家自主独立的经济、文化、安全、环境、社会等方方面面的内容,它们也成为国家主权不可分割的部分。例如,在经济领域,一国的国家金融体制、货币形态、国际外汇储备、国际货物货币结算等所体现的金融自主,已经成为国家主权的有机内容(经济主权);在文化领域,一国文化的自主创新、文化的国际传播、文化的国际交流、文化价值取向的自我选择等所体现的文化独立,已成为国家主权的重要组成部分(文化主权);在环境领域,一国享有的应有的环境权、根据本国国情选择的环境保护模式、跨国界间环境保护的合作、国际环境权益的受益权、海洋环境保护的自主权等所体现的环境独立,也已成为国家主权的应有内容(环境主权)。

因此,从现行国际法发展趋势看,国家主权的内涵和外延不断丰富和扩展,以行业领域为标准进行划分,其既包括了传统上的政治领域,也包括了现行经济领域、环境领域、文化领域等涉及国家独立自主的其他领域;以空间领域为标准进行划分,其既包括了传统上的国家领土范围,还包括了随着"二战"以后出现的领空范围、底土范围、内海水范围、内陆水范围、领海范围等区域〔115〕;而以国家主权种类为标准,则可以将国家主权划分为国家刑事管辖权、行政管辖权和民事管辖权。其中,刑事管辖权是一国国家主权在传统国际法上的核心权力。但是,随着现代国际社会国际交往事务的不断频繁,交往事务的趋向多样,尤其是随着经济、文化、环境等领域在国家主权的渗透,调整这些领域的国家主权,仅依靠传统上国家刑事管辖权,不论是在调控范围上,还是在调控手段上,已经难以应对,而此时,依靠传统国际法上并不属于国家主权核心的行政管辖权和民事管辖权,不仅可以弥补刑事管辖权的不足,还可以既照顾一国国家主权,又维护国家间的交往。在此大背景下,行政管辖权和民事管辖权亦成为国

〔115〕　曾令良:《论冷战后时代的国家主权》,载《中国法学》1998 年第 1 期,第 109 页。

家主权的重要组成部分。[116] 因此,从国家主权权力属性来看,国际民事管辖权其权源基础来自国家主权。国际民事管辖权是以国家主权为基础,权力外化一个重要表现形态。

第三节 国家海洋维权民事管辖权

一、国家海洋维权民事管辖权的内涵和外延

国家海洋维权民事管辖权是一个与“国家管辖权”“国际民事管辖权”“国家民事管辖权”“国家海洋民事管辖权”息息相关的概念。准确界定国家海洋维权民事管辖权的内涵和外延,要从与以上几个相关概念的区别中去认识和把握。

由本章第一节论述可以看出,国际公法上的“国家管辖权”一般是指一国依据国际法,为保障国家权利的实现,而对其管辖范围内各类主体及其行为实施的立法权、司法权以及行政权等权力。“国际民事管辖权”则通常是指一国依据国际法和本国法律,为规范和管理其管辖范围内各类涉外平等民事主体及其行为,实施的各类立法权、司法权以及行政权等权力。[117] 而“国家民事管辖权”则是比“国际民事管辖权”更为宽泛的一个概念,其权利性质和内容虽与“国际民事管辖权”几乎完全一致,但其适用的对象则比“国际民事管辖权”要广,其不仅适用于本国各类民事主体,而且还适用于涉外的各类民事主体。

因此,在此语境下,“国家民事管辖权”则是指一国依据国际法和本国法律,为规范和管理其管辖范围内各类平等民事主体及其行

[116] 中国大百科全书出版社编辑部编:《中国大百科全书·法学》,中国大百科全书出版社 1984 年版,第 816 页。

[117] 参见本书第一章第一节的相关论述。

为,实施的各类立法权、司法权以及行政权等权力。而“国家海洋民事管辖权”是在“国家民事管辖权”的基础上添加了“海洋”这一空间范围的限制,这就意味着,此时的“国家民事管辖权”仅是针对海洋而言的。“国家海洋民事管辖权”在此基础上就可以理解为:一国依据国际法和本国法律,为规范和管理其管辖海域内各类平等民事主体及其行为,实施的各类立法权、司法权以及行政权等权力。而“国家海洋维权民事管辖权”则是以“国家海洋民事管辖权”为基础延伸出的一个子概念。

比较以上相关概念可以发现,在国际公法上,“国家民事管辖权”是以国家主权为权源基础的“国家管辖权”在外化表达上的一种权属类型。国家主权是“国家管辖权”和“国家民事管辖权”的权源基础。一国的“国家民事管辖权”根据调整对象的不同,可以分为两种类型:一种类型是调整本国民事主体的“国内民事管辖权”,另一种类型是调整涉外民事主体的“国际民事管辖权”。根据调整空间范围不同,还可以将“国家民事管辖权”分为“国家海洋民事管辖权”和“国家陆上民事管辖权”。而“国家海洋维权民事管辖权”在本质上属于“国家海洋民事管辖权”中的一类,其是一国以“维权”为核心,而由“国家海洋民事管辖权”衍生出来的一种“子权力”。

综上所述,本书将“国家海洋维权民事管辖权”界定为:一国依据国际法和本国法律,为维护本国海洋权利和利益,规范和管理其管辖海域内各类涉外平等民事主体及其行为,而实施的各类立法权、司法权以及行政权等权力。“国家海洋维权民事管辖权”其权利核心重在“海洋维权”。“海洋维权”质言之就是“海洋权益维护”。而一国“海洋权益”有哪些?如何对“海洋权益”进行维护?对这些问题的回答成为理解“国家海洋维权民事管辖权”的核心内容。

有学者认为海洋权益应是指一国在海上所享有的主权、权利和利益。[118] 部分学者认为海洋权益是指一个国家在海洋事务中所享有的权利和利益的总称[119]。有部分学者主张海洋权益是一国在其管辖海域内所享有的各种权利和利益[120]。还有部分学者认为海洋权益是一国根据国际法和国内法在海洋区域内享有的主权和各类权益,其中包括了对一国管辖海域范围之外的公海和国际海底区域等海洋区域。[121] 部分学者认为海洋权益是一国在海洋中的各类主张和权利及利益,包括权利和利益两个层面。第一个层面即海洋权利,它是一国依据国际法和国内法在海洋中享有的各类自由。第二个层面即海洋利益,它是指一国依据国际法和国内法等各类法源,而在海洋中可以获得的各类利益,主要可以表现为科研利益、资源利益、安全利益,等等。[122] 还有学者认为海洋权益是一国所享有的各类海洋权利和利益,既包括一国在其管辖海域内享有的主权、管辖权、行政权、主权权利和各类利益,而且还包括在其管辖范围之外海域所享有的各类自由和权益[123],等等。

以上学者从不同视角,论述了海洋权益的内涵和外延,虽然在表述上大多观点认为,海洋权益包括了权利和利益两个部分的内容。但是,对于海洋权益适用的范围以及权利种类在理解上存在差异。

关于海洋权益适用范围问题,学者们存在的争议焦点是,海洋权

---

〔118〕 高子川编著:《蓝色警示:21 世纪初的海洋争夺与展望》,海潮出版社 2003 年版,第 87 页。

〔119〕 张耀光:《中国海洋政治地理学:海洋地缘政治与海疆地理格局的时空演变》,科学出版社 2004 年版,第 81 页。陈可文:《中国海洋经济学》,海洋出版社 2003 年版,第 76 页。

〔120〕 张序三主编:《海军大词典》,上海辞书出版社 1993 年版,第 99 页;杨金森:《中国海洋战略研究文集》,海洋出版社 2006 年版,第 121 页。

〔121〕 曲金良主编:《海洋文化概论》,青岛海洋大学出版社 1999 年版,第 63 页。

〔122〕 范晓婷、罗婷婷:《海洋维权执法的法律依据之辩》,载《行政与法》2009 年第 12 期,第 77 页。

〔123〕 张瑞、张林:《健全海洋维权的法规体系》,载《海洋开发与管理》2007 年第 10 期,第 39 页。

益适用范围能不能超出国家管辖海域。近代之前,由于海洋科技水平的限制,人类对海洋的开发利用十分有限,海洋权益一般也都集中在领海之中。而随着现代海洋科技的飞速发展,人类开发利用海洋的能力大幅提升,因而主张的海洋权益也随之增强。特别是因为《公约》的生效,国际社会将传统上的领海、渔区及公海等海洋区域进行了重新界定,《公约》将海洋划分为:内水〔124〕、领海及毗连区〔125〕、专属经济区〔126〕、大陆架及外大陆架〔127〕、闭海或半闭海〔128〕、国际海底区域〔129〕、群岛水域〔130〕、公海〔131〕、用于国际航行的海峡〔132〕等十类海洋区域。

以上十大类海洋区域,以是否属于沿海国国家管辖权范围为标准,可分为国家管辖海域和国家管辖范围外海域。其中,国际海底区域和公海就属于沿海国管辖外海域,其余八大类海洋区域,则属于各沿海国管辖的海洋区域。但是,根据《公约》的有关规定,不论是国家管辖海域,抑或是沿海国管辖外海域,各国都可以享有一定的海洋权益。例如,在国家管辖海域,沿海国可以在领海享有主权性质的权力,在专属经济区享有各类资源开发利用的权利。在国家管辖外海域,在公海,世界各国享有捕鱼自由、航行自由、海洋科研自由、建造人工岛屿自由等;在国际海底区域,由于该海域按照《公约》规定,为人类共同继承之财产,因此,各国都可以对其享有各类权利和利益。因此,从这个角度看,本书认为海洋权益适用的范围应当包括国家管

〔124〕 参见《公约》第二部分第 8 条。
〔125〕 参见《公约》第二部分第 2 ~ 33 条。
〔126〕 参见《公约》第五部分第 55 ~ 75 条。
〔127〕 参见《公约》第六部分第 76 ~ 85 条。
〔128〕 参见《公约》第九部分第 122 ~ 123 条。
〔129〕 参见《公约》第十一部分第 133 ~ 191 条。
〔130〕 参见《公约》第四部分第 49 条。
〔131〕 参见《公约》第七部分第 86 ~ 119 条。
〔132〕 参见《公约》第三部分第 34 ~ 45 条。

辖外海域。

对于海洋权益所包括的权利种类问题,许多学者将其界定为权利和利益,而有些学者则将其界定为主权、管辖权和利益。本书认为,准确认识海洋权益所包括的权利种类,要以海洋权益所及的海洋区域进行判定。以《联合国海洋法公约》为代表的国际社会,构筑了现代的国际海洋秩序。《公约》规定的沿海国或者内陆国在不同海域所享有的各类权利和利益,就是海洋权益权利种类的全部内容。《公约》规定直线基线以内的内海水区域、历史性海湾等区域为附属于沿海国的内水〔133〕,沿海国对这些海域享有主权;《公约》第 2 条和第 3 条规定了领海制度,规定了沿海国对其享有“准主权”,即沿海国对其管辖领海享有主权,但受其他国家“无害通过权”的限制;《公约》第 33 条规定了沿海国在其管辖的毗连区内享有的对于海关、财政、移民、卫生等的管辖权〔134〕;《公约》第五部分(专属经济区)规定了沿海国在专属经济区内享有的自然资源开发的主权权利相关的管辖权,此外《公约》第七部分规定了公海制度,无论是沿海国还是内陆国,在此海域均可以享有航行、飞越、捕鱼、科研等权利;〔135〕而《公约》在第十一部分“国际海底区域”规定了该区域及其资源为人类共同继承之财产〔136〕,因此,世界各国均可在此享有各类权利和利益。综上,本书认为,海洋权益所包括的权利种类,包括主权、主权权利、管辖权和各类利益。

对于如何维护“海洋权益”问题,即何为海洋维权的方式方法问题,有学者认为海洋维权就是一国为了维护本国的海洋主权和权益

〔133〕 参见《公约》第二部分第 8 条。

〔134〕 参见《公约》第二部分第 33 条。

〔135〕 参见《公约》第七部分第 87 条。

〔136〕 参见《公约》第十一部分第 136 条。

而产生的一种行政执法活动。[137] 还有学者认为海洋维权在一定程度上是指一国海上安全监督管理机关及其工作人员，为了维护国家主权、维护水上交通安全、保护水上人命和财产安全、防止船舶污染水域，依法采取行政命令、行政处罚、行政强制等手段，所进行的管理活动。[138] 有学者还从行政法角度理解海洋维权，认为其是调整海事行政法律关系的法律规范之总称。[139] 我国台湾地区有学者认为海洋维权是一国为维护本国海洋权益，而从事海上活动所涉及一切法律之总称[140]。以上学者大部分从国内法行政执法角度阐释了海洋维权，但是，如果从国际公法角度理解海洋维权，海洋维权其内容则不能仅限于行政法视域之中。正如有学者指出的那样，海洋维权应是指一国依据国际法和国内法，通过一定的方法维护本国国家所享有的各类海洋权益，以避免本国海洋权利和利益遭受侵犯。海洋维权方式方法多元，既包括法律的方法，还包括政治的方法；既包括军事的方法，还包括文化与科技等方式。[141] 本书认为，在国际公法视角下，国家海洋维权的方法多元，既包括行政方法，还包括立法和司法方法，在以上三类方法中，行政方法虽然是海洋维权主要使用的方法，但并非国家海洋维权的唯一手段。

正如上文所述，《公约》所规定的各类海洋规则，已经成为现代国际海洋秩序的基石。国际社会尤其是该《公约》之缔约国，享有海洋权益和履行海洋责任都要以《公约》为基础展开。我国是《公约》的缔约国。我国的海洋权益及其海洋维权也就当然地要受《公约》

---

〔137〕 范晓婷、罗婷婷：《海洋维权执法的法律依据之辩》，载《行政与法》2009 年第 12 期，第 78 页。

〔138〕 郑中义、李国平编著：《海事行政法》，大连海事大学出版社 2007 年版，第 3 页。

〔139〕 郑中义编著：《海事行政法》，人民交通出版社 2013 年版，第 3 页。

〔140〕 周和平、尹章华：《海事行政法概要》，台北，文笙书局股份有限公司 2002 年版，第 9 页。

〔141〕 潘诚：《海洋维权执法的科技支撑体系研究》，中国海洋大学 2014 年博士学位论文，第 38 页。

的调整和约束。《公约》规定了缔约国维护本国海洋权益的各类规则和制度。其中,不仅包括了行政方法,还包括了立法和司法方法。

在立法层面。《公约》第 21 条规定,沿海国为了维护本国领海海洋权益,可以制定法律和规章,限定其他国家通过其领海时的“无害通过”行为,诸如,航行安全、海上交通管理、保护助航设施、养护海洋资源、保护本国电缆、维护本国海洋科研等等。[142] 《公约》第 33 条规定了沿海国在其毗连区内可以对在其领土或者是领海内违反海关、财政、移民以及卫生等事项,享有制定相应的法律和规章的权利。[143] 《公约》第 62 条第 2 款、第 4 款规定了沿海国对其管辖的专属经济区范围内的生物资源的可捕捞量的剩余部分的分配权享有立法权利。[144] 此外,《公约》还规定了大量沿海国维护海洋权益立法权的条款。以上规定中不论是《公约》第 21 条,抑或是第 33 条和第 62 条,其宗旨都是维护沿海国对其管辖海域的领海权益、毗连区权益或者专属经济区权益立法权,制定沿海国对以上管辖海域的有关法律和规章,就是立法权最明显的表现。

在司法层面。《公约》在赋予沿海国维护其海洋权益以行政方法和立法方法的同时,还用大量条款确立了沿海国维护海洋权益的司法方法。《公约》第 28 条第 2 款明确规定了民事诉讼的司法方法。该条款规定了沿海国对船舶本身在通过该国水域的航行活动中或者为穿越该国水域之航行目的而依据国际法和沿海国国内法应承担之义务或者责任,可以行使民事诉讼的司法管辖之方法。此外该条第 3 款间接规定了沿海国对其管辖之内水水域、领海水域停泊或者驶离之外国船舶,按照《公约》和其他国际法以及沿海国本国国内法之规定,享有对此种船舶为民事诉讼之目的而行使司法管辖的权利。[145]

---

[142] 参见《公约》第二部分第 21 条。

[143] 参见《公约》第二部分第 33 条。

[144] 参见《公约》第五部分第 62 条(生物资源的利用)第 2 款、第 4 款。

[145] 参见《公约》第二部分第 28 条(对外国船舶的民事管辖权)第 2 款。

《公约》第229条规定了沿海国对其管辖海域可以享有提起环境诉讼的司法管辖权。[146] 《公约》第97条规定了船旗国以及船舶人员所属国在公海之上对船舶上包括船长在内的人员触犯刑事法律责任时,享有专属的刑事司法管辖权利。[147] 从以上《公约》相关条款规定可以看出,一国维护海洋权益不仅存在司法方法,而且这种司法方法既包括了民事诉讼的方法,而且还包括了刑事诉讼的方法。一国为维护本国海洋权益行使司法方法的海洋区域不仅包括了本国的管辖海域,例如内水、领海或者毗连区等国家管辖海域,而且还包括了国家管辖之外的海域,例如公海和国际海底区域[148]等。《公约》的以上条款无疑为一国维护本国海洋权益,提供了坚实的民事诉讼和刑事诉讼层面司法管辖权的法源基础。

二、国家海洋维权民事管辖权的权域范围

国家海洋维权民事管辖权的权域范围,以代表现代海洋秩序和基本海洋制度的《公约》为划分标准,可以将其分为两大类区域。一类是国家管辖海域,另一类是国家管辖外海域。前者主要以内水、领海、毗连区、专属经济区和大陆架以及外大陆架为代表,[149] 后者主要以公海和国际海底区域为代表。以上海洋构筑了现代国家海洋维权民事管辖权的基本权域范围。

(一)国家管辖海域

1. 内水。在国际法上内水一般是指位于领海基线向陆一侧的所

---

[146] 参见《公约》第十二部分第229条(民事诉讼程序的提起)。

[147] 参见《公约》第七部分第97条。

[148] 参见《公约》附件4企业部章程第13条。

[149] 除以上海洋区域之外,国家管辖海域还包括群岛国群岛水域、海峡等区域,由于沿海国在这些区域当中所享有的海洋权益已被文中列出的海洋区域所涵盖或明确,因此,本书就不再对这些区域单独予以介绍。

有水域[150],包括内陆水和内海水。[151] 内陆水主要包括一国所属的河流、湖泊、水库等陆地水域。内海水则主要包括港口、海湾、海峡以及领海基线与海岸线之间的海域。就国家海洋维权民事管辖权管辖内水而言,其主要指的是内海水。

内海水中的港口,是指具有自然条件和人工设备,方便船舶停泊和上下客货的港湾,而海岸线上的港口被认为是海港[152]。港口的区域主要是依据国际法和各国国内法的相关规定,由一条连接港口各工程建筑最外缘边界线合围形成的区域,也包括必要海域的区域。海湾依据《公约》第10条规定,其是指海洋深入陆地而形成的明显水曲。[153] 海峡是两端连接海洋的狭长的天然水道。海峡包括内海海峡、领海海峡以及非领海海峡三类。当一个海峡完全隶属于一国管辖之下时,该海峡就为一国的内水,即内海峡。领海基线与海岸线之间的海域,这一区域是一国内海水的主要组成部分。领海基线与海岸线之间的海域中所指称的"领海基线"主要是对直线基线而言的。《公约》规定了领海基线包括正常基线和直线基线两种。正常基线主要是指海水退潮时退到距离海岸线最远的低潮线。直线基线是指在大陆沿岸突出处和岸外岛屿最外缘选定一系列适当基点,在这些基点之间连续地划定出各段直线,每段之间的直线构成一条沿着海岸的折线。而当一国依据直线基线规则划定该国的领海基线之后,该直线基线向陆一侧的海域,就为内水性质的"领海基线与海岸线之间的海域"。以上各类内海水海域,是一国国家海洋维权民事管辖权权利行使最高的区域。一国可以在此区域享有主权,完全行使各类海洋维权民事管辖权。

2. 领海。领海是国际海洋法中较早形成的规则,其概念的形成

---

[150] 陈德恭:《现代国际海洋法》,海洋出版社2009年版,第61页。

[151] 屈广清、曲波主编:《海洋法》,中国人民大学出版社2011年版,第49页。

[152] 屈广清、曲波主编:《海洋法》,中国人民大学出版社2011年版,第50页。

[153] 参见《公约》第二部分第10条第2款。

主要来源于习惯国际法。[154] 早在16世纪下半叶,意大利法学家真提利斯就提出了领水的概念。[155] 之后,领海概念随着1609年格劳秀斯提出的“海洋自由论”和赛尔顿提出的“海洋封闭论”等理论而逐步确立。领海制度确立后,如何确定领海的范围也即领海的宽度问题,成为该制度国际社会争议的核心和焦点。1703年,荷兰法学家宾凯斯霍克提出了确立领海范围的、著名的“大炮射程规则”。[156] 对于大炮之射程到底以多远为限,当时并没有一个统一的规则。首先对大炮射程之距离确定的是斯堪的纳维亚国家,这些国家在当时大部分主张以约相当于现代的4海里的宽度为标准确定领海的范围。这一标准随后为国际社会广泛实践。1745年丹麦宣布毗邻其陆地的1里格[157]宽度的海域为其领海。1779年瑞典也宣布对其毗邻大陆沿岸1里格宽的海域实施主权管辖。1782年加林尼则提议以3海里作为大炮射程的统一标准。[158] 直到1900年,以3海里或4海里为领海宽度才为国际社会所普遍承认。据有关统计[159],1900年21个国家中除了西班牙对领海主张6海里宽度以外,巴西、阿根廷、法国、德国等其余20个国家[160],均采用了3海里作为其领海宽度。但是,随着国际海洋秩序的深刻变革,人类开发利用海洋的科技水平不断发展,国际社会对领海宽度的国家实践不断产生差异。在

[154] 陈德恭:《现代国际海洋法》,海洋出版社2009年版,第50页。

[155] 屈广清、曲波主编:《海洋法》,中国人民大学出版社2011年版,第64页。

[156] Wyndham L. Walker, Territorial Water, Cannon Shot Rule, 1945.

[157] 里格是国际上关于陆地及海洋的古老测量单位,通常在航海时运用,1里格=3.18海里=4.8公里。

[158] Bernard G. Heinzen, *The Three Miles Limit*: *preserving the Freedom of the sea. Standford Law Review*, *Vol.* Ⅱ.

[159] Brownlie, *Principles of Public International Law Chapter IX*: *Territorial Sea*, Oxford, Clarendon Press, 1973, pp. 183 - 209.

[160] 美国、土耳其、瑞士、俄国、挪威、荷兰、意大利、洪都拉斯、希腊、英国、德国、法国、萨尔瓦多、厄瓜多尔、丹麦、智利、巴西、比利时、奥匈帝国、阿根廷。

理论上,以美、英、德、日等国为代表的海洋大国极力主张3海里宽度为国际习惯法确立的领海宽度;而发展中国家为保护本国海洋权益,则反对3海里领海宽度为国际习惯法规则,他们极力抨击3海里宽度的观点是国际法规则的海洋霸权主义。[161] 后经1930年国际法会议、1958年第一次联合国海洋法会议,以及1960年第二次、1982年第三次联合国海洋法会议,最终将领海确立为,以各沿海国领海基线起不超过12海里为限。[162]

3.毗连区。毗连区是位于领海之外的一小片海洋区域,该海洋区域与领海不同,沿海国的完全主权受到限制,只能是为了保护沿海国的某些特别利益才能行使某些权利。毗连区这一制度并不是在1982年《公约》中最早确立的制度。关于毗连区的国家实践最早可以追溯至领海制度。现代国际海洋法意义上的毗连区最早的实例产生于18世纪初英国所颁布的《徘徊法令》[163]。该法令设立之初的目的是规范和管理海关活动。美国也在其独立初期在其管辖海域设立了管制海域,其目的是禁止贩卖奴隶和打击走私活动。19世纪末和20世纪初,许多欧洲国家也纷纷效仿美、英关于毗连区制度的有关做法,相继建立本国的毗连区制度。随着领海制度在国际社会中的确立和巩固,毗连区制度也随之被国际社会广泛实践。在1930年海牙国际法编纂会议期间,许多拉丁美洲国家也建立起毗连其设立的领海之外的管辖海域。毗连区制度后经国际社会在三次联合国海洋法会议讨论,1982年《公约》将其法律地位和界定范围明确规定为,毗连区为毗连沿海国的区域,其范围为以沿海国领海基线为测算起量线不超24海里的海洋区域。[164] 这就意味着,沿海国的毗连区与其领海制度密切相连。当一国主张的领海少于最大外限12海里

---

[161] 陈德恭:《现代国际海洋法》,海洋出版社2009年版,第52页。

[162] 参见《公约》第二部分第3条。

[163] 陈德恭:《现代国际海洋法》,海洋出版社2009年版,第74页。

[164] 参见《公约》第二部分第33条。

时，该国的毗连区范围就可以超过12海里。但是，在一般国际实践当中，为争取海洋权益的最大化，沿海国一般都会主张12海里的领海，12海里的毗连区。

4. 专属经济区。专属经济区制度是现代海洋法产生的新制度。专属经济区制度的形成与发展，与领海制度、大陆架制度，尤其是专属渔区制度息息相关。它是第三次联合国海洋法会议对传统国际海洋规则涉及沿海国管辖海域的新发展，是第二次世界大战之后，由以拉丁美洲国家为代表的新兴海洋发展中国家维护本国海洋经济利益斗争的重要成果。1850年之前，国际社会普遍认为海洋的渔业资源是用之不竭、取之不尽的，特别是伴随着格劳秀斯提出“海洋自由论”之后，这一观点被国际社会普遍接受和认可，进而推动了国际社会对海洋资源开发利用的自由化。但是，在1950年之后，随着人类开发利用海洋科技的飞速发展，尤其是伴随拖网渔业捕捞技术的普遍推广，人类捕捞渔业资源进入一个新阶段。国际社会开始对渔业资源的无限性产生质疑，1883年，国际社会专门在英国伦敦召开会议，讨论渔业资源是否不可竭尽。1893年，英国国会认定海洋资源不是不可穷尽的，并且随着拖网技术的不断发展，渔业资源不断匮乏。因而，英国开始对其毗邻海域实施渔业管制。1883年，英国与美国关于白令海海獭争端的仲裁案，导致制定了国际上最早涉及海洋资源的，1911年的海洋资源养护公约。此后，专属渔区制度开始为沿海各国实践。随着专属渔区的产生，国际社会为规范专属区域的法律地位和范围，经历了长期的磋商和讨论，尤其随着期间大陆架制度的提出，深刻地影响了专属渔区的改变。20世纪40年代，以智利和秘鲁等拉丁美洲国家为代表的新兴海洋发展中国家，它们率先提出建立200海里海洋区域的主张，其目的是保护和控制区域内的生物资源和行使主权权利，但不影响国际社会各国在其区域内享有的航行自由的权利。最终，1982年通过的《公约》规定了专属经济区制度[165]，明确规定专属经济区是沿海国领海以外，邻接领海的区域。[166] 专属经济区的宽度为从测算沿海国领海宽度基线量起不超过200海里的一个区域。200海里是沿海国专属经济区最大的宽度范围，沿海国不能超越。但如因地理、历史、政治等因素影响和限制，沿海国可以划定小于200海里的专属经济区。在一般国际实践中，大部分沿海国为最大化地扩大海洋权益范围，一般都主张了200海里宽的专属经济区。

5. 大陆架以及外大陆架。大陆架原本是一个纯粹的地质学概念。地质学上的大陆架一般是指由海岸向海自然延伸的一个地形坡度平缓的海底表面。大陆架蕴含丰富的资源，已探明的海洋石油储量大部分分布在大陆架中。大陆架原来不属于传统国际海洋法所涉及的领域，但正是由于其蕴含丰富的矿产资源，开始为世界各国所关注。尤其是随着1945年9月28日美国杜鲁门总统发表《总统公告》[167]（又称《杜鲁门公告》）而更加受到国际社会的关注。《杜鲁门公告》规定，为了开发和养护美国大陆延伸及海洋的大陆架（包括大陆架的底土和海床）的定居生物资源和非生物资源，美国对毗连其大陆沿岸水深100噚[168]的大陆架的自然资源享有专属权利。美国依据“大陆自然延伸原则”而主张大陆架规则，将其毗连海岸为70余万平方海里的大陆架生物和非生物资源划归其独有。美国提出这一规则之后，世界各国纷纷效仿，1945年墨西哥也宣布了其大陆架范围，1948～1955年短短7年间，就有印度、牙买加等15国相继提出了本

---

[165] 参见《公约》第五部分。

[166] 参见《公约》第五部分第55条。

[167] 1945年9月28日，美国总统杜鲁门发布和签署了两项公告与两项行政命令，宣称“在邻接美国海岸的公海海域建立渔业保护区，保护区内的捕鱼活动受美国监管和控制”“邻接美国海岸的公海海底下的大陆架底土和海底的自然资源属于且受美国管辖和控制”，史称《杜鲁门公告》。

[168] 1噚约为183米。

国的大陆架范围。大陆架制度很快就在国际社会形成了国际习惯法。1958年通过的《大陆架公约》很快将形成大陆架规则的国际习惯法转化为国际条约规则。在国际上新出现的大陆架规则可以使沿海国以领海基线为起点而扩张200海里的管辖海域。1982年《公约》第六部分专节规定了大陆架的相关规则,明确了大陆架是沿海国陆地领土伸入海洋的全部自然延伸。[169] 沿海国的大陆架被分为内大陆架和外大陆架这两种类型。内大陆架为从领海基线量起不超200海里的区域。外大陆架则是从沿海国领海基线量起,超出200海里的海洋区域,但外大陆架最大外限范围从沿海国领海基线量起,不超过350海里。大陆架和外大陆架也成为现代各沿海国海洋权益的重要区域。

(二)国家管辖外海域

1.公海。公海是国际海洋法中一个外延不断限缩的概念。在远古时期,海洋是人类共有之物,海洋都为公海。中世纪以后,随着领海制度的确立和产生,领海之外即为公海。在近代以来,海洋秩序发生急剧变化,尤其是随着毗连区、专属经济区规则和制度的相继产生和发展,这些制度深刻地影响了原有的公海制度。国际社会经过三次联合国海洋法会议的讨论和磋商,将公海的相关规则集中规定在《公约》第七部分。《公约》明确规定,该部分(公海部分)规定的适用范围不包括在国家的专属经济区、领海或内水或群岛国水域内的全部海域。[170] 从该条规定可以看出,现代国际社会所指称的公海除去了沿海国所主张的内水、领海、专属经济区的海洋区域和群岛国所主张的群岛水域区域两大部分。由以上规定可以明确两点:一是现代公海涉及的范围要远远小于近代之前公海的范围,在近代之前,海

〔169〕 参见《公约》第六部分第76条。

〔170〕 参见《公约》第七部分第86条。

洋一般仅由领海和公海组成。当时的公海范围包括了现在国际海洋秩序中的毗连区、专属经济区、群岛国群岛水域这些海域部分。而随着《公约》确立的公海制度的产生,原本属于公海范围的毗连区、专属经济区、群岛国群岛水域成为国家管辖海域之列。二是现代公海所及的对象仅是海洋中的水体,并不包括大陆架和外大陆架以及海底及底土等海洋陆地部分。《公约》第 86 条规定,该部分的规定适用于不包括在国家的专属经济区、领海或内水或群岛国的群岛水域内的全部海域。而第 87 条第 1 款第 3 ~ 4 项则规定,公海内各国享有铺设海底电缆和管道的自由以及建筑国际法所容许的人工岛屿以及其他设施的自由,但须受《公约》第 6 部分的限制。并且该条第 2 款还明确各国在公海所享有的各类权利还要顾及区域的有关规定。[171] 第 87 条中所指的"《公约》第六部分"即为大陆架部分,而规定的"区域"则专指国际海底区域。因此,从以上规定可以看出,公海区域不包括沿海国主张的大陆架以及外大陆架部分和国际海底区域。

2. 国际海底区域。现代国际海洋法意义上的国际海底区域制度起源于 1967 年 8 月 17 日,马耳他常驻联合国大使帕多提出的一项关于审议《国家管辖范围以外海床洋底及其底土的和平利用及其资源用于人类福利的宣言和条约》的建议备忘录。1968 年第二十三届联合国大会第一届委员会审议并通过了一项《审议保留对处于现有国家管辖范围以外公海下的海床洋底及其底土专为和平目的以及资源用于人类福利问题》的决议。后经多次国际会议讨论和磋商,最后将现代国际海底区域制度集中规定到 1982 年《公约》中。《公约》第 1 条即对国际海底区域的概念进行了明确界定,指出国际海底区域是指国家管辖范围以外的海床、洋地及其底土。第 136 条规定了国际海底区域为人类共同继承的财产,并且在第 137 条明确规定了

---

〔171〕 参见《公约》第七部分第 86 条和第 87 条。

区域内资源由全人类所享有。以上条款首先明确,国际海底区域及其资源是全人类共同继承的财产,意思就是世界各国,不论是沿海国还是内陆国,不论是西方国家还是发展中国家,不论地理位置如何,也不论经济实力、国家面积大小等均可以平等地享有在国际海底区域内的各项权利。这种权利包括对国际海底区域资源开发利用和享有受益的各项权利,同时还享有在国际海底区域内除对资源开发利用之外的各项权利,诸如海洋科研、铺设管道等权利。此外,以上条款还表明,国际海底区域是国家管辖以外的海床和洋地及其底土。这就说明,国际海底区域之范围仅及于海洋陆地部分,而不包括海洋水体部分。具体而言,国家管辖外海域包括两大部分。一部分为海洋水体,另一部分为海洋陆地。前者主要在现代国际海洋法中表现为公海区域。后者为国际海底区域。从一般意义上理解,公海和国际海底区域之范围应当是完全一致的,但其实二者之范围却并非一致,由于外大陆架制度的存在,导致国际海底区域的真实面积要小于公海的面积。国际海底区域制度是第三次联合国海洋法会议达成的新成果,对现代国际海洋秩序产生了重大影响,尤其该规则规定的包括所有沿海国和内陆国在内的全人类享有权益的规则,无疑也成为各国行使民事管辖权的重要区域之一。

第二章　我国海洋维权民事管辖权的主体

由第一章的相关论述可以看出，国家海洋维权民事管辖权的权利种类主要包括立法权、司法权和行政权，[1]相应地，就国家海洋维权民事管辖权以上各类权利主体而言，我国海洋维权民事管辖权的主体主要包括立法主体、司法主体和行政主体三种类型。我国海洋维权民事管辖权立法主体主要包括中央立法主体和地方立法主体，行政主体主要涉及职权行政主体和授权行政主体两大类，而司法主体主要涵盖各级人民法院和各级人民检察院。

第一节　我国海洋维权民事管辖权的立法主体

立法指由法律规定的特定主体，依据职权和程序，运用立法技术，制定、认可和变动法这种特定的社会规范的活动[2]。而以特定主体为划分标准，相应地，立法主体有广义和狭义之分。广义上的立法主体通常是指根据宪法和有关法律规定，依法有权制定、修改、补充、废止各种规范性文件，以及认可法律规范的国家机关、社会组织、

---

〔1〕 参见本书第一章。

〔2〕 周旺生：《立法学》，法律出版社2007年版，第30页。

团体和个人。[3] 狭义上的立法主体则主要是指广义立法主体中的国家机关。需要说明，立法通常是国家的专有活动，一般是由国家机关进行的具有法律意义性质的活动。但是在立法主体中，除国家机关之外的社会组织、团体和个人[4]如果要成为立法主体，一般需要经由法律规定或国家有关机关授权，才能成为适格的立法主体。虽然国际上有些国家宪法或法律直接规定了，社会组织、团体和个人在极其特定的情况下，可以非经授权就直接成为立法主体。例如，《瑞士宪法》规定，若有5万名有选举权的公民，或者8个州提出要求，联邦法律和具有普遍约束力的命令应当交付全民表决[5]。但是，从一般立法主体而言，立法主体主要是指国家机关。立法机关是现代国家最为重要的立法主体。[6] 因此，本书所研究的立法主体主要从国家机关展开。

以不同的划分标准，可以将立法国家机关划分成不同的种类。按照权利来源不同，立法国家机关可以分为法定立法机关和授权立法机关。根据国家立法机关的职能，可以将立法国家机关分为专门立法机关和非专门立法机关。根据国家立法机关是否为常设机关及其特定立法任务来看，国家立法机关可以分为普通立法机关和特别立法机关。而根据国家立法机关的法律地位不同，可以将其分为中央立法机关和地方立法机关。在以上不同分类中，根据国家机关的法律地位，将国家立法机关划分成中央立法机关和地方立法机关是一种广泛适用的分类方法。

在中央与地方都可以立法的国家，按照立法机关在国家权力分配中的不同法律地位，立法机关就有了中央和地方之分。中央立法

---

〔3〕 朱力宇、叶传星主编：《立法学》，中国人民大学出版社2015年版，第89页。

〔4〕 J. Martin, "The Concept of Sovereignty", *American political Science Review* 44, 1950, p. 343.

〔5〕 朱力宇、叶传星主编：《立法学》，中国人民大学出版社2015年版，第90页。

〔6〕 曾粤兴主编：《立法学》，清华大学出版社2014年版，第73页。

机关是以整个国家的名义进行立法的立法机关,包括了各类享有国家立法权的机关和被授权制定全国性法律的临时性立法机关。地方立法机关是以地方的名义进行立法的机关。有些国家地方立法机关中还进一步划分中央和地方两个种类。如苏联的加盟共和国最高国家权力机关相对于苏联最高国家权力机关来说,属于地方立法机关,但相对于属于加盟共和国组成部分的自治共和国最高国家权力机关来说,又是中央立法机关。总体而言,中央立法机关的法律,其地位高于地方立法机关,地方立法不能与中央立法抵触。特别是一些单一制国家,中央立法和地方立法完全是从属关系。在有些国家,特别是联邦制国家,中央立法机关与地方立法机关的联系要松弛的多,地方立法并非绝对要与中央立法保持一致,有的事项中央不能立法而只有地方才能立法,有的事项中央立法以后还要经地方立法机关的批准。在地方立法机关权力较小的情况下,中央立法机关在整个立法活动中起着重要得多的作用。

我国是中央与地方两级都可以进行立法的国家。在我国,中央立法主体主要包括全国人大、全国人大常委会和国务院及其下属的部门。而地方立法主体包括了省、自治区、直辖市的人民代表大会及其常委会和设区的市〔7〕、自治州的人民代表大会及其常委会,以及省、自治区、直辖市的人民政府,还有设区的市、自治州的人民政府等。就我国海洋维权民事管辖权立法主体而言,以上享有立法权的中央和地方的国家机关均是其适格的立法主体。

---

〔7〕 现行《立法法》在2015年修订前使用“较大的市”这一概念。“较大的市”通常是指省、自治区的人民政府所在地的市,经济特区所在地的市和经国务院批准的较大的市。2015年《立法法》修改后,用“设区的市”取代“较大的市”的概念。现行《立法法》所指的“设区的市”包括省、自治区的人民政府所在地的市,经济特区所在地的市和已经国务院批准的较大的市,以及其他设区的市。需要说明的是,现行《立法法》仍继续保留了“较大的市”的概念。不过,此“较大的市”仅特指国务院分别在1982年、1988年、1992年和1993年分4批批准的现存的18个较大的市。

一、中央立法主体

中央立法一般主要是指特定的中央国家政权机关，依据法律制定和变动效力可以及于全国的规范性法律文件活动的总称。[8] 相应地，中央立法主体就是指特定的中央国家政权机关。特定的中央国家政权机关主要是指依法行使立法权的中央国家机关。[9] 特定的中央国家政权机关具有自身的特点，首先，这类国家政权机关一般是指议会、代表机关，也可以包括行使部分立法权的行政机关和其他立法主体。其次，这类国家政权机关主要是依照宪法、法律和其他法律文件规定的立法权限、程序以及其他的要求而开展立法活动的。中央立法主体所制定的法律文件法律效力适用的范围可以及于全国，而且其法律效力的位阶高，中央立法主体所制定的法律文件具有很高或较高的法律效力等级，高于地方立法机关所制定的法律文件。中央立法主体所制定的法律文件，既包括宪法、法律，也包括行政法规以及部门规章。中央立法主体是相对于地方立法主体而言的，在一国存在两级立法或多级立法的情况之下，便相应地存在中央立法主体和地方立法主体之分。我国现行立法体制的安排是中央统一领导与一定程度分权，是多级并存、多类结合的立法体制。同这种体制相适应，中央立法主体和地方立法主体的层次区分问题，成为我国立法体制中的核心问题。在现有的制度安排下，中央级别立法主体的模式主要以全国人大及其常委会为主体，国务院及其组成部门为辅助。

（一）全国人民代表大会

全国人民代表大会作为我国最高国家权力机关，是制定、变动宪

---

〔8〕 周旺生：《立法学》，法律出版社 2007 年版，第 187 页。

〔9〕 朱力宇、叶传星主编：《立法学》，中国人民大学出版社 2015 年版，第 131 页。

法、法律和其他规范性法律文件的中央最高立法主体。根据《宪法》第57条的规定,中华人民共和国全国人民代表大会是最高国家权力机关[10]。该规定表明,从整个国家权力的纵向体系来看,全国人民代表大会处于最高一级,在中央一级国家权力体系中,位居核心。[11]全国人大作为我国中央最高的国家权力机关,其立法是中央立法重要组成部分,体现出中国立法体制中最高性、主权性、根本性和独立性的特征[12]。正是因为全国人民代表大会在立法中具有的最高法律地位,我国海洋维权民事管辖权的立法的核心主体,应当是全国人民代表大会。

全国人大立法的最高性是由全国人大的政治地位及其所行使的国家立法权的性质所决定的。具体来说,一方面,全国人大处于国家机构权力体系中的最高位置。在我国的国家机构权力体系中,全国人大居于体系的最高层,处于权力体系的中心。全国人大与中央人民政府以及司法机关之间的关系,不是相互独立和相互制衡的牵制关系,而是产生与被产生的关系,最高国家行政机关和司法机关都由全国人大产生,对其负责,受其监督。[13]另一方面,全国人大行使国家立法权,该立法权是中国的最高立法权,包括立宪权、法律制定和变动权、立法监督权,等等。这些立法权是立法体系中最重要的权力。全国人大所制定的宪法和法律及其他法律文件,具有最高的权威性,任何机关所制定的法律文件或规范性文件都不得与其相抵触。在国家主权或者人民主权的层面上来说,立法权实质上是国家主权的集中体现,集中体现着国家和全体人民的意志。全国人大作为最高国家立法机关,对内代表着全国人民意志,对外其是中国主权和人

---

〔10〕 参见我国现行《宪法》第57条。

〔11〕 蔡定剑:《中国人民代表大会制度》,法律出版社2003年版,第30页。

〔12〕 乔晓阳:《中华人民共和国立法法讲话》,中国民主法制出版社2008年版,第49页。

〔13〕 曾粤兴主编:《立法学》,清华大学出版社2014年版,第134页。

民主权的体现。全国人大所制定的各类涉外的，尤其是关于我国海洋维权民事管辖权的各类规范性文件集中反映了全国人大制定法律的主权性的特质。全国人大立法从内容来看，调整了整个国家、社会和公民生活中最根本、全局性以及最重要的社会关系，解决特别重要的问题，所以，它的立法外在表现形式，表现为宪法、基本法律和其他重要的法律文件。另外，考虑到全国人大的立法权居于最高地位，所制定的法律实际上不存在与其他法律相抵触的情形，也没有被其他国家机关撤销的现象出现，当然也不需要上报其他国家机关批准或备案，因此，从这一层面而言，全国人大所享有的立法权具有极强的独立性。

正是由于全国人大在国家机构权力体系当中所享有的最高的法律地位，其立法权限具有最高性和广泛性。现行《宪法》第 62 条规定，全国人民代表大会行使以下职权：（一）修改宪法……（三）制定和修改刑事、民事、国家机构的和其他的基本法律……〔14〕以上规定表明，全国人大的立法权主要体现在两个层面上：一是修改宪法，二是制定和修改法律。

关于修改宪法。宪法是一个国家的根本法，具有最高的法律效力，规定了国家的根本制度和政治体制，规范国家、社会和公民生活中根本性的、全面性的事项。修改宪法也称修宪，是一种核心的立法权。修宪就是由行使最高立法权的机关即全国人民代表大会，依据法定程序变动宪法。由于修宪权是对宪法做实质性甚至是全盘性、决定性的修改，因此，修宪权也成为了一国立法体制中地位最高、最重要的立法权。〔15〕

关于制定和修改法律。制定和修改法律包括两个方面：一方面是制定和修改基本法律。基本法律主要是基于一国最核心的社会关

〔14〕 参见我国现行《宪法》第 62 条。

〔15〕 曾粤兴主编：《立法学》，清华大学出版社 2014 年版，第 136 页。

系而制定的。从法律性质层面来说,基本法律对社会关系的调整和规范,对国家和社会生活具有全局、长远、普遍以及根本的规范意义。从调整内容的规定来看,基本法律所规定的事项应当与公民的基本权利和义务、国家经济和社会生活的具体关系有关。当然也包括了国家政治生活涉及的各个方面的基本制度,如关乎于国家主权和国内市场统一的重大事项,维护国家主权、安全或者各项利益的重大事项等。我国《宪法》第 62 条规定的制定和修改刑事、民事、国家机构和其他基本法律,具体来说,刑事的基本法律主要是指涉及犯罪、刑事处罚和刑事程序的法律。刑事处罚是指剥夺公民人身自由、财产以及政治权利,甚至是剥夺公民生命的各类法律。民事的法律指涉及处理公民财产和亲属关系的法律,如涉及平等民事主体的各种婚姻、家庭、继承等人身关系和涉及物权、债权、侵权、商事等各类财产关系的社会关系,以及因民事关系发生的民事诉讼和仲裁等法律。国家机构的法律是指所有关于国家机构的选举、组织、职权和行使职权程序,以及自治等法律。其他基本法律是指刑事、民事、国家机构之外的,有关国家政治、经济、社会生活等方面的重要法律。至于哪些法律属于其他基本法律,我国宪法和法律并未对其作出明确规定。但从理论上而言,所谓其他基本法律应该是涉及国家和社会生活中具有全局性、重要的经济立法,涉及国家公职人员权利和义务的立法,以及有关公民诉讼权利和司法诉讼的法律等。〔16〕

另一方面的内容是制定与修改非基本法律。即使《宪法》和法律明确了全国人大享有修改基本法律的立法权限,但是并没有明确其是否享有修改除基本法律之外的其他非基本法律的立法权限。但是,从《宪法》第 58 条和第 62 条以及《立法法》第 7 条的相关规定可以看出,制定和修改非基本法律是全国人大的任择性的立法权之一。既然我国《宪法》明确规定全国人大是我国最高的权力机关,它就有

〔16〕 蔡定剑:《中国人民代表大会制度》,法律出版社 2003 年版,第 267 页。

权力制定和修改任何法律、法规以及其他规范性文件。如果全国人大认为其有必要制定和修改非基本法律，其完全可以选择制定和修改。在实践当中，全国人大制定的非基本法律包括两种情形：一种是有关全国人民代表大会权限和工作程序的事项，比如《中华人民共和国预算法》、授权决定等；另一种是涉及公民权利和义务的较为重要的非基本法律。

全国人民代表大会通过制定涉及我国海洋维权民事管辖权的有关民事、诉讼以及其他方面的法律规范，为我国海洋维权民事管辖权的外化提供了根本性立法保障，是我国海洋维权民事管辖权的核心立法主体。

（二）全国人民代表大会常务委员会

全国人民代表大会常务委员会也称全国人大常委会，它是我国制定和变动法律等各类法律文件的最高国家权力机关的常设机关。全国人大常委会和全国人大作为我国立法的核心主体，二者共同构筑了现有体制下中国立法体系的基石。全国人大常委会在我国立法体系中处于较高的法律地位，在全国人大闭会期间代替全国人大行使立法权，它的立法权地位仅低于全国人大，而高于其他所有的立法主体。由于全国人大常委会立法所调整的事务多样且广泛，涉及的内容是国家、社会和公民生活中各个方面的基本事项以及重要事项，因此，它的立法调整对象相比全国人大立法所调整的对象而言，更加具体、广泛和多元。作为中央立法主体，全国人大常委会的立法权还具有自身的完整性和独立性的特征。全国人大常委会对其所立的法律，既有制定、修改、补充和废止权，又有提案、审议、表决和决定公布权，还包括自身立法、监督其他有关立法主体立法、授权其他国家机关立法的权力。全国人大常委会的立法不需要向有关国家机关再行备案或经有关主体批准，这是全国人大常委会立法独立性的重要表现。但同时，这种独立性也是相对的，全国人大常委会无权制定和修改宪法,除此之外,其行使补充和修改全国人大法律的权力的前提是不与被修改法律的基本原则相抵触。

那么,根据宪法和法律的规定,全国人大常委会立法权主要包括制定和变动法律以及解释宪法和法律的权力。在制定和变动法律方面,全国人大常委会的权力包括以下几个方面:第一,制定和修改除应由全国人大制定的法律以外的其他法律。主要是指依据《宪法》第 62 条规定由全国人大制定的刑事、民事、国家机构的基本法律以外的法律。第二,对全国人大制定的法律进行补充和修改的权力。全国人大闭会期间,全国人大常委会可以对全国人大制定的除宪法之外的其他基本法律进行修改和变动,这种修改只能是部分的,而不能对全国人大制定的法律进行全面的、颠覆性的修改,且全国人大常委会所作出的修改不应与全国人大制定的法律所确立的基本原则和精神相违背和抵触。在实践当中,全国人大常委会立法权限非常广泛,按照《立法法》第 8 条的规定,涉及国家主权事项,国家各级权力机关、政府、司法等机构的产生和职权事项,犯罪和刑罚事项,涉及人身自由的事项,基本的经济制度诸如财政、税收、海关、金融、外贸等事项,均应由全国人大常委会制定法律予以规制和调整。而在解释宪法和法律层面,释法权也是全国人大常委会非常重要的立法权。我国《宪法》第 67 条明确规定,全国人大常委会是宪法解释的机关。《立法法》也作出了同样的规定。法律一般在以下两种情况之下,需要解释:第一,法律规定需要进一步明确具体含义。第二,法律制定以后出现新的情况,需要明确适用的法律依据。[17] 解释宪法和法律,从某种意义上来说是为了更好地理解、实施宪法和法律。但是,解释宪法和法律本身属于立法的范畴,通过解释宪法和法律产生的相关文件,分别称为宪法性文件和法律性文件,它们是宪法和法律的有机组成部分。

---

〔17〕 周旺生:《立法学》,法律出版社 2007 年版,第 199 页。

全国人民代表大会常委会制定的涉及我国海洋维权民事管辖权的各类法律，是我国海洋维权民事管辖权立法的主要组成部分，其亦是我国开展海洋维权民事管辖权的基础。全国人民代表大会常委会通过制定涉及海洋维权民事管辖权的各类法律，成为我国海洋维权民事管辖权立法的主要主体。

（三）国务院

我国最高的行政机关是国务院，它同时也是制定和变动我国行政法规以及其他立法活动的中央立法主体中重要的组成部分。在本质上，国务院属于行政机关而非立法机关，因此，其作为立法主体具有有别于一般立法机关的自身特点。一方面，其具有从属性、主导性的特点。国务院作为我国最高行政机关，并不是许多西方国家那种与议会平行的中央政府，而是最高国家权力机关的执行机关，位居于国家机构体系中的中央政府。国务院这一在国家权力体系配置中的法律地位就决定了其对全国人大及其常委会的立法具有从属的特性。国务院的立法要以贯彻全国人大及其常委会制定和变动的宪法、基本法律、非基本法律以及其他规范性文件为基础，国务院所制定和变动的行政法规以及其他规范性文件，要以宪法和法律为依据，而且不得互相相抵触。另一方面，国务院最高行政机关的性质，决定着其负担统一领导和管理我国行政工作的职责，因而从这一层面而言，其工作又具有主导性，为了科学、合理和高效地管理我国的各类行政工作，国务院立法要适时地、有针对性地对相关社会关系进行主导性立法，尤其是为了调动地方政府的积极性，国务院立法就地方立法，尤其是对制定地方性法规、地方性规章的相关立法活动，具有主导性。此外，国务院立法还具有先行性的特点。国务院制定的法律文件，主要是通过行政法规形式表现的。一定程度上，国务院制定行政法规是为未来制定修改法律积累经验和准备条件。在行政法规蜕变成法律的过程中，一些事项究竟应当由行政法规调整，还是应当由法律调整，往往很难分清。在这些事项方面，制定灵活且易于出台的行政法律规范，往往会变成为制定法律的先导和前身，通过制定行政法规，可以为以后这些事项制定法律奠定坚实的经验基础。同时，国务院依据全国人大及其常委会授权制定规范性文件，既可以替全国人大及其常委会解决一些权宜问题及特定问题，也可以为之后授权者就解决这些问题制定法律积累先进经验，准备前期条件。

国务院的立法权主要体现在制定和变动行政法规和根据授权立法两个方面。制定和变动行政法规权是国务院根据《宪法》和《立法法》的有关规定，而享有的一种特有立法权。国务院行政法规立法权有非常重要的地位。在现行中国立法权限划分体制中，具有承上启下的作用。行政法规在法的形式或渊源中，位于低于宪法、法律而高于其他一般地方性法规、政府规章、部门规章以及其他规范性文件的地位，其法律效力普适于全国。行政法规的目的在于贯彻和落实宪法和法律所确立的原则和规则能够落到实处。有了行政法规，宪法和法律的精神和原则就能够具体化，更好地、有效地实施。同时，行政法规又连接着地方性法规、政府规章、部门规章，所有的地方性法规、政府规章均不得与行政法规相抵触，这就进一步监督地方性法规要严格按照行政法规的要求制定，进而间接地保障了宪法和法律确立的基本原则和制度的实施。由于国务院管理全国所有行政事务，这就决定了其制定和变动的行政法规具有极大的广泛性，行政法规所及的范围要比宪法和法律广泛得多，国家和社会生活中的经济、政治、文化、教育、医疗、科学、体育、外交等方方面面的关系和事项，只要不是根本性的或相当重要的，即根据我国《立法法》的有关规定，除必须由宪法和法律予以调整的事项之外，行政法规都可以制定和调整。就我国海洋维权民事管辖权而言，国务院所制定的行政法规也是其中主要的组成部分，因此，从这一角度而言，国务院是我国海洋维权民事管辖权中不可或缺的立法主体之一。

（四）国务院部门

国务院部门是构成国务院的各个部门。我国制定和变动部门规章以及其他规范性文件立法的主体是国务院部门。在国际上，一国的中央政府基于行政管理需要，而对所调控的社会关系制定和变动立法，并且所制定和变动的立法在该国立法体系当中占据相当重要的地位已经是较为普遍的事情，但是如我国国务院所属部门这样可以行使立法权限，并且有自身的立法领域的情形，在国际上并不多见。我国国务院部门享有一定的立法权，主要是基于我国的立法传统和政治体制。我国 1982 年《宪法》当时就明确规定了国务院部委即国务院部门可以发布规章，这一规定从宪法这个层面赋予了国务院部门拥有发布规章立法的权限。1989 年制定的《中华人民共和国行政诉讼法》（以下简称《行政诉讼法》）在审理各类行政诉讼案件时，明确规定了我国各级人民法院对案件所适用的法律以及依据，其中规定了可以参照国务院部门所制定的规章予以判案。《立法法》也从不同的领域、范围明确规定了国务院组成部门、各部委、中央人民银行、审计部门等国务院部门享有规范部门规章的权力。考虑到国务院部门不同于全国人大、全国人大常委会以及国务院，其不是一个独立的主体，其是由数十个部委和直属机构组成的集群性立法主体。因此，其立法权就具有集群性和多元性。国务院部门立法的集群性主要是指其在立法中的立法主体属于一类集合群体，虽然从单个国务院部门立法看，每个部门所立的部门规章都属于单个立法范畴，但从整个国务院部门立法看，国务院部门所立的部门规章，由于自身不再包含层次性，那么它们之间具有同等的效力，并不像地方立法那样，可能是由多种类别、多种层次的具体立法所组成，因此说，国务院部门的立法是典型的集群性立法。每个国务院部门都管辖某一领域，整个国务院部门各职能涵盖我国经济、文化、教育、外交、国防、卫生、交通等行政事务的方方面面，因此，国务院部门所立规章调整的范围十分广泛，所有国务院部门制定的规章相互叠加和交织几乎可以涵盖我国行政事务的所有事项，在实践当中，由于部门规章规定更为具体和详细，为便于行政管理，部门规章出台的数量比法律、行政法规数量更大。行政机关的依法行政，所依据的“法”往往大部分都是部门规章。

国务院部门的立法权主要表现在国务院所属部门有权制定部门规章方面。在过去，规章一般是指国家机关、企事业单位和其他社会组织内部的规则〔18〕。然而，随着我国1982年《宪法》颁布之后，这一情况发生了巨大改变，1982年《宪法》明确规定了国务院各部、各委员会可以根据法律和国务院行政法规、决定、命令，在自己部门的权限范围内，发布命令、决定和规章。之后，《立法法》第71条又给予国务院部门更大的立法权限，将《宪法》规定的国务院部门可以依据法律和行政法规“发布”规章，规定为“制定”规章。〔19〕虽然我国宪法和法律并未明确国务院部门制定规章的权限范围，但是，从不同法律规定仍然可以看出，国务院部门制定规章的权限主要集于以下两个方面。一方面是执行法律和行政法规的事项。国务院部门规章立法最重要的目的在于贯彻和落实法律、法规。国务院部门是行政活动的主要执行者，为了合法、合理、高效地行政，其在管理具体的行政事务过程中，往往需要将抽象的、宏观的法律和行政法规具体化，以便使法律、法规能够与现实生活中具体的事项契合，这就使国务院部门享有制定具体的部门规章，将法律、法规所确立的基本制度和规则予以明确的权力。执行法律和行政法规是国务院部门规章立法权限的基础性权源。另一方面是执行国务院的决定和命令。国务院的决定和命令从本质上讲，不属于法律和行政法规的范畴。但是，国务院在行政管理过程中，为应对应急事件或突发事件以及特殊情形，往

〔18〕 周旺生：《立法学》，法律出版社2007年版，第213页。

〔19〕 参见我国现行《立法法》第71条。

往会发布一些不属于立法范畴的决定和命令，这些决定和命令是宪法和法律授权给国务院的职责，国务院部门应当予以贯彻执行。为保障国务院决定和命令的执行，国务院部门制定执行以上决定和命令的部门规章是其立法职权的应有内容。

国务院及其组成部门通过制定涉及我国海洋维权民事管辖权的各类行政法规或部门规章或其他法律文件，成为继全国人民代表大会及其常务委员会之后的我国海洋维权民事管辖权又一重要中央立法主体。

二、地方立法主体

地方立法主体主要是指制定和变动本行政区域范围内实施的规范性法律文件的我国特定的地方国家机关。[20] 目前来说，特定地方国家机关主要是指宪法跟法律确定的，可以制定规范性法律文件的地方国家机关，以及根据授权有立法权的地方国家机关。[21] 在现有的机构设置下，我国的地方国家机关主要包括以下两类：一类是地方国家权力机关，主要包括省、自治区、直辖市、设区的市的人民代表大会及其常务委员会和特别行政区立法机关；另一类是省、自治区、直辖市、设区的市的人民政府和特别行政区政府。需要说明，地方国家立法主体中的特别行政区主要指的是香港特别行政区和澳门特别行政区，这两个特别行政区实施高度自治，其立法体系和立法模式与我国大陆地区完全不同，因此，本书对特别行政区地方立法主体不再对此论述。

（一）地方权力机关

地方立法主体的核心机关是地方权力机关。地方权力机关主要

〔20〕　曾粤兴主编：《立法学》，清华大学出版社 2014 年版，第 146 页。
〔21〕　崔卓兰等：《地方立法实证研究》，知识产权出版社 2007 年版，第 17 页。

包括各省人民代表大会及其常务委员会、各自治区人民代表大会及其常务委员会、各直辖市的人民代表大会及其常务委员会〔22〕以及设区的市的人民代表大会及其常务委员会和较大市的人民代表大会及其常务委员会。较大的市的人民代表大会及其常务委员会包括三种类型。第一类是省、自治区的人民政府所在市的人民代表大会及其常务委员会,第二类是经济特区所在地市的人民代表大会及其常务委员会,第三类是国务院已经批准的较大的市的人民代表大会及其常务委员会。〔23〕

地方权力机关的立法权主要体现在地方性法规的制定等方面。制定和变动地方性质的法规,是一般地方权力机关首要和主要的立法职权,也是一般地方的最主要的常规性立法权。地方权力机关制定地方性法规的权源,主要来自《宪法》《立法法》《组织法》的明文规定。〔24〕 行使地方性法规立法权产生的地方性法规,在我国现有法律体系当中具有重要的法律地位,其法律位阶位于宪法、法律、行政法规之下,但是因为地方性法规主要是依据宪法、法律和行政法规等上位法,针对我国每个地区的特点和具体情况而进行立法,因此,对贯彻实施宪法、法律和行政法规具有积极的、行之有效的作用。同时,地方性法规也是一般地方解决本地区具体问题的主要立法手段,尤其是在我国许多民族区域自治地区,因文化、风俗和传统之不同,每个自治区都需要借助地方性法规的形式将当地独具特色的社会关系进行适当的调整和规制,当下中国每个地区为因地制宜地管理当地事项,主要就是通过制定和变动地方性法规来实现对本地区重大事项的法的调整的。我国地方性法规立法权的发展并非一蹴而就,而是经历了一个长期的发展过程。早在1979年,第五届全国人大第

〔22〕 参见我国现行《立法法》第72条第1款。

〔23〕 参见我国现行《立法法》第72条第3款。

〔24〕 参见我国现行《立法法》第72条、第74条和第75条。

二次会议通过的《组织法》首次明确地方省级人民代表大会及其常务委员会，享有制定地方性法规的立法权。从此，掀开了我国地方权力机关成为立法主体的序幕。此后，随着地方性法规立法权在全国的实践和发展，地方性立法权的立法主体开始增多，自治区和直辖市开始成为地方性法规立法的主体。为提高市一级，尤其是为提高经济特区市的发展积极性和帮助其提升改革开放的力度，我国先后又赋予了经济特区市和国务院特别批准的较大的市地方立法权，2015年3月15日第十二届全国人民代表大会第三次会议通过的《立法法》又赋予了设区的市地方性法规立法主体的地位。[25]

由于地方性法规的立法权仅是地方立法的一类，因此，其权限要受一定的限制。第一点是地方性法规要根据本地区的具体情况和实际需要制定，且所制定和变动的地方性法规一定要严格按照宪法、法律和行政法规等上位法的原则和规定，不得与上位法相抵触或冲突。市一级的权力机关所制定和变动的地方性法规不得与本地区省一级权力机关所制定的地方性法规相抵触或冲突。第二点是省、自治区和直辖市的人大及其常委会所制定的地方性法规，通常情况需要报全国人大常委会和国务院备案。而设区的市人大及其常委会是否享有地方性法规立法权，以及如何制定地方性法规，必须经本地区省、自治区和直辖市人大常委会批准，此外，设区的市人大及其常委会所享有的地方性法规的立法权限，与省、自治区和直辖市人大及其常委会所享有的地方性法规立法权相比十分有限，按照2015年修订后的《立法法》的规定，设区的市人大及其常委会制定的地方性法规，首先，不得与宪法、基本法律、一般法律、行政法规以及本地区省人大及其常委会颁布的地方性法规相抵触或冲突。其次，其立法权限仅及于城乡建设、城乡管理、文化保护、历史保护以及环境保护等领域。最后，设区的市人大及其常委会制定的地方性法规，并非颁布之后就

---

〔25〕 参见我国现行《立法法》第72条第2款。

当然地发生法律效力，其还须报请本地区的省级或自治区级的人大常委会审查批准后才可以实行〔26〕，这种审查批准是设区的市颁布的地方性法规发生法律效力的前置性条件。

（二）地方行政机关

地方行政机关是地方立法主体的重要组成部分。地方行政机关主要包括各省级人民政府、各自治区人民政府、各直辖市的人民政府〔27〕、设区的市人民政府和较大的市人民政府、我国港澳台地方行政机关以及县级、乡级人民政府等地方行政机关。较大的市人民政府与其人大及其常委会的构成完全相同，同样包括以下三类：第一类是省、自治区的人民政府所在地的市级人民政府，第二类是经济特区所在地的市级人民政府，第三类是国务院已经批准的较大的市级人民政府。

地方行政机关的立法权主要体现在制定和变动地方政府规章方面。制定和变动政府规章，是一般地方地方立法，也是一项常规性立法。〔28〕 地方行政机关享有制定和变动地方政府规章的权力主要源于我国《宪法》《立法法》，以及其他基本法律的直接规定。有权制定政府规章的主体，为管理本地区行政活动的需要，可以依据宪法、基本法律、一般法律、行政法规以及省、直辖市的人大及其常委会颁布的地方性法规，制定和变动本地区的政府规章。自治区内享有制定政府规章的行政主体，可以依据我国的宪法、基本法律、一般法律、行政法规以及自治区的自治条例和单行条例制定本地区内的政府规章。

地方政府规章的法律效力在我国整个立法体系当中处于较低的

〔26〕 参见我国现行《立法法》第72条。

〔27〕 参见我国现行《立法法》第82条第1款。

〔28〕 朱力宇、叶传星主编：《立法学》，中国人民大学出版社2015年版，第114页。

法律地位，其法律效力要低于宪法、法律、行政法规和地方性法规，各省、自治区、直辖市人民政府所颁布的政府规章，其法律效力与国务院所属部门颁布的各部门规章的效力相等。但设区的市的人民政府，省、自治区、直辖市人民政府所在地的人民政府，经济特区所在地的市人民政府以及国务院已经批准的较大的市的人民政府所颁布的政府规章效力，在理论上讲，处于更低的法律地位，效力还要低于本地区省、自治区、直辖市人民政府颁布的政府规章。由于人民政府并非主要的立法主体，其颁布的规章要受诸多限制。一方面，是立法权限受限。我国现行《立法法》明确规定各级地方人民政府仅能就以下两类事项制定和变动政府规章，一类是为执行法律、行政法规和本地区地方性法规的需要；另一类是属于本行政区域管理事项。[29] 以上规定表明，有制定和变动政府规章权力的各级人民政府其立法权十分有限，仅能将上位法进行细化和为本地区行政管理的需要而制定和变动本地区的政府规章。对其他事项则不再享有制定政府规章的权限。在没有地方性法规作为依据的情况下，如果有立法权的人民政府为行使本身行政管理的需要而制定了政府规章，这种政府规章在实施两年后，还需要提请本级权力机关制定地方性法规。[30] 在无法律、行政法规和地方性法规依据的前提之下，有立法权的人民政府所制定和变动的政府规章不得设定减损公民、法人等其他民事主体的权利，以及增加其义务的规定。[31] 另一方面，政府规章发生效力也受一定的条件限制。有立法权的人民政府制定和变动政府规章之后，这类规章并非就当然地如法律、行政法规一样可以发生法律效力，省一级地方政府规章应当报请国务院以及本地区人大常委会备案。省、自治区人民政府所在地的市人民政府，经济特区所在地的市

---

〔29〕 参见我国现行《立法法》第 82 条第 2 款。

〔30〕 参见我国现行《立法法》第 82 条第 5 款。

〔31〕 参见我国现行《立法法》第 82 条第 6 款。

人民政府,国务院批准的较大的市人民政府以及享有立法权的设区的市的人民政府所制定或变动的政府规章,应当报请省、自治区的人大常委会和人民政府备案。省、自治区、直辖市人大常委会和人民政府,有权撤销下一级人民政府制定或变动的不适当的政府规章。地方政府规章和国务院部门规章之间,对同一事项规定不一致时,由国务院予以裁决。各类政府的规章虽然处于我国立法体系较低位阶,但由于其往往是对上位法的细化,因此,其在实践当中不仅数量多而且涉及的领域广,政府规章已经成为我国立法中不可或缺的一环。

地方权力机关和行政机关,通过制定涉及我国海洋维权民事管辖权的各类地方性法规、政府规章或其他规范性文件,成为我国海洋维权民事管辖权立法的重要参加主体。

第二节　我国海洋维权民事管辖权的行政主体

通常情况下,行政主体是指依法享有国家行政职权,代表国家独立进行行政管理并独立参加行政诉讼的组织。[32] 在我国,行政主体主要包括以下特征,一是行政主体是组织,而非个人。组织是两人以上的聚合体。组织在一定的条件下可以作为行政主体,而个人不可以。尽管具体的管理行为大多由国家机关公务员实施,但多数情况下都是以组织的名义,并非个人的名义。二是行政主体是依法拥有国家行政职权的这样一种组织。所谓的依法拥有行政职权,是指该组织的行政职权由法律法规设定,或者由有权机关通过法定程序授予。根据我国《宪法》第 85 条、第 89 条等的相关规定,我国的行政主体主要是行政机关,即各级人民政府及其列入国务院编制序列的各部门。另外,行政机关以外的组织,如事业单位等,经法律法规授权

〔32〕 应松年主编:《行政法与行政诉讼法学》,法律出版社 2009 年版,第 57 页。

也能成为行政主体。三是行政主体有权代表国家独立行使行政权力。所谓独立行使职权，是指相对独立，即在法律法规规定的范围内，行政机关在法律形式上以自己的名义进行活动，以自己的名义作出处理决定。四是行政主体能够独立参加行政诉讼。由于行政主体能够代表国家独立行使行政权力，因而行政主体也能够独立成为行政诉讼的被告。

我国行政主体范围十分广泛，具体而言，行政主体主要包括了以下十类：国务院，国务院组成部门，国务院组成直属机构，经国务院授权的办事机构，国务院部委管理的国家局，地方各级人民政府，地方各级人民政府的职能部门，经法律法规授权的派出机关和派出机构，经法律法规授权的行政机关内部机构、议事机构和临时机构，法律法规授权的其他组织。〔33〕 以上不同类型的行政主体按照职权可以分为职权行政主体和授权行政主体两种类别。职权行政主体是依据我国《宪法》和《组织法》的规定，在成立时就当然地具有行政职权，并取得法律适格性的组织。如国务院及其有关组成部门、地方各级人民政府及其有关部门。授权行政主体主要是基于除《宪法》《组织法》以外的其他法律、法规的规定而获得行政职权，并因此取得行政主体的资格。职权行政主体是我国正式行政机关，属行政组织序列。授权行政主体可以是行政机关的内部机构或机关，可以是行政机关以外的其他组织，如事业单位、中国人民武装警察部队等。但无论是职权行政主体还是授权行政主体，其一旦满足法定成立条件后，均是我国法律上适格的行政主体。

相应地，我国海洋维权民事管辖权的行政主体，主要是指依法享有我国海洋维权民事管辖权，能代表国家独立进行行政管理，并独自参加行政诉讼的组织。这类组织既包括依据《宪法》和《组织法》的

〔33〕 姜明安主编：《行政法与行政诉讼法》，北京大学出版社、高等教育出版社 2007 年版，第 113 ~ 115 页。

有关规定，在成立时就当然地享有海洋维权民事管辖权并取得行政主体资格的组织，也包括因宪法、组织法以外的法律、法规的直接规定，而获得海洋维权民事管辖权，获得行政主体资格的组织。质言之，我国海洋维权民事管辖权的主体包括职权行政主体和授权行政主体两大类。

一、职权行政主体

职权行政主体由于其行政职权源于宪法、组织法的直接规定，因此，在实践当中，职权行政主体主要指行政机关，行政机关与行政主体构成了法学中两个密切相关但又存在区别的概念。我国行政机关通常情况下是指为实现行政目的，依法设置并承担行政事务并能独立进行管理的基本组织体。而我国行政主体正如本章前文所述，是指依法享有国家行政职权，能代表国家独立进行行政管理，并独立参加行政诉讼的组织。由此可见，我国行政主体的概念要比行政机关的外延广泛，行政机关构成了行政主体的一部分。行政主体包括了行政机关和法律法规授权组织两大部分。

而就我国海洋维权民事管辖权的行政机关而言，由于海洋维权民事管辖权主要是指一国依据国际法和本国法律，为维护本国海洋权利和利益，规范和管理管辖海域内各类涉外平等民事主体及其行为而享有的权利。[34] 因此，根据我国宪法、组织法的有关规定，凡是享有我国海洋维权民事管辖权的各类行政机关都是我国海洋维权民事管辖权的职权行政主体。具体而言，我国海洋维权民事管辖权的行政机关主要可以分为国务院及其有关部门和沿海地方政府及其有关部门两大类。

---

〔34〕 参见本书第一章相关论述。

(一)国务院及其有关部门

国务院作为我国的最高行政机关,依法享有各类海洋维权民事管辖权。通常情况下,作为我国最高行政机关的国务院一般不对具体的涉及海洋维权民事管辖权的事项作具体管理,而是将具体的海洋维权民事管辖权事项分解至国务院有关部门管理。但是,对于涉及较为重要的海洋维权民事管辖权事项,我国法律还是明确规定了由国务院管理的规定。例如,依据我国《中华人民共和国海域使用管理法》(以下简称《海域使用管理法》)的有关规定,国务院直接审批填海超50公顷的用海项目、围海100公顷的用海项目以及用海700公顷以上的用海项目。[35] 国务院虽非我国海洋维权民事管辖权的具体管理者,但却是我国海洋维权民事管辖权的最高行政主体。

2018年第十三届全国人大第一次会议表决通过了关于国务院机构改革方案之后,按照我国相关法律规定,享有我国海洋维权民事管辖权的国务院部门主要包括:自然资源部、交通运输部、农业农村部、公安部、生态环境部以及海关总署等部门。[36] 需要说明的是,按照我国现行法律、法规的规定,以上国务院相关部门虽然享有我国海洋维权民事管辖权,但根据2018年6月22日第十三届全国人大常委会第三次会议通过的《关于全国人大宪法和法律委员会职责问题的决定》,已将以上国务院相关部门享有的我国海洋维权民事管辖权,授权给中国人民武装警察部队领导的中国海警局统一行使。[37] 虽然中国海警局统一行使海上执法职权,但在我国现行法律、法规没

〔35〕 参见我国《海域使用管理法》第18条。

〔36〕 "国务院组织机构",载中华人民共和国中央人民政府网官网:http://www.gov.cn/guowuyuan/zuzhi.htm,2018年6月15日最后访问。

〔37〕 第十三届全国人大常委会第三次会议:《关于中国海警局行使海上执法职权的决定》,载新华网:http://www.xinhuanet.com/politics/2018~06/22/c_1123023766.htm,2018年7月3日最后访问。

有修改之前,国务院相关部门依然是我国海洋维权民事管辖权职权行政主体,中国海警局仅是授权行政主体。因此,有必要对不再享有实际执法权的国务院相关部门所具有的法定海洋维权民事管辖权进行探讨。

1. 自然资源部。自然资源部是我国对自然资源开发利用和保护的主管部门,针对海洋资源利用,享有海域管理、海洋资源保护和海洋权益维护以及海洋公益服务的行政职权。2018 年国务院机构改革之后,自然资源部内部仍设置国家海洋局这一部属机构。国家海洋局设中国海监,承担自然资源关于海洋资源监察的执法工作。在 2018 年国务院机构改革之前,中国海监队伍由中国海监总队和中国海监北海、东海和南海 3 个海区总队以及沿海 11 个省级总队组成。中国海监依据法律、法规和其他法律文件,对内海、领海、毗连区、专属经济区、大陆架,实施巡航监视与监督管理。其主要行政职责主要包括:一是根据 1996 年我国第八届全国人大常委会第 19 次会议批准的《公约》和我国制定的包括《中华人民共和国专属经济区和大陆架法》(以下简称《专属经济区和大陆架法》)、《中华人民共和国领海及毗连区法》(以下简称《领海及毗连区法》)等相关法律的规定,对经批准进入我国管辖海域的外国船舶及其他运载工具的科学考察、海底电缆、管道铺设等活动实施监控。二是对未经批准进入我国管辖海域的外国船舶、潜水器、移动平台以及其他移动海上运输工具等,按照《公约》和我国国内法律的有关规定,对其实施必要性的和适当性的监管,对严重违反我国法律法规的外国船舶等主体可实施登临和检查等各类行政措施。三是负责对我国管辖海域内,尤其是对我国所管辖的专属经济区内的各类海洋石油勘探开发活动进行监督管理,对我国各类管辖海域中涉及的各类倾废活动以及由此造成的海洋污染进行管理。四是在我国管辖海域,尤其是在我国主权权利海域,对未经批准而进行的海洋资源开发、勘探和海洋测量等活动以及破坏海洋资源的活动进行管理。五是根据我国实际需要,配合包括农业主管部门、环境保护主管部门以及海关部门积极开展海上执法活动，参与相关的海上救助，积极应对海上突发事件以及配合其他军事保障等工作。

2. 交通运输部。交通运输部是我国综合交通运输行业的主管部门。2008 年在我国实施“大部制”改革中，以我国原有的交通部为建部基础，吸纳国家民用航空局、国家邮政局等部门，重新组建我国新的交通运输部，2018 年新一轮的国务院改革中，仍然保留了 2008 年改革后的交通运输部的构建模式。现有的交通运输部主要包括海事局、救助打捞局、长江航务管理局、珠江航务管理局、中国船级社以及其他部属机构。海事局作为交通运输部的核心组成部门，其是 1998 年经国务院批准，由原中华人民共和国港务监督局和原中华人民共和国船舶检验局合并组建而成的。海事局在内部管理上实行垂直管理的行政管理模式，在我国沿海省、市等行政区域和跨省内河干线及沿海设置重要的港口、码头的城市中设立了 14 个直属相关海事执法机构。[38] 在中央层面国家海事局拥有自身内部配置的高性能的海上执法巡海船队。在我国沿海省、市等行政区域设立的 14 个直属相关海事执法单位，也同样配置了相关的执法力量和设备，为海事部门展开海事行政管理工作提供了客观条件基础。无论是中央海事局还是地方海事部门，都享有广泛的行政权限，承担广泛的工作职责，根据法律、法规的规定和授权，负责国家水上安全监督和防止船舶污染，海上设施的检验，航海保障管理和行政执法，船舶登记、船舶法定配备的操作性手册与文书审批，调查水上交通事故、船舶污染事故以及水上交通违法案件，监督管理船舶所有人的安全生产条件和水运企业的安全管理体系，负责相应辖区内水上搜寻救助、污染事故应急处理和重大海上交通事故调查、取证和处理等工作。

---

〔38〕“交通概况”，载中华人民共和国交通运输部官网：http://www.mot.gov.cn/jiaotonggaikuang/，2018 年 6 月 16 日最后访问。

3. 农业农村部。农业农村部是我国 2018 年国务院机构改革后新组建的国务院组成部门。它在国务院原有的农业部的基础上，吸纳国家发展和改革委员会、财政部、原国土资源部以及水利部等国务院组成部门中涉及农村、农业等各类投资管理和相关的各项职责，重新组建成了农业农村部。新成立的农业农村部部设机关包括办公厅、产业政策与法规司、农村经济体制与经营管理司、市场与经济信息司、发展计划司、国际合作司等内置机构，此外，还设立了种子管理局、农产品加工局、渔业渔政管理局、农产品质量安全监管局等部属内置单位，其中，渔业渔政管理局作为农业农村部的重要内设单位，主要承担着渔船渔港监督管理、保护海洋渔业资源，以及巡航检查等工作职能。其内部设立了渔情监测与市场加工处、渔船渔具管理处、远洋渔业处、渔政处、渔港监督处等部门〔39〕。2018 年改革后的农业农村部渔业渔政管理局，其前身是 1988 年农业部成立的渔业局，当时其下设了黄渤海、东海和南海 3 个直属海区渔政渔港监督管理局，各渔政渔港监督局相应地配置了渔政检查大队以行使渔政渔港的相关职能。现有的渔业渔政管理局其主要职责包括：实施渔业资源的管理、海洋水生野生动植物的保护、渔业水域，尤其是我国管辖的渔业海域的生态环境保护监督管理；渔业船舶检验、渔业无线电管理和渔港的监督、管理和行政执法；海洋中水产养殖和水产种苗、海产品质量的监督、管理和执法；在我国领海、毗连区和专属经济区进行渔业执法，根据国际条约、双边协定以及我国国内相关法律法规对共管海域实施渔业执法检查等。

4. 公安部。公安部是国务院的重要组成部门，是预防、制止、侦查违法犯罪活动，维持社会稳定，保障公民人身、财产安全等各类公共事务的综合性管理部门。我国现行的公安部下设多个职能单位，

〔39〕“机构职能”，载中华人民共和国农业农村部渔业渔政管理局官网：http://www.yyj.moa.gov.cn/jgzn_23385/，2018 年 6 月 16 日最后访问。

包括了警务督察局、经济犯罪侦查局、治安管理局、边防管理局、刑事侦查局、出入境管理局、消防局、网络安全保卫局、监所管理局、交通管理局、国际合作局、警务保障局等多个单位。[40] 其中，边防管理局作为公安部部署在沿边、沿海等相关地区或区域中的重要的维护国家边防和海防的执法力量，其工作职责一是维护和管理我国沿边地区和沿海地区的边防事务，尤其是对沿海地区、海上治安管理地区以及我国管辖海域内的包括我国渔民和国外渔民及其相关船舶的管理。二是预防、制止以及侦查海上违法犯罪等，维护国家的海上安全和海域治安的良好秩序，沿海的边防管理局工作职责的重点是打击和制止我国管辖海域所涉及的各类刑事案件，诸如，偷越国境、边境等案件，海上走私、贩卖、运输毒品等犯罪案件，破坏海洋生态环境犯罪，破坏海洋基础设施、海上界桩、海上交通设施等各类犯罪等。三是配合我国包括自然资源主管部门、交通运输主管部门、农业农村主管部门、生态环境主管部门以及海关总署等部门的涉海事务工作，参与包括重大海上环境事故、海上重大船舶交通事故、海上石油勘探开发溢油事故等在内的海上抢险救难的相关工作，从而保护我国公共财产、公民个人财产及人身安全。四是依据《公约》以及其他我国批准签署的国际条约，我国国内基本法律、行政法规以及其他规范性文件，单独或联合多部门开展多种形式，定期或不定期对我国内水、领海、毗连区、专属经济区和大陆架进行海上执法活动，以维护我国海洋权益和公民的个人权益。

5. 海关总署。海关总署是我国的进出境各项事务的综合监督管理机关。在国务院现有的组成部门中，并不存在海关部这一国务院组成部门，海关总署仅是国务院下属的一个正部级直属机构。[41]

---

〔40〕“机构分类”，载中华人民共和国公安部官网：http://app. mps. gov. cn:9000/gdnps/index. jsp#，2018 年 6 月 18 日最后访问。

〔41〕“总署概况”，载中华人民共和国海关总署官网：http://www. customs. gov. cn/customs/zsgk93/302251/index. html，2018 年 6 月 19 日最后访问。

2018年国务院机构改革后，将原国家质量监督检验检疫局所具有的出入境检验检疫等相关的监督管理职能及其所配置的人员队伍划拨至海关部门，海关总署进而在行政职能上具有进出境货物监管、物品检验、人员检疫；对各类涉外商品征收相关关税和有关费用；缉查和打击走私活动；承担我国各类海关口岸的行政管理、报税商品及贸易的管理和监管，以及对各类商品中包括著作权、商标权、发明专利权等知识产权的保护和监管并开展各类多元化的国际海关合作和交流等职责。现有的海关总署署内部门主要包括国家口岸管理办公室、关税征管司、监管司、加工贸易及报税监管司、综合统计司、稽查司、缉私局（全国打击走私综合治理办公室）、国际合作司等部门，设广东分署、天津特派办、上海特派办3个派出机构，还分设了包括北京海关、天津海关、大连海关、上海海关、杭州海关、海口海关、福州海关、厦门海关、广州海关、深圳海关等41个直属机关。就我国海洋维权民事管辖权而言，海关总署主要具有行政监管和海关缉私的行政权限。海关监管主要是海关部门依据我国《海关法》，以及其他法律法规规定的行政职权，对进出境运输工具、货物、物品和相关的进出境行为，适用不同法律规定确保有关进出境行为的真实性与合法性而采取的一种行政管理行为。海关监管的目的在于确保所有进出境活动符合国家的大政方针以及法律法规，且维护国家主权和利益。缉查走私是海关部门另一项重要的工作职责。1999年，海关总署走私犯罪侦查局成立，我国的海关缉私执法力量正式成立。当时的走私犯罪侦查局由于工作职责原因，实行双重领导制，即实行以海关总署为主的海关总署和公安部的双重领导模式。2003年，因工作职责调整，将海关总署走私犯罪侦查局进一步优化职能，更名为缉私局（全国打击走私综合治理办公室）。其工作职责主要是依法缉查各类走私违法犯罪案件，对海关监管区内的各类活动实施行政管理，负责走私案件的移交工作以及对不构成犯罪的走私活动依法予以查处。

此外，国务院其他组成部门或直属单位，如环境保护主管部门、卫生主管部门等，也会因工作职能而成为我国海洋维权民事管辖权的行政主体。

（二）沿海地方政府及其有关部门

按照我国《宪法》和《组织法》的相关规定，我国现有地方行政区划主要分为省（自治区、直辖市）、市（副省级市、局级市）、县（县级市）和乡镇四级。[42] 相应地，我国地方政府也分为省、市、县和乡四级。地方各级人民政府是本地区的行政决策和管理机关，全面负责和管理本行政区域内的行政事务工作，本地区上一级行政机关领导下级行政机关，地方各级人民政府，作为国务院统一领导下的国家行政机关，都必须服从国务院的领导[43]。依据《组织法》规定，县级以上地方各级人民政府可以依据工作需要以及服务性、精简性政府的要求，设置若干符合实际需要的职能工作部门。其中，省级人民政府工作部门的设置由本级人民政府审核后，再报请国务院予以批准。其他各级人民政府工作部门的设置，由本级人民政府报请上一级人民政府批准。除垂直领导的政府组成部门以外，地方各级人民政府的工作部门一方面对本级人民政府负责，接受本级人民政府的统一领导；另一方面还要接受上级人民政府主管部门的领导或指导。以市一级的环境保护主管部门为例，一方面其受本级市人民政府的统一领导，同时也还受省级环境保护主管部门的上级领导，这种双重管理模式是我国地方人民政府组成部门采取的主要管理模式。地方各级人民政府工作部门的职权是所主管行政事务的决定权，或者说执行法律，对具体事项作出处理。目前，我国行政执法的机构主要集中在市、县两级，省级人民政府行政职能主要集中于宏观领导和对行政

---

〔42〕　参见我国现行《组织法》第四章的相关规定。

〔43〕　应松年主编：《行政法与行政诉讼法学》，法律出版社2009年版，第85页。

事务的统一调控，市、县人民政府重在执行。

目前，以省级人民政府为例，我国有 35 个省级行政主体，包括 23 个省人民政府、5 个自治区人民政府、4 个直辖市人民政府、香港特别行政区和澳门特别行政区政府以及台湾地区政府。以上 35 个省级行政主体，主要可以划分为华北区域、华东区域、中南区域、东北区域、西北区域、港澳台区域。但就我国海洋维权民事管辖权的地方行政主体而言，并非所有的省级人民政府均有此权限，从我国现有的地方行政职能划分来看，主要是沿海的地方人民政府才会成为我国海洋维权民事管辖权的行政主体。我国沿海的地方行政区域主要包括天津市、上海市、广东省、辽宁省、河北省、山东省、浙江省、江苏省、福建省、广西壮族自治区、海南省、香港特别行政区、澳门特别行政区和台湾地区共 14 个行政区域。因此，从海洋维权民事管辖权而言，以上 14 个行政区域的各级人民政府为我国海洋维权民事管辖权的地方行政主体。

在具有海洋维权民事管辖权的各级地方人民政府中，各类相关涉海部门是我国海洋维权民事管辖权的另一重要的地方行政主体。在我国实践当中，沿海县级（县级市）以上各级人民政府的海洋、海事、交通、渔业、农业、资源、环保等各类行政主管部门，如国务院组成部门和所属单位一样，按照行政职权划分，其享有各类相关的涉海的海洋维权民事管辖权，诸如，海洋环境保护，海洋渔业资源管理，海洋交通管理，海洋资源的勘探和开发等，以上这些行政主管部门，对本行政区域所辖的内水、领海以及近岸海域内的海洋事务，依据我国缔结的国际双边条约、多边条约和国内法律、行政法规以及本地区地方性法规、政府规章和其他规范性文件，行使海洋行政管理和执法权。例如，广东省、山东省、辽宁省等一些海洋渔业资源大省，相继成立和设立了本地区相应的海洋与渔业厅或局，以加强本地区对海洋渔业资源的开发、利用和管理。各级政府为了协调海上的各类行政事务，尤其是涉及海洋维权中的行政事务，还设立了多个海上行政执法管理的协调工作机构和常设机构，以广东省为例，该省就设了广东省打击走私办公室，专门负责协调和管理相关的打击走私活动；设了广东省边防委员会，负责协调海洋边防工作；还设了广东省海上搜救中心，负责协调海难救助以及其他突发性事件救助工作。实践中，由于享有海洋维权民事管辖权的各级人民政府在行政职权划分中仅是对本地区行政事务进行统一领导，而涉及具体行政事务时，均由具体的各级人民政府组成部门各司其职地行使，就这一层面而言，具有海洋维权民事管辖权的地方人民政府的组成部门才是真正行使海洋维权民事管辖权的实际行政主体。

二、授权行政主体

授权行政主体通常是指依据法律法规授权而行使特定行政职能的非国家行政机关组织。[44] 授权行政主体较之职权行政主体存在重大区别，首先，授权行政主体主要是指非国家行政机关的组织，这类主体不同于国家行政机关，不具有国家机关的法律地位。当行使法律、法规所授行政职能时，授权行政主体享有国家行政权力并依法承担行政法律责任。而在未行使法律、法规授权行政职能的时候，授权行政主体只是一般的社会公权力组织，或者是一般的民事主体，仅仅只享有一般的社会公权力或仅有一般民事权利和承担一般民事义务。其次，授权行政主体行使的行政权限，并不像行政机关所具有的一般行政职能一样，是一种特定的行政职能，这种行政职能有限地及于法律法规的明确规定，授权其行使的职能是明确规定的具体领域、事项的职能，其较之行政机关所具有的一般行政职能具有极大的限定性和局限性。最后，授权行政主体所具有的“授权”的权力与一般行政机关对某项事务的特定授权具有重大区别，前者权利来源于法

---

〔44〕 姜明安主编：《行政法与行政诉讼法》，北京大学出版社、高等教育出版社 2007 年版，第 138 页。

律法规直接的规定，但是后者主要是依据特定行政机关的意思表示，前者所授予的权力具有一定的稳定性和长期性，即只要在授权事项完成之前，被授权的组织均有该项行政职权，而后者不同，其主要被授予的是对某一具体事务的处理权利，当被授予的事务完成或者因外界影响而终止时，授权事项就告终结。

授权行政主体外化类型多元，涉及主体范围十分广泛。目前，我国授权行政主体主要包括以下几类：基层群众性自治组织、行业组织、社会团体、事业与企业组织、行政机关的内设机构和派出机构等。就我国海洋维权民事管辖权而言，享有该项职能的授权行政主体主要是中国人民武装警察部队所属的中国海警局、行业组织和行政机关的内设机构和派出机构。

（一）中国海警局

在通常情况下，中国人民武装警察部队不会成为具有行政性质的授权行政主体。但是，这种情况随着 2018 年 6 月 22 日第十三届全国人大常委会第三次会议通过的《关于中国海警局行使海上执法职权的决定》（以下简称《决定》）发生改变。[45]

该《决定》一是明确了新组建的中国海警局是统一履行海上维权职责的执法主体。新组建的中国海警局由原来的海警队伍重新整合组成，其法律属性为中国人民武装警察部队，但是，经全国人大授权，其享有行政性质的海上维权职责，正式成为我国海上执法的授权行政主体。二是明确中国海警局的海上维权执法职责。中国海警局海上维权执法的职责广泛，既包括刑事方面，如打击海上的各类犯罪活动，还包括行政方面，如维护海上的治安和安全保卫、海上的缉私、

[45]　第十三届全国人大常委会第三次会议：《关于中国海警局行使海上执法职权的决定》，载新华网：http://www. xinhuanet. com/politics/2018 ~ 06/22/c _ 1123023766. htm，2018 年 7 月 3 日最后访问。

海洋的渔业管理等,还包括民事方面,如海洋资源开发利用、海洋生态环境保护等。三是明确了中国海警局海上维权执法的授权性。《决定》第2条规定,中国海警局执行打击海上违法犯罪活动、维护海上治安和安全保卫等任务,行使法律规定的公安机关相应执法职权。这就意味着中国海警在行使打击海上违法犯罪的权限和维护海上治安和安全保卫等职权时,是代替公安机关行使的,中国海警行使这些权限时属于"授权"执法。中国海警"执行海洋资源开发利用、海洋生态环境保护、海洋渔业管理、海上缉私等方面的执法任务,行使法律规定的有关行政机关相应执法职权"这就意味着,中国海警行使海洋生态环境保护职权时,是"授权"行使生态环境部门的有关职权,行使海洋渔业管理时,是"授权"行使农业农村部门的有关职权,行使海上缉私时,是"授权"行使海关部门的有关职权。中国海警局虽然经授权统一行使以上海洋维权执法权限,但是,按照我国现行法律、法规的规定,自然资源部门、交通运输部门、农业农村部门、生态环境部门以及海关总署等部门仍是我国法定海洋维权民事管辖权的行政主体,中国海警局是授权行政主体。

(二)行业组织

行业组织是现代社会发展最快、最广泛的社会公权力组织。这些组织既可以根据该组织内部的行业规章行使其及于行业内部的社会性的公权力,同时,也可以根据国家法律法规的授权行使特定的行政职能。我国海洋维权民事管辖权所涉及的行业组织主要包括海洋渔业、海洋环境保护、海上保险等各类涉及海洋民商事活动的各类组织。

其中,有代表性的如中国渔业协会。中国渔业协会作为经民政部批准注册登记的、具有全国性质的渔业行业社团组织,是渔业生产、经营等相关法人、组织组成的社会团体。该协会主要职能有:积极宣传国家政策法令,加强行业自律,规范行业行为,受政府委托,做好行业管理工作,协助执行政府间渔业协定,协调处理涉外海事渔业纠纷,开展渔业国际合作,发展同各国各地区渔业界的民间友好往来等工作。[46] 从某种意义上看,中国渔业协会所享有的协助执行政府间渔业协定,协调处理涉外海事渔业纠纷,开展渔业国际合作等工作职能都是涉及我国海洋维权民事管辖权的有关内容,执行政府间渔业协定是维护我国与他国或其他地区海洋渔业关系的重要内容,同时也是维护我国海洋渔业利益的重要体现。协调处理涉外海事渔业纠纷是行使海洋维权民事管辖权的直接体现,涉外海事是海洋维权的重要体现,而渔业纠纷又是民事管辖权的主要内容,因此,从这一层面看,中国渔业协会虽然非我国行政机关,但其履行或执行了部分行政职能,其就是我国海洋维权民事管辖权适格性的法律主体。

(三)行政机关的内设机构和派出机构

行使我国海洋维权民事管辖权行政主体的另一类重要的授权行政主体是行政机关的内设机构和派出机构。根据我国行政法的一般原理,行政机关的内设机构和派出机构不能以本单位的名义对外作出具体的行政行为或抽象行政行为,承担由作出行政行为而产生的法律责任,从而因缺乏对外的主体独立性而不能成为适格的行政主体。但是,在某些特殊的情况下,为行使行政职能的方便,我国法律法规也会授权某些特定的行政机关的内设机构或派出机构独立作出某种特定行政行为,并赋予其行政主体的适格性资格。在我国以往实践中,以行政机关的内设机构和派出机构作为行使我国海洋维权民事管辖权行政主体较为普遍,例如,我国海事局在长期过程中,作为专司海事行政的行政主体,但在当时海事局仅是我国交通主管部门所属的一个事业单位,该单位人员也大多是事业编制,而非具有公

[46] “协会简介”,载中国渔业协会官网:http://www.china-cfa.org/introduction_1.asp,2018年6月20日最后访问。

务员编制的行政编，原本这一不具有行政机关资格的单位不应具有海事行政的执法权和管理权，但根据法律授权，将海事行政这一行政职能授权给海事局行使，这就赋予了海事局行政主体资格，使其成为适格性的授权行政主体。

第三节　我国海洋维权民事管辖权的司法主体

司法主体是指依法行使司法权的特定国家机关。[47] 相应地，司法权就是基于司法活动而享有的各项权力。司法权中的司法活动是指人民法院和人民检察院，依照法定的职权与程序适用法律处理诉讼案件的专门活动，具体包括：人民法院对刑事案件、民事案件、行政案件的审判执行活动以及人民检察院在刑事案件、民事案件和行政案件中的检查活动。[48] 因此，就这一角度而言，我国司法主体仅包括人民法院和人民检察院。此外，仲裁机构是国家设立的裁决经济、贸易及财产纠纷的机构，具有一定的司法性质或准司法性质，但从本质上而言，仲裁机构并非我国司法主体。至于我国行使司法活动中相关侦查权的公安机关、国家安全机关以及行使监狱内部犯罪侦查权的司法行政机关和行使军队内犯罪侦查权的军队保卫部门，它们所享有的侦查权等是具有司法性质的公权力，从工作职能上看，其仅是以上各单位工作职责的一部分或者说是其工作职能的一个方面，并不因其被法律授权获得部分司法职能而改变其本质上的行政机关属性或军队属性。我国公安机关、监狱管理机关、军队保卫部门等单位，在法律属性上并非我国司法主体。我国海洋维权民事管辖权的司法主体主要包括人民法院和人民检察院两大类。

---

〔47〕 李军、韩红俊、薛少峰：《中国司法制度》，法律出版社2017年版，第8页。

〔48〕 谭世贵主编：《中国司法制度》，法律出版社2009年版，第3页。

一、人民法院

人民法院是我国司法机关的重要组成部分，依法行使司法审判权。我国《宪法》第123条明确规定人民法院为我国审判机关的法律地位。[49] 我国人民法院内部机构设置上存在严密的组织体系，具体包括各类平级或同级人民法院机构的横向组织机构和上下级之间、不同等级之间人民法院机构的纵向组织机构以及各不同等级法院内部中内置组织机构。从宏观上来看，我国人民法院的组织体系属于单轨制一元化人民法院体系模式。这种单轨制一元化主要体现为，包括我国地方各级人民法院与各专门人民法院，均由我国最高人民法院领导，形成完整的单一体系。根据我国现行《人民法院组织法》的相关规定，我国人民法院由地方各级人民法院、专门人民法院和最高人民法院组成。其中，地方各级人民法院包括基层人民法院、中级人民法院和高级人民法院三类。[50] 专门人民法院主要包括了军事法院、海事法院和铁路运输法院这几种。根据便民原则和合理设置审判资源原则，地方各级人民法院根据本地区的实际情况和行政区域划分进行设置，专门法院根据当地实际需要进行设定。根据目前的统计数量，我国法院的构成数量如下：最高人民法院共计1个，地方各级人民法院共计3377个，专门法院共计107个，人民法庭共计10,345个。[51]

（一）地方各级人民法院

1. 基层人民法院

基层人民法院为我国地方各级人民法院中最基层性质的审判机

〔49〕 参见我国现行《宪法》第123条。
〔50〕 参见我国现行《人民法院组织法》第2条。
〔51〕 李军、韩红俊、薛少峰：《中国司法制度》，法律出版社2017年版，第43页。

关。根据《人民法院组织法》第24条规定，基层人民法院包括了县和不设区的市人民法院、自治县的人民法院、市辖区的人民法院。[52] 由于该条中规定的四类法院都属于我国行政区划中县一级，此外，该条中以“市”人民法院和“市辖区”人民法院并列，可以看出，该条所指的市人民法院并非指的我国行政区划中的地级市，而是指的不设区的县级市。基层人民法院的工作职责主要包括以下几类：一是一般性的刑事案件和民事案件。但是，法律、法规另有规定的案件除外。[53] 原则上，基层人民法院受理一般性的刑事、民事案件，这主要是由基层人民法院的工作职能和机构设定决定的，但是，在我国一些具有特殊性的案件，当法律、法规另有规定时，这些案件的一审不再由基层人民法院管辖，而是由中级人民法院管辖或者由其他法院管辖，这些案件主要集中体现为知识产权案件、涉外案件等。二是一般性行政诉讼案件。我国《人民法院组织法》并没有明确规定基层人民法院享有行政案件的管辖权，但是，我国《行政诉讼法》第14条则明确规定了基层人民法院享有行政诉讼的管辖权。[54] 因此，一般性行政诉讼也是基层人民法院的工作职能。三是重大案件移送。基层人民法院受理的刑事、民事、行政诉讼案件，受理后经审查认为案情重大，并认为其管辖权应当由上级人民法院行使，可以将案件移送到上级人民法院审理。上级人民法院既可以是上一级人民法院也可以是更高级别的人民法院，实践中，一般是移送上一级人民法院。基层人民法院就一般民事案件的管辖权，构成我国基层人民法院对我国海洋维权民事管辖权的权力基础。

2. 中级人民法院

我国中级人民法院主要包括省、自治区内按照地区设立的中级

---

〔52〕 参见我国现行《人民法院组织法》第24条。

〔53〕 参见我国现行《人民法院组织法》第23条第1款。

〔54〕 参见我国现行《行政诉讼法》第14条。

人民法院，在中央直辖市设立的中级人民法院，省、自治区所辖市和自治州的中级人民法院。[55] 我国各地区的中级人民法院主要审判以下四类案件：第一类是法律、法规规定的由其审理的一审案件；第二类是基层人民法院移送的案件；第三类是不服基层人民法院一审判决的案件；第四类是人民检察院依法抗诉的案件。[56] 就我国海洋维权民事管辖权而言，我国各级人民法院审理的法律法规规定由其审理的一审案件主要是指，我国《中华人民共和国民事诉讼法》（以下简称《民事诉讼法》）第 18 条规定的重大涉外案件和在本辖区有着重大影响的案件，以及最高人民法院指定其管辖的案件。[57] 涉外民事案件主要指民事案件涉及的民事法律关系的主体、内容、客体，这三者之一含有涉外因素。[58] 重大涉外案件主要指居住在国外的当事人，人数众多或者当事人分属多国国籍，或者案情复杂，或者争议的标的额较大的涉外民事案件。这类案件一般由中级人民法院作为一审法院进行审理。中级人民法院的辖区内有重大影响的案件主要指案情复杂、涉及范围广、诉讼标的金额较大，案发后案件处理结果的影响，超出基层人民法院的辖区范围，基层人民法院已不便再行使管辖权，由中级人民法院作为第一审管辖法院比较适宜的案件。中级人民法院案件管辖的判断是确定级别管辖的关键。除基层人民法院管辖的、所属的第一审民事诉讼案件外，其他案件主要由中级人民法院管辖。中级人民法院是我国海洋维权民事管辖权的主要审判主体。

3. 高级人民法院

我国的高级人民法院主要指各省高级人民法院、各自治区高级

〔55〕 参见我国现行《人民法院组织法》第 22 条。

〔56〕 参见我国现行《人民法院组织法》第 24 条。

〔57〕 参见我国现行《民事诉讼法》第 17 条。

〔58〕 谭兵：《民事诉讼法学》，法律出版社 2007 年版，第 134 页。

人民法院以及各直辖市高级人民法院〔59〕。我国的各高级人民法院根据工作职能设立刑事审判庭、民事审判庭和经济审判庭，此外，各高级人民法院根据本地实际和工作需要也可以设立其他审判庭，如环境保护庭等。高级人民法院主要审理的案件类型有以下几类：一是法律、法规规定由其审理的，第一审在本地区、辖区内的，重大或复杂的刑事案件、民事案件或者行政诉讼案件。其中，在本地区、辖区内重大或复杂的民事案件包括重大、复杂的涉外民事案件，涉及外国海洋维权民事管辖权的是其涉外民事案件中重要的一个类型。二是下级人民法院移送审判的第一审案件。下级人民法院既可以是本地区内的基层人民法院，也可以是中级人民法院。三是对下级人民法院判决和裁定的上诉案件和抗诉案件。下级人民法院上诉案件和抗诉案件是较之高级法院位阶低的人民法院审理的一审民事案件和行政案件以及检察院提起抗诉的刑事类案件。四是人民检察院按照审判监督程序提起的刑事诉讼抗诉案件。〔60〕 考虑到我国各高级人民法院的工作职责并非进行一审的审判工作。高级人民法院的工作重心主要是审理对各中级人民法院的上诉案件，同时，我国的高级人民法院还负担着对本地区的各中级人民法院和基层人民法院的监督、指导等工作，因此，其审判工作不宜过重。依据现行的《民事诉讼法》相关规定〔61〕、司法解释，只有在本地区发生的民事案件且处理结果在本地区范围内有重大影响时，高级人民法院才能作为第一审管辖法院。就我国海洋维权民事管辖权司法主体层面而言，高级人民法院虽然是其当然的适格主体，但由于高级人民法院的职能定位不同，其并不是我国海洋维权民事管辖权实际执行的主要司法主体。

〔59〕 参见我国现行《人民法院组织法》第 25 条。

〔60〕 参见我国现行《人民法院组织法》第 27 条。

〔61〕 参见我国现行《民事诉讼法》第 19 条。

（二）专门人民法院

我国的专门人民法院是指根据实际需要在特定部门设立的，审理特定案件的法院。[62] 专门人民法院作为我国人民法院组织体系中较为特殊的一类，按照特定部门或特定案件而设置，仅管辖和受理与专门人民法院业务有关的案件，或特定类型的案件。目前，我国已经设立了军事法院、海事法院、铁路运输法院和知识产权法院等专门法院。以上各类专门人民法院中享有我国海洋维权民事管辖权的法院主要是海事法院。

海事法院是为行使海事司法管辖权设置的专门审判一审海事、海商案件的专门人民法院。截至目前，我国一共设置了10个海事法院，其级别等同于中级人民法院。[63] 按照我国最高人民法院颁布的《关于海事法院收案范围的规定》，我国海事法院受理中国法人与中国公民之间、中国法人和公民同外国或地区法人及公民之间、外国或地区法人和公民之间的海事商事案件。由于海事法院是专司涉海的司法主体，因此，海事法院是我国海洋维权民事管辖权中核心的司法主体。按照我国海事法院现行的司法权设置模式，其职能主要包括四大类。

第一类主要是海事侵权案件。海事侵权是我国海洋维权民事管辖权的一个重要内容，其主要包括了船舶碰撞损害赔偿案件，船舶触碰海上、通海水域、港口的建筑物和设施的损害赔偿案件，海上运输或海上、通海水域、港口作业过程中的人身伤亡事故引起的损害赔偿

---

〔62〕 陈群主编：《中国司法制度》，武汉大学出版社2016年版，第54页。

〔63〕 李军、韩红俊、薛少峰：《中国司法制度》，法律出版社2017年版，第46页。

案件。[64] 第二类是海商合同纠纷案件。这类案件属于涉及了海上运输、人身、劳务以及保险等类型的合同。主要有水上运输合同纠纷案件，水上旅客和行李运输合同纠纷案件，海员劳务合同纠纷案件，海上救助、打捞合同纠纷案件，海上保险合同纠纷案件等。[65] 第三类是其他海事海商纠纷案件。主要有海运、海上作业中重大责任事故案件，港口作业纠纷案件，共同海损纠纷案件，海洋开发利用纠纷案件，船舶所有权、占有权、抵押权或海事优先请求权纠纷案件，以及

---

〔64〕 海事侵权纠纷具体类型主要有：船舶碰撞损害赔偿案件；船舶触碰海上、通海水域、港口及其岸上的设施或者其他财产的损害赔偿纠纷案件；船舶损坏在空中架设或者在海底、通海水域水下敷设的设施或者其他财产的损害赔偿纠纷案件；船舶排放、泄漏、倾倒油类、污水或者其他有害物质，造成水域污染或者他船、货物及其他财产损失的偿纠纷案件；海上或者通海水域的航运、生产、作业或者船舶建造、修理、拆解或者港口作业、建设，造成水域污染、滩涂污染或者他船、货物及其他财产损失的损害赔偿纠纷案件；船舶的航行或者作业损害捕捞、养殖设施、水产养殖物的赔偿纠纷案件；航道中的沉船沉物及其残骸、废弃物，海上或者通海水域的临时或者永久性设施、装置不当，影响船舶航行，造成船舶、货物及其他财产损失的损害赔偿纠纷案件；船舶在海上或者通海水域进行航运、作业，或者港口作业过程中的人身伤亡事故引起的损害赔偿纠纷案件；非法留置船舶、船载货物和船舶物料、备品纠纷案件；其他海事侵权纠纷案件。

〔65〕 海商合同纠纷具体类型主要有：海上、通海水域货物运输合同纠纷案件；海上、通海水域旅客和行李运输合同纠纷案件；船舶经营管理合同纠纷案件；船舶的建造、买卖、修理、改建和拆解合同纠纷案件；船舶抵押合同纠纷案件；船舶租用合同纠纷案件；船舶融资租赁合同纠纷案件；沿海、通海水域的运输船舶的承包合同纠纷案件；渔船承包合同纠纷案件；船舶属具和海运集装箱租赁、保管合同纠纷案件；港口货物保管合同纠纷案件；船舶代理合同纠纷案件；与海上或者通海水域的船舶运输有关的货运代理合同纠纷案件；船舶物料、备品供应合同纠纷案件；船员劳务合同纠纷案件；海难救助、海上打捞合同纠纷案件；拖航合同纠纷案件；海上保险、保赔合同纠纷案件；海上、通海水域运输联营合同纠纷案件；与船舶营运有关的借款合同纠纷案件；海事担保合同纠纷案件；其他海商合同纠纷案件。

涉及海运欺诈的案件等。[66] 第四类主要是海事执行和请求保全的案件。主要涉及海洋主管机关依法申请强制执行的案件，当事人申请执行仲裁裁决的案件，以及依据《承认及执行外国仲裁公约》的规定当事人申请中国海事法院承认、执行外国或者地区的仲裁机构仲裁裁决的案件，依照我国与外国签定的司法协助或按照互惠互利原则协助执行外国法院裁决的案件等。[67] 海事请求保全案件主要涉及申请扣押船舶的案件和诉前申请扣押船舶装载货物或者船用燃油的案件等。

（三）最高人民法院

最高人民法院是依法行使国家最高审判权的最高审判机关，同

---

〔66〕 其他海事海商纠纷案件具体类型主要有：在海上或者通海水域、港口的运输、作业（含捕捞作业）中发生的重大责任事故引起的赔偿纠纷案件；港口作业纠纷案件；共同海损纠纷案件；海洋开发利用纠纷案件；从事海上或者通海水域运输、渔业生产的船舶共有人之间的经营、收益、分配和财产分割纠纷案件；船舶所有权、占有权、使用权、抵押权、留置权和优先权的纠纷案件；海运欺诈纠纷案件；海事行政案件；海事行政赔偿案件；申请认定海事仲裁协议效力的案件；申请撤销海事仲裁裁决案件；申请认定海上或者通海水域财产无主的案件；申请无因管理海上、通海水域财产的案件；申请因海事事故宣告死亡的案件；海事请求保全案件；因申请海事请求保全错误或者请求担保数额过高引起的损害赔偿纠纷案件；海事强制令案件；海事证据保全案件；因错误申请海事强制令、海事证据保全引起的损害赔偿纠纷案件；海事支付令案件；海事公示催告案件；设立海事赔偿责任限制基金案件；海事债权登记、受偿案件；船舶优先权催告案件；法律规定的由海事法院受理和上级人民法院交办的其他案件。

〔67〕 海事执行和请求保全的案件具体类型主要有：申请执行海事法院及其上诉审高级人民法院和最高人民法院就海事请求作出的生效法律文书的案件；海洋、通海水域行政主管机关依法申请强制执行的案件；依据 1958 年《承认及执行外国仲裁裁决公约》的规定，申请承认、执行外国仲裁机构海事仲裁裁决的案件；申请执行公证机关确认的与船舶和船舶营运有关的债权文书的案件；依照我国与外国签订的司法协助协定，或者按照互惠原则申请承认和协助执行外国法院裁决的海事海商案件。另外规定，海事法院受理的行政案件，其上诉审由分管海事海商案件的审判庭审理。

时，负责监督地方各级人民法院和专门人民法院的工作。相对而言，最高人民法院同样也是我国海洋维权民事管辖权核心审判主体。依据《人民法院组织法》和有关法律的规定，最高人民法院主要行使的职责包含以下几个方面：

1. 监督地方各级人民法院，以及专门人民法院的工作。针对地方各级人民法院、专门人民法院已经发生法律效力的判决、裁定，发现确有错误的，依法有权提审或者指令下级人民法院再审。尤其是涉及我国重大的海洋维权民事案件时，发现此类判决存在程序上适用不当或者实体法上法律适用错误的，有权对这类案件提审，即由最高人民法院亲自审理，也有权指定再审，即将其认为有错误的案件指定由各省高级人民法院、中级人民法院等下级人民法院审理。

2. 审判案件。主要是指法律规定它管辖的和它认为应当由自己审判的第一审案件。依据《刑事诉讼法》相关规定，管辖全国性的重大刑事案件。此外，依据《民事诉讼法》相关规定，管辖在全国范围内有重大影响的第一审民事案件、经济纠纷案件。在全国范围内有重大影响的民事、经济纠纷案件，一般情况下是指重大涉外案件，标的额数量巨大的案件，涉及行政区域广、当事人数量特别多的案件，其中重大涉外案件中海洋涉外民事案件属于其中重要的一类。而海洋涉外民事案件即是我国最高人民法院行使海洋维权民事管辖审判权的一个重要方面。按照《行政诉讼法》的规定，管辖在全国范围内重大、复杂的第一审行政案件，审理对高级人民法院、专门人民法院判决和裁定的上诉案件和抗诉案件以及最高人民检察院按照审判监督程序提出的抗诉案件，同时核准判处死刑的案件。

3. 进行司法解释。即对于人民法院在审判过程中如何具体应用法律、法规的问题进行解释。尤其在涉及我国海洋维权民事管辖权时，对许多涉及海上侵权、涉海合同、海上保险、船舶碰撞等案件的相关法律、法规进行司法解释，推动我国海洋维权民事管辖审判活动的顺利开展。

4. 领导和管理全国各级人民法院的司法行政工作事宜。最高人民法院设立巡回法庭，作为最高人民法院的下属机构，主要审理跨行政区域重大行政和民商事案件。巡回法庭的人、财、物仍将由最高人民法院统一管理，即从最高人民法院选派到地方巡回法庭的人员，依旧保留最高人民法院的编制、工资计算方式等。在审级上，最高人民法院设立的巡回法庭，相当于最高人民法院的派出机构，在审级上等同于最高人民法院。巡回法庭的判决效力等同于最高人民法院的判决，为终审判决。最高人民法院设立了深圳、沈阳、重庆、西安、南京、郑州六个巡回法庭，这些巡回法庭为最高人民法院实际行使海洋维权民事审判权提供了坚实的机制保障。

二、人民检察院

根据每个国家政体和国体及国家机构分工的不同，检察机关在不同国家中存在不同的法律定位。〔68〕在西方资本主义国家，一般实行立法、行政、司法三权分立的政权体制，检察机关不是一种具有与上述三机关平等地位的独立的国家机关，而是附属于行政系统。检察机关是司法行政机关，属于政府的一个专门机构，其职权主要是行使侦查、起诉、出席法庭支持公诉等公诉职权。西方的检察制度起源于中世纪的法国。12 世纪，随着法国王室的强盛，王权随着领土的扩大而进一步强化。强化司法权是当时法国王室强化王权的重要举措之一。法国王室为巩固和强化司法权，削弱领主的司法权，便在当时设置了王室代理人制度，代表国王提起租税等内容的相关诉讼，其职能类似于现在的检察官。〔69〕 菲利普四世时王室代理人正式成为专职的国家官员。后经 17 世纪路易十四时代对王室代理人的进一

〔68〕 张兆松：《中国检察权监督制约机制研究》，清华大学出版社 2014 年版，第 25 页。

〔69〕 李军、韩红俊、薛少峰：《中国司法制度》，法律出版社 2017 年版，第 81 页。

步改革,初步形成了现代意义上的检察制度。现在的法国检察系统,总体上隶属于法国的司法部门,但是分级附设于相应的各级法院。英国检察制度历史也十分悠久,其制度也是由国王的法律代理人演化而来。现在的英国检察系统存在两个系统,一个是在中央层面由总检察长领导的中央检察机构;另一个是地方层面受内阁大臣领导的公诉处检察官。总体而言,英国的检察院主要职能也是公诉。美国独立伊始,仿效英国建立了检察制度。[70] 1870 年美国司法部成立,进而形成今日的美国检察制度格局。美国的检察机关如英国的检察系统一样,也分为隶属于中央层面的联邦检察机关和隶属于各州的检察机关,美国的检察机关主要职责是追诉犯罪。

我国的人民检察制度是在革命根据地时期的检察制度基础上逐步发展而来的。经过长期发展,我国人民检察制度已经成为具有自身特质的检察机关。按照我国《宪法》《人民检察院组织法》规定,中华人民共和国人民检察院是国家的法律监督机关。[71]法律监督有广义和狭义之分。所谓广义的法律监督,是指国家与社会对法律的执行和遵守情况所进行的多方面的监督。例如,国家权力机关、检察机关、行政机关、党政团体和人民群众都有权实施或者参与法律监督。所谓狭义的法律监督,是指国家专门机关即检察机关对法律的执行和遵守情况所进行的专门监督,简称检察监督。我国人民检察院作为国家的法律监督机关所进行的法律监督,显然属于狭义的法律监督。需要说明的是,我国人民检察院的法律监督与其享有的公诉权是不同的法律概念。法律监督就是对法律的执行和遵守情况实行监督,对违反法律的行为予以纠正。公诉则是指专门机关代表国家对犯罪予以追诉。显然,法律监督的概念包含公诉的概念,即公诉

---

〔70〕［美］伯纳德·施瓦茨:《民主的进程 影响美国法律的“十宗最”》,周杰译,中国法制出版社 2015 年版,第 374 页。

〔71〕参见我国现行《宪法》第 134 条,我国现行《人民检察院组织法》第 1 条。

权可以作为追究犯罪行为、保障法律实施的一种强制性的法律监督手段。但公诉权则不能包括或者等同于法律监督权。因为法律监督权中除了公诉权的内容外，还有侦查监督权、审判监督权、执行监督权等。从监督的范围来看，公诉权只是对实施刑事法律的监督，而法律监督权中还包括对实施民事、行政等法律的监督权。可以看出，检察机关行使法律监督权的范围，大体上分为三个层面：一是刑事法律检察监督；二是民事法律检察监督；三是行政法律检察监督。这三方面互相联系，又互相区别，共处于法律监督系统的统一体中，构成我国检察机关三方面监督的立体模式。人民检察院行使民事法律检查监督是人民检察院成为我国海洋维权民事管辖权司法主体的制度保障。

为保障我国国家机关组织体系的一致性和对称性以及便于检察机关发挥法律监督的职能，我国检察机关的组织体系设置与我国政府机关、审判机关基本一致。我国现行的检察系统主要分为三大类，即最高人民检察院、地方各级人民检察院、专门检察院这三类。其中，最高人民检察院和地方各级人民检察院的设置体系与我国政府机关和审判机关的设置体系相对应。专门检察院主要根据实际需要和工作的实际情况而设定。需要说明的是，专门检察院在设定上主要是考虑实际需要，不再严格按照审判机关的相应设置而对应设定。例如，目前我国审判机关共设立了军事法院、海事法院、铁路运输法院和知识产权法院等各类专门的法院。然而，在我国人民检察院中，专门人民检察院仅分为铁路运输检察院和军事检察院两类。这样的设置并不会对我国人民检察院依法开展法律监督工作产生影响。考虑到我国专门检察院仅涉及铁路运输检察院和军事检察院这两类，因此，就我国专门检察院而言，其基本上不属于我国海洋维权民事管辖权的司法主体，为此，在本节不再对其予以论述。

（一）地方各级人民检察院

依据《人民检察院组织法》的规定，我国地方各级人民检察院主要包括三类，按照级别由低到高依次为：县、自治县和市辖区的人民检察院，[72]省、自治区、直辖市的人民检察院分院和自治州、省辖市的人民检察院，[73]省、自治区、直辖市的人民检察院。[74] 地方各级人民检察院虽然在组织体系上与我国审判机关基本保持一致，但是，其在称谓和部分机构设置上还是存在一定区别。我国基层人民检察院并不像人民法院一样，称谓基层人民检察院，而是以行政区划定谓检察院。在我国人民检察院组织体系中，最基层一级的检察院是县一级的检察院，即某某县人民检察院，某某市辖区人民检察院，等等。其他级别的检察院称谓也以此类推。而在机构设置上，检察院与法院在地级市这一行政区划层面也存在一定的差异。按照我国《人民法院组织法》第22条规定，我国中级人民法院主要包括了省、自治区内按地区设立的中级人民法院，和在中央直辖市设立的中级人民法院，省、自治区所辖市和自治州中级人民法院。[75] 同时，依据《人民检察院组织法》第13条规定，地级市的人民检察院包括省、自治区、直辖市的人民检察院分院和自治州、省辖市的人民检察院，从上述规定可以看出我国地级市设定的检察机制，较之法院系统，单设了省、自治区、直辖市人民检察院分院这一机构。但是，从行政级别和工作职能上，其与其他省辖市人民检察院设定并无太大区别。

地方各级人民检察院除了公诉职能外，其他的法律监督工作的职能包括以下几点：一是对侦查机关开展的侦查活动是否合法实行法律监督。这种监督主要包括对侦查机关在侦查活动中出现的程序

---

〔72〕 参见我国现行《人民检察院组织法》第2条第3款。

〔73〕 参见我国现行《人民检察院组织法》第2条第2款。

〔74〕 参见我国现行《人民检察院组织法》第2条第1款。

〔75〕 参见我国现行《人民法院组织法》第22条。

违法依法进行程序性修正或者驳回，对侦查机关在侦查活动中出现的实体法适用错误的情形进行依法监督。二是对人民法院的审判活动是否合法实行监督。地方各级人民检察院与地方各级人民法院共同构成了我国地方司法主体。在一般刑事诉讼中，人民检察院行使公诉权，人民法院行使审判权，二者相互制约。但是，在人民检察院行使刑事诉讼外的其他法律监督权时，人民检察院和人民法院二者之间是监督与被监督的关系。人民检察院依法对人民法院作出的各类刑事诉讼、民事诉讼、行政诉讼依法行使法律监督权。人民检察院成为我国海洋维权民事管辖权的司法主体，其主要是对人民法院做出的各类涉及海洋涉外的民事案件行使法律监督权。上级人民检察院对下级人民法院已经发生法律效力的判决、裁定，如发现错误，有权按照审判监督程序提起相应的法律救济程序。上级人民检察院主要是指作出发生法律效力的判决、裁定的人民法院的上级人民检察院，如果是基层人民法院作出的发生法律效力的判决，此时的上级人民检察院是省属市一级的人民检察院，或者是省级的人民检察院。各级人民检察院对各级人民法院作出的各类存在程序或实体上错误的海洋涉外民事终审案件的法律监督，是地方各级人民检察院行使我国海洋维权民事管辖权的权力基础。

（二）最高人民检察院

最高人民检察院是我国最高检察机关，依法履行法律监督职能和行使国家最高检察权。基于最高人民检察院在我国检察机关中最高的法律地位，相应地，最高人民检察院同样也是我国海洋维权民事管辖权最高的法律监督主体。根据《人民检察院组织法》和有关法律的规定，最高人民检察院主要通过对各级人民法院作出的发生法律效力的判决和裁定进行监督、进行司法解释和制定工作条例的方式，而依法行使对我国海洋维权民事案件法律监督的职能。

1. 对各级人民法院作出的发生法律效力的判决和裁定进行监

督。最高人民检察院对各级人民法院作出的发生法律效力的判决和裁定进行监督，这与人民法院内部自身的审判监督不同，人民法院内部的审判监督主要是上级人民法院对地方各级人民法院和专门人民法院已经发生法律效力的判决和裁定，如果发现确有错误，有权提审或者指令下级人民法院再审。而最高人民检察院行使的法律监督，是审判监督之外的法律监督，主要是通过法律监督途径，按照法律救济程序对人民法院作出的存在程序或实体上错误的案件，依法提起抗诉、建议重新审理或者依法再审。就最高人民检察院行使我国海洋维权民事管辖权层面而言，其主要是通过依法行使对各级人民法院审理各类海洋涉外民事案件的法律监督职能的方式实现的。

2. 进行司法解释和制定工作条例。最高人民检察院作为我国最高检察机关，担任着领导和指导地方各级人民检察院和专门检察院的工作职能。最高人民检察院为了保障有效落实领导和指导地方各级人民检察院和专门检察院的工作，往往通过颁布司法解释和制定检察工作条例，出台各类实施细则和规定来实现。在实践中，为有效指导各级人民检察院依法行使法律监督的职能，最高人民检察院颁布出台相关工作条例和工作内部规定，规范各级人民检察院具体的工作流程。从人民检察院依法行使我国海洋维权民事管辖权的职能来说，最高人民检察院通过出台大量涉及海上侵权、涉海合同、海上保险、船舶碰撞等案件的相关法律、法规进行司法解释，以便于各级人民检察院依法开展各类海洋维权民事诉讼案件的法律监督工作。

第三章　国家海洋维权民事管辖权的主体对象

第一节　国家海洋维权民事管辖权的一般主体对象

一、自然人、法人等的概念及其国别认定标准

国家海上管辖权的对象如船舶和飞机是拟人化处理，《中华人民共和国国籍法》（以下简称《国籍法》）承认将自然人的国籍比喻适用于法人的目的是满足国际交往的实际需要，促进法人、船舶和航空器的国际业务，保护它们的合法权益。

（一）自然人的概念及其国别认定标准

自然人与法人都是民事主体。自然人（natural person），即生物学意义上的人，是基于出生而取得民事主体资格的人。本国公民、外国公民和无国籍人均属于其外延。在我国民法中，自然人和公民法律意义相同。国籍通常是指个人所具有的一个或多个国家公民的身份，它表明的是某一个人与特定国家之间的法律关系。[1] 自然人或

〔1〕 张庆元：《国际私法中的国籍问题研究》，武汉大学 2009 年博士学位论文，第 35 页。

公民的国籍是区别一个人是内国人还是外国人或无国籍人的标志。一个人依据什么条件取得一国国籍或者依据什么条件丧失一国国籍，都是国家主权范围内的事，由各国有关国籍的立法加以规定。国籍对确认自然人身份，国家行使管辖权，建立起自然人与国际法的联系有着重要意义，具有国内法与国际法双重属性。[2]

根据《国籍法》第3条的规定，中国不承认双重国籍。因此，凡具有中国国籍的自然人为中国公民，凡是不具有中国国籍的自然人均为外国人（包括无国籍人）。

（二）法人的概念及其国别认定标准

关于法人的定义。学者田宝峰认为：法人是按照法定程序组成的、有独立财产、能够以自己的名义参与民商事活动，并且可以参加诉讼的组织。[3]学者张庆元和孙志煜认为：法人是依据法律规定、拥有独立财产、具有民事权利能力和民事行为能力、享有民事权利和承担民事义务的组织。[4]国际上通常用法人所属之国籍来确定法人国籍。确定法人国籍主要有以下学说：法人住所地说，该学说以法人的住所地所在国为法人之国籍。对于法人住所地的判断，存在两种观点：（1）法人管理中心所在地为其住所地；（2）法人的营业中心或开发中心为法人住所。[5]法人注册地说，凡是在本国注册登记的法人即为本国法人，而在外国注册登记的法人为外国法人；资本控制说，以法人资本构成的资本所属国、控制国和服务国的国籍来判定法人

〔2〕 刘国福、梁家全：《国际国籍法的新发展与中国国籍法的渐进改革》，载《华侨大学学报》（哲学社会科学版）2009年第1期，第51页。

〔3〕 田宝峰：《论公司法人国籍制度中几个法律问题及其对完善我国公司法律的启示》，载《甘肃政法成人教育学院学报》2004年第1期，第47页。

〔4〕 张庆元、孙志煜：《法人国籍变动视角：我国外国法人国籍的确定标准》，载《武汉大学学报》（哲学社会科学版）2007年第1期，第81页。

〔5〕 张庆元、孙志煜：《法人国籍变动视角：我国外国法人国籍的确定标准》，载《武汉大学学报》（哲学社会科学版）2007年第1期，第81~82页。

国籍;复合标准说,将两种或两种以上的法人国籍判定标准相结合来确定法人的国籍。[6] 在立法及司法实践中,既有结合法人的住所地及成立地两项标准,也有结合法人的住所地或设立地和准据法两项标准来确定法人的国籍的。[7] 准据法说则认为法人是根据一定国家法律的规定并基于该国明示或默示认许而成立的,所以,法人的国籍应依法人成立时所依据的法律来确定。[8]

根据《中华人民共和国涉外民事关系法律适用法》(以下简称《涉外民事关系法律适用法》)第 14 条规定,法人及其分支机构的民事权利能力、民事行为能力、组织机构、股东权利义务等事项,适用登记地法律。可见我国采用的是法人注册地说。即在我国注册登记的法人即为中国法人,反而言之,则为外国法人。

二、船舶和飞机的概念及其国别认定标准

(一)船舶的定义及其国别认定标准

自 1982 年以来,"海洋宪法"不仅规定了沿海国的权利和义务,而且还规定了在不同海域航行的船只的权利和义务。[9]

1. 船舶的定义

根据《公约》第 95 ~ 96 条的规定,在公海上,军舰和政府公务船舶,享有除船旗国管辖外的完全豁免权。军舰和其他用于非商业目

---

〔6〕 张庆元、孙志煜:《法人国籍变动视角:我国外国法人国籍的确定标准》,载《武汉大学学报》(哲学社会科学版)2007 年第 1 期,第 81 ~ 82 页。

〔7〕 张庆元、孙志煜:《法人国籍变动视角:我国外国法人国籍的确定标准》,载《武汉大学学报》(哲学社会科学版)2007 年第 1 期,第 81 ~ 82 页。

〔8〕 张庆元、孙志煜:《法人国籍变动视角:我国外国法人国籍的确定标准》,载《武汉大学学报》(哲学社会科学版)2007 年第 1 期,第 81 ~ 82 页。

〔9〕 Anne Bardin, "Coastal State's Jurisdiction over Foreign Vessels", *pace International law Review* 27, 2002, p. 2.

的的政府船舶在一国领海的豁免权,受该国关于通过领海的法律和规章的限制,相对在公海上的豁免权来说,是不完全的。如果沿海国要求一艘军舰遵守规则但该军舰没有按指示行事,沿海国可以要求它立即离开其领海,并可以使用任何必要的武力迫使它这样做;在任何情况下,船旗国将对其军舰或其政府公务船只造成的损害负责。〔10〕

军舰在专属经济区或大陆架上活动的豁免权，公约未作明文规定，从专属经济区和大陆架的法律地位和法律制度来看，这些船舶的豁免权相对公海也是不完全的，也应受沿海国的法律规章的限制。〔11〕

但是根据《公约》第32条、第95～96条、第236条的规定,军舰、军用飞机和政府公务船舶、政府公务飞机(以下简称政府舰机)代表国家进行海上执法行为,因此,一般享有主权豁免。〔12〕类似规定也可见于其他公约,如1910年《统一船舶碰撞若干法律规则的国际公约》第11条规定"本公约不适用于军用船舶或专门用于公务的政府船舶",1952年《统一船舶碰撞中民事管辖权方面若干规则的国际公约》第5条规定"本公约中的任何规定,都不得改变目前或此后在各缔约国实行的关于军用船舶或由国家所有或为国家使用的船舶碰撞方面的法律规定"。《防止船舶造成污染国际公约》第3条第3款规定"本公约不适用于任何军舰、海军辅助船舶或其他国有或国营并目前只用于政府非商业性服务的船舶"。然而,政府舰机的主权豁免是指不受船旗国以外的其他国家管辖,而不是豁免义务和责任,〔13〕

---

〔10〕 Anne Bardin, "Coastal State's Jurisdiction over Foreign Vessels", *pace International law Review* 27, 2002, p.6.

〔11〕 赵建文:《海洋法公约对国家管辖权的界定和发展》,载《中国法学》1996年第2期,第113页。

〔12〕 邹立刚:《国家海上行政管辖权研究》,载《法治研究》2014年第8期,第21页。

〔13〕 邹立刚:《国家对外国船舶污染海洋的管辖权》,载《法治研究》2014年第5期,第78页。

政府舰机有义务遵守《公约》和/或沿海国符合《公约》和其他国际法规则的法律和规章，无论在什么海域对他国造成损害，船旗国/登记国均应承担国家责任，但责任追究只能通过外交途径。[14] 政府舰机仅在个别情况下是被管辖者，如《公约》第 102 条规定的当政府舰机由于其船员或机组成员发生叛变而从事海盗行为时。[15]

因此，本文中的船舶仅指商船，而且包括用于商业目的的政府船舶。出于不同的管理目的，各种法律规范对于船舶的定义各有取舍。

(1)船舶为海面和水体的海洋移动式装置。船舶通常定义为海面和水体的海洋移动式装置，如《制止危及海上航行安全非法行为公约》第 1 条规定："就本公约而言，'船舶'系指任何种类的非永久依附于海床的船舶，包括动力支撑船、潜水器或任何其他水上船艇。"1973 年《国际防止船舶造成污染公约》第 4. 2 条规定"船舶"系指在海洋环境中运行的任何类型的船舶，包括水翼船、气垫船、潜水船、浮动船艇和固定的或浮动的工作平台。1990 年《国际油污防备、反应和合作公约》第 2 条规定"船舶"系指在海洋环境中营运的任何类型的船舶，包括水翼船、气垫船、潜水器和任何类型的浮动航行器。《修正 1969 年国际油污损害民事责任公约的 1992 年议定书》第 2 条规定"船舶"是指"为运输散装油类货物而建造或改建的任何类型的海船和海上航行器"。1987 年《船舶碰撞损害赔偿公约(草案)》，即《里斯本规则》(草案)第 1 条对船舶的界定为'船舶'一词，指任何可以涉及碰撞的船舶、载具、机具、设备或平台，而不管是否可以航行"。1989 年《国际救助公约》第 1 条(B)款定义船舶为："任何船舶、载具或任何能够航行的结构物。"

(2)船舶为海面移动式装置。基于调整海商关系的目的，大多

---

[14] 邹立刚，《国家对外国船舶污染海洋的管辖权》，载《法治研究》2014 年第 5 期，第 22 页。

[15] 邹立刚，《国家对外国船舶污染海洋的管辖权》，载《法治研究》2014 年第 5 期，第 22 页。

数国家把船舶理解成海面移动式装置特别是商船。《船舶压载水和沉积物控制和管理公约》第1.12条规定船舶系指能在水环境中运行的任何类型的船舶，包括潜水器、浮动器具、浮动平台、FSUs和FPSOs。《统一提单的若干法律规定的国际公约》(海牙规则)第1条指出，“船舶”是指用于海上货物运输的任何船舶。《联合国全程或部分海上国际货物运输合同公约》(鹿特丹规则)第1条指出“船舶”是指用于海上货物运输的任何船只。我国《中华人民共和国海商法》(以下简称《海商法》)第3条规定，船舶是指海船和其他海上移动式装置，但是用于军事的、政府公务的船舶和20总吨以下的小型船艇除外。该款所称船舶，包括船舶属具。可以看出我国《海商法》适用的船舶包括两类：一是海船，即具有海上航行能力，并作为海船进行船舶登记的船舶；二是“海上移动式装置”，即不只备传统船舶的外形和构造特点，但具有自航能力，可以在海上移动的装置。《海商法》排除了三种类型的船舶：用于军事目的的船舶；用于政府公务的船舶；20总吨以下的小型船舰。根据《中华人民共和国船舶登记条例》第56条的规定，“船舶”系指各类机动、非机动船舶以及其他水上移动装置，但是船舶上装备的救生艇筏和长度小于5米的艇筏除外；“渔业船舶”系指从事渔业生产的船舶以及属于水产系统为渔业生产服务的船舶；“公务船舶”系指用于政府行政管理目的的船舶。

(3)广义上的船舶。为了海上交通安全管理，船舶也可采用广义定义。我国《中华人民共和国海上交通安全法》(以下简称《海上交通安全法》)对船舶作了广义定义，第50条所定义的船舶“是指各类排水或非排水船、筏、水上飞机、潜水器和移动式平台”。1972年《国际海上避碰规则公约》第3条详细界定了各种类型船舶，“船舶”一词，指“用作或者能够用作水上运输工具的各类水上船筏，包括非排水船筏和水上飞机”。

2. 船舶国籍的认定

(1)船舶国籍的定义及其意义。《公约》仅将船舶和飞机区分为是否为本国的,是否为政府舰机,而并未对船舶和飞机做出定义。《公约》第91条关于船舶的国籍规定:第一,国家应明确规定船舶登记以及授予悬挂其国旗的权利的条件;第二,有权悬挂一国旗帜表明其拥有该国国籍;第三,授予船舶国籍的国家和船舶应当有真正联系;第四,国家应向有权悬挂其旗帜的船舶颁发给予该权利的文件。由此可见,船舶的国籍由国内法确定。

船舶国籍,是指船舶所有人按照某一国家的船舶登记管理规范进行登记,取得该国签发的船舶国籍证书并悬挂该国国旗航行,从而使船舶隶属于登记国的一种法律上的身份。[16] 船舶国籍是指登记国对该国的船舶拥有权力和负有责任,以悬挂的国旗为标志。[17] 船舶国籍证书是船舶国籍法律上的证明,船舶悬挂的国旗是该船国籍的外部象征或标志。[18] 悬挂国旗是身份识别的同义词,尽管它不是识别船舶的唯一合法手段,但船舶不悬挂国旗的,将不能受到外交保护。[19]

船舶国籍所引起的国籍国的权利义务完全不同于自然人国籍所引起的国籍国的权利义务。因为船舶国籍是一种法律上的拟制联系,依靠法律的相关条件建立船籍国与船舶之间的联系,从而使船籍

〔16〕 蒋新苗:《船舶国籍法律冲突的消除与防止》,载《湖南师范大学社会科学学报》1999年第1期,第52页。

〔17〕 丁国斌:《关于船舶所有权登记与国籍登记的探讨——兼谈船舶国籍登记持证人的确定》,载《中国渔业经济》2010年第4期,第100页。

〔18〕 司玉琢等编著:《海商法详论》,大连海事大学出版社1995年版,第60~61页。

〔19〕 Barry Hart Dubner and Mary Carmen Arias, "Under International Law, Must a Ship on the High Seas Fly the Flag of a State in Order to Avoid Being a Stateless Vessel? Is a Flag painted on Either Side of the Ship Sufficient to Identify It?", *University Of San Francisco Maritime Law Journal* 99, 2016 - 2017, p. 17.

国能对船舶行使管辖权及给予保护。[20]

根据公海自由原则，每个国家均有权在公海上行驶悬挂其旗帜的船舶。公海自由原则同时禁止任何国家将公海置于其主权或管辖之下。那么，船舶在公海上的航行秩序以及船舶内部事务的秩序如何维持呢？通过赋予船舶国籍国管辖本国船舶权利的方式，该问题迎刃而解。通过特定国家（船籍国）来管辖船舶，从而有效地维持船舶内部秩序及公海秩序，船舶国籍由此诞生。[21] 船舶国籍产生的根本原因是确定船舶管辖的归属，从而解决公海上航行的船舶的内部秩序以及公海秩序的问题。[22] 国旗法是国际公认的公海管辖权的起点。[23]

船舶在公海上航行必须悬挂某国国旗。若没有悬挂国旗，根据《公约》第 110.1 条可能被视为无国籍船舶而被任何一国军舰登临。根据《公约》第 92 条的规定船舶不得使用"方便旗"，即"悬挂两国或两国以上旗帜航行并视方便而换用旗帜的船舶，对任何其他国家不得主张其中的任一国籍，并可视同无国籍的船舶"。各国规定船舶取得其国籍及悬挂其国旗的规则不同，如英国要求船舶所有权全部属于本国人所有，才可悬挂其国旗；部分国家要求船舶的全部或部分为本国人所有，同时要求船舶的船员全部或部分是本国人，如法国；部分国家允许外国人的船舶悬挂其国旗，即允许"方便旗"，如乌拉圭、阿根廷、洪都拉斯等国。中国不承认"方便旗"，不允许船舶具有双重国籍。

---

[20] Eric powell, "Taming the Beast: How the International Legal Regime Creates and Contains Flags of Convenience", 19, *Annual Survey of International and Comparative Law* Spring, 2013, p. 3.

[21] R. Rienow, *The Test of the Nationality of a Merchant Vessel*, New York, 1973, p. 13.

[22] N. Singh, *MLAO India, Maritime Flag and International Law*, Sijthoff, 1978, p. 2.

[23] Eric powell, "Taming the Beast: How the International Legal Regime Creates and Contains Flags of Convenience", 19, *Annual Survey of International and Comparative Law* Spring, 2013, p. 4.

船舶取得中国国籍、悬挂中国国旗须满足一系列条件。[24]

船舶国籍是区分内国船舶和外国船舶的重要标志:内国船舶是指拥有内国国籍证书并悬挂内国国旗航行的船舶,否则,为外国船舶。按照各国法律规定,内国船舶与外国船舶的法律地位是不相同的:世界上绝大多数国家的海商法规定,内河及沿海的运输、贸易和捕鱼只能由内国船舶经营。[25] 此外,船舶国籍是一国法院对某些海事法律关系进行法律选择的重要连结点和行使司法管辖权的根据。[26]

(2)船舶国籍的冲突及其国籍确定。船舶国籍冲突是指某一船舶因国籍不确定或者没有国籍而造成的管辖混乱,或者发生了国籍转换而根据相关法律规定不能明确国籍归属而造成的法律适用的困难。[27]

国际法上并不存在统一的船舶国籍的取得与丧失规则,其完全取决于主权国家国内法的规定。处在不同经济发展水平的国家出于不同的海商海事法传统及航运政策考量,规定了宽严不同的船舶国籍的取得和丧失条件,由此引发了船舶国籍的法律冲突。船舶国籍的法律冲突,即某船舶根据不同国家的法律规定,同时拥有多个国籍

---

〔24〕《中华人民共和国船舶登记条例》第2条规定:"下列船舶应当依照本条例规定进行登记:(一)在中华人民共和国境内有住所或者主要营业所的中国公民的船舶。(二)依据中华人民共和国法律设立的主要营业所在中华人民共和国境内的企业法人的船舶。但是,在该法人的注册资本中有外商出资的,中方投资人的出资额不得低于50%。(三)中华人民共和国政府公务船舶和事业法人的船舶。(四)中华人民共和国港务监督机构认为应当登记的其他船舶。军事船舶、渔业船舶和体育运动船艇的登记依照有关法规的规定办理。"

〔25〕田园:《论海事冲突法中的船旗国法原则》,载《法商研究》2001年第6期,第111页。

〔26〕张庆元:《国际私法中的国籍问题研究》,武汉大学2009年博士学位论文,第89页。

〔27〕张庆元:《国际私法中的国籍问题研究》,武汉大学2009年博士学位论文,第89页。

或没有任何国籍。船舶国籍的法律冲突可分为积极冲突与消极冲突。船舶国籍的取得、转换、丧失以及在租赁过程中的国籍中止或注销等事项均取决于各国国内法,相关公约在前述事项上没有明确的规定。[28] 船舶国籍的法律冲突的主要原因:

第一,特别在光船租赁的情况下,船东仅仅以光船的形式把船舶租给承租人,并收取租金,有关船舶的经营管理包括雇用船员均由承租人负责,此时由承租人而非船东对船舶行使实际控制权。[29] 当船舶光船租赁给外国人时就产生了船舶国籍确定问题。为解决此种情况下所导致的法律冲突,实践中主要有三种办法:办法一,船舶保留原国籍,即无论光船租进或租出,船舶均保留原本国籍,不允许在本国登记租进的外国船舶,不允许将租出的本国船舶在外国登记;办法二,船舶取得承租人所属国国籍,可在本国登记光船租进的外国船舶,也可在外国登记租出的本国船舶;办法三,允许光船租进的外国船舶在终止原国籍后在本国登记,不允许以光船租出的本国船舶在外国登记。[30] 在前述三种做法并存时,不同国家当事人之间可能会因光船租赁导致某一船舶同时拥有多个国籍或不具有任何一国的国籍。第二,方便旗问题导致船舶国籍不明。第三,各国对船舶登记取得本国国籍的条件或标准规定不一致,导致船舶国籍确定冲突问题。如中国较严格,其他国家较宽松,A 国认为该船是 A 国国籍,中国则认为是中国国籍;A 国认为该船依然拥有 A 国国籍,B 国认为已经丧失。

船舶国籍的积极冲突,是指因各国船舶国籍取得和丧失条件的不同,某一船舶同时拥有两个或两个以上的国籍。尽管国际社会普

---

〔28〕 张庆元:《国际私法中的国籍问题研究》,武汉大学 2009 年博士学位论文,第 90 页。

〔29〕 田园:《论海事冲突法中的船旗国法原则》,载《法商研究》2001 年第 6 期,第 115 页。

〔30〕 侯军、吕建:《当代国际海事法》,人民交通出版社 1992 年版,第 70 页。

遍呼吁禁止或避免船舶有多重国籍,但现实情况中依然难以避免此类情况。如某船舶先后取得 A 和 B 两个国家的国籍。此时如何确定其国籍? 方法一,A 和 B 两个国家的国籍均有效。即承认多重国籍。方法二,A 和 B 两个国家的国籍均无效。该船舶为无国籍船舶。方法三,A 国的国籍有效,B 国国籍无效。方法四,A 国的国籍无效,B 国国籍有效。〔31〕 方法一不可取,因其违背国际社会普遍呼吁禁止或避免船舶具有多重国籍的要求。方法二亦不可取,因为会导致出现大量无国籍船舶,造成更多管辖问题。方法三和方法四应当说符合国际社会的普遍看法,比较合理,但需要进一步探究前后两国国籍取得与丧失的规则。

学者张庆元提出将最密切联系原则引入船舶国籍积极冲突的解决中,以最密切联系的国籍作为船舶的国籍,即根据船舶与哪一国家有实际联系来决定其国籍,而不应简单地按照先后顺序处理。〔32〕

《中华人民共和国船舶登记条例》第 4 条规定:"船舶不得具有双重国籍。凡在外国登记的船舶,未中止或者注销原登记国国籍的,不得取得中华人民共和国国籍。"由此可以看出我国不承认船舶具有双重国籍。同时第 2 条规定了船舶登记取得我国国籍的条件。〔33〕

(二)飞机的概念及其国别认定标准

飞机(aircraft),航空器的定义,1919 年巴黎《空中航行管理公

---

〔31〕 黄异:《国际法上船舶国籍制度之研究》,台北,文笙书局 1985 年版,第 14 页。

〔32〕 张庆元:《国际私法中的国籍问题研究》,武汉大学 2009 年博士学位论文,第 93 页。

〔33〕 即下列类型船舶:(1)在中华人民共和国境内有住所或者主要营业所的中国公民的船舶。(2)依据中华人民共和国法律设立的主要营业所在中华人民共和国境内的企业法人的船舶。但是,在该法人的注册资本中有外商出资的,中方投资人的出资额不得低于 50%。(3)中华人民共和国政府公务船舶和事业法人的船舶。(4)中华人民共和国港务监督机构认为应当登记的其他船舶。

约》的附件 A 中规定“航空器是指可以从空气的反作用而在大气中取得支撑力的任何机器”。1967 年，国际民用航空组织重新界定该定义为：“航空器是指可以从空气的反作用，但不是从空气对地球表面的反作用，而在大气中取得支撑力的任何机器。”根据该定义，凡利用空气对地（水）面反作用取得支撑力飞行的器械，如气垫车、气垫船之类，都不属于航空器；凡不依靠空气反作用取得支撑力飞行的器械，如飞箭、导弹之类，亦不属于航空器。〔34〕

对飞机也有狭义和广义的理解。狭义的飞机包括利用机械力或风力的有人驾驶和无人驾驶的飞行器；广义的飞机是以空气为动力的飞行器，除开上述飞行器，还包括热气球等。按照是否能着陆于海面，飞机也可分为水上和非水上飞机。飞机若能在水面上自由起飞和降落，也可归入船舶类。

国际法将航空器分为“民用航空器”和“国家航空器”。1944 年《芝加哥公约》第 3 条第 1 款规定：“本公约仅适用于民用航空器，不适用于国家航空器。”第 3 条第 2 款规定：“用于军事、海关和警察部门的航空器，应认为是国家航空器。”由此可见，航空器的用途决定航空器的性质。

《国际民用航空公约》第 3 条规定公约“仅适用于民用航空器，不适用于国家航空器”。根据公约规定，民用航空器受航空器所在地国家的管辖，不享有任何特权和豁免权。〔35〕根据属地优越权原则，处在一国领域内的航空器，除按规定享有一定特权和豁免权的外国国家航空器以外，都置于该国的管辖之下，并适用该国法律。〔36〕

1944 年《国际民用航空公约》第 17 条航空器的国籍规定航空器具有其登记的国家的国籍。同时第 18 条规定航空器在一个以上国

〔34〕 邵津主编：《国际法》，北京大学出版社、高等教育出版社 2014 年版，第 169 页。
〔35〕 邵津主编：《国际法》，北京大学出版社、高等教育出版社 2014 年版，第 170 页。
〔36〕 邵津主编：《国际法》，北京大学出版社、高等教育出版社 2014 年版，第 170 页。

家登记不得认为有效,但其登记可以由一国转移至另一国,即不承认具有双重国籍。

《中华人民共和国民用航空法》第 5 条规定:“本法所称民用航空器,是指除用于执行军事、海关、警察飞行任务外的航空器。”第 6 条规定:“经中华人民共和国国务院民用航空主管部门依法进行国籍登记的民用航空器,具有中华人民共和国国籍,由国务院民用航空主管部门发给国籍登记证书。”同时第 9 条规定:“民用航空器不得具有双重国籍。未注销外国国籍的民用航空器不得在中华人民共和国申请国籍登记。”并在第 7 条规定了应当进行中华人民共和国国籍登记的民用航空器类型。〔37〕可以看出,民用航空器国籍的确定采用的是登记。如学者说“用登记来确定民用航空器国籍是各国民商法所确定的一项基本原则”。〔38〕

(三)国家海洋维权民事管辖权的主体对象主要是外国船舶

国家在海上的民事管辖权的主体对象包括本国和外国的船舶和飞机。但考虑到世界海运的现实情况,船舶是利用海洋航行的最主要使用者,飞机则主要是飞越海洋。外国船舶(除军事船舶外)在他国领海享有无害通过权,而外国飞机则不享有“无害通过”他国领海上空的权利。

水上飞机是否可归入船舶?2010 年山东省海事局对石家庄市

---

〔37〕 下列民用航空器应当进行中华人民共和国国籍登记:(1)中华人民共和国国家机构的民用航空器;(2)依照中华人民共和国法律设立的企业法人的民用航空器;企业法人的注册资本中有外商出资的,其机构设置、人员组成和中方投资人的出资比例,应当符合行政法规的规定;(3)国务院民用航空主管部门准予登记的其他民用航空器。自境外租赁的民用航空器,承租人符合前款规定,该民用航空器的机组人员由承租人配备的,可以申请登记中华人民共和国国籍,但是必须先予注销该民用航空器原国籍登记。

〔38〕 贺富永:《民用航空器国籍的法理透视》,载《江苏航空》2003 年第 2 期,第 40 页。

地方海事局的《关于对水上飞机监管请示的批复》中指出:"根据《中华人民共和国内河交通安全管理条例》《中华人民共和国船舶和海上设施检验条例》和《中华人民共和国内河避碰规则(1991)》关于船舶的定义,水上飞机属于船舶的范畴。""水上飞机"在水上航行、停泊时,均应遵守与"船舶"相关的海事管理法律规范。[39]《海上交通安全法》和《中华人民共和国内河交通安全管理条例》均规定,船舶是指"排水或非排水的船、筏、水上飞机和移动式平台"。水上飞机在水面活动具有船舶所有的特点,可作为船舶进行管理。[40]

国家在海上的民事管辖权的主体对象包括本国和外国的船舶,而国家海洋维权民事管辖权的主体对象主要是外国船舶。因为,海洋维权这一语境设定,主要是从外国侵犯我国海洋权益,而我国对外国进行反击,以保护我国海洋权益这一角度展开的。如《中国海洋发展报告(2014)》中称"中国在维护海洋权益方面取得显著进展,在钓鱼岛海域实现了维护岛屿主权的突破,在黄岩岛海域实现了有效管控"。就是从外国侵犯我国海洋权益,我国为了保护我国海洋权益而采取措施的角度展开的。因此,国家海洋维权民事管辖权的主体对象主要是外国船舶。同时也是因为研究国家对本国船舶的管辖权在管辖权界定上并无实质意义,本国船舶无论处于何种海域,船旗国始终对其有管辖权:若在本国领水航行,国家具有领土主权属地管辖和船旗国管辖双重管辖权;若在其他海域,国家仍能基于船旗国管辖权进行管辖,仅在特定情形下受他国管辖。因此,研究船舶的管辖权的实质,是界定国家对外国船舶的管辖权限。[41]

---

〔39〕《水上飞机是否属于船舶范畴? 如何管理?》,载 http://news.tuxi.com.cn/viewtt/q/20180124G0YT5R00.html,2018 年 8 月 25 日最后访问。

〔40〕彭鹏飞、陶维功:《我国水上飞机的海事管理对策与建议》,载《中国海事》2010 年第 4 期,第 50 页。

〔41〕邹立刚:《国家对外国船舶污染海洋的管辖权》,载《法治研究》2014 年第 5 期,第 77 页。

第二节 国家海洋维权民事管辖权的特殊主体对象

一、外国船舶上的人和物

领海普遍地受外国船舶无害通过权的限制,《公约》较好地协调了沿海国对通过其领海的外国船舶行使司法管辖权和外国船舶的无害通过权的关系。[42]

根据《公约》第28条第1款规定:“1. 沿海国不应为对通过领海的外国船舶上某人行使民事管辖权的目的而停止其航行或改变其航向。”也就是说,一般情况下国家海洋维权民事管辖权的主体对象不及于船舶上的人。但该条第2款和第3款规定了例外情形:“2. 沿海国不得为任何民事诉讼的目的而对船舶从事执行或加以逮捕,但涉及该船舶本身在通过沿海国水域的航行中或为该航行的目的而承担的义务或因而负担的责任,则不在此限。3. 第2款不妨害沿海国按照其法律为任何民事诉讼的目的而对在领海内停泊或驶离内水后通过领海的外国船舶从事执行或加以逮捕的权利。”可以看出,第1款的规定不存在任何例外。但第2款和第3款则存在例外:如果外国船舶在领海内停泊或驶出内水而进入领海,则沿海国有权依其法律,为了民事诉讼的目的,对其从事执行或加以扣留;如果船舶在通过领海的航行中或为了航行的目的,因碰撞、救助等原因而承担义务或责任,沿海国应对船舶从事执行或加以扣留。[43] 在此情况之下,由于海上船舶或者飞机与其人员具有“人物一体”特征,对外国船舶

〔42〕 赵建文:《海洋法公约对国家管辖权的界定和发展》,载《中国法学》1996年第2期,第113页。

〔43〕 高益民:《沿海国在邻近海域内民事管辖权初探》,载《山东省法学会环境资源法学研究会2007年学术年会论文集》,第27页。

或者飞机实施诸如扣押、强制等海上民事管辖权时,必然会对外国船舶的船员和飞机上的人员的人身自由实施暂时性限制,此时,国家海洋维权民事管辖权的主体对象就会及于船舶和飞机上的人和物。

船舶和飞机是载人和(或)载物的,因此该主体对象自然也及于船舶和飞机上的人和物以及由此而产生的社会关系,仅在特殊情况下有例外。[44] 如《公约》第 97 条第 1 款规定:"1. 遇有船舶在公海上碰撞或任何其他航行事故涉及船长或任何其他为船舶服务的人员的刑事或纪律责任时,对此种人员的任何刑事诉讼或纪律程序,仅可向船旗国或此种人员所属国的司法或行政当局提出。"

国家海洋维权民事管辖权的主体对象一般是外国船舶,之所以及于外国船舶和飞机上的人和物等,是因为在海上外国船舶和飞机上的人和物等具有一体性,在对外国船舶和飞机行使国家海洋维权民事管辖权如扣留外国船舶时,就会对外国船舶和飞机上的船员和机组人员的人身自由实施暂时性限制,同时可能还会进行询问、调查等;对外国船舶和飞机本身及其之上的财物实施暂时性控制。

如根据《中华人民共和国管辖海域外国人、外国船舶渔业活动管理暂行规定》第 10 条的规定:"外国人、外国船舶在中华人民共和国管辖海域内从事渔业生产、生物资源调查等活动以及进入中华人民共和国渔港的,应当接受中华人民共和国渔政渔港监督管理机构的监督检查和管理。中华人民共和国渔政渔港监督管理机构及其检查人员在必要时,可以对外国船舶采取登临、检查、驱逐、扣留等必要措施,并可行使紧追权。"在对外国船舶进行登临、检查时,会随着对外国船舶上人员进行询问,对船舶上渔获物、生物资源或仪器等进行调查等。《中华人民共和国渔业法》(以下简称《渔业法》)第 46 条规定,外国人、外国渔船违反该法规定,擅自进入中华人民共和国管辖

〔44〕 邹立刚:《国家对外国船舶污染海洋的管辖权》,载《法治研究》2014 年第 5 期,第 77 页。

水域从事渔业生产和渔业资源调查活动的，责令其离开或者将其驱逐，可以没收渔获物、渔具，并处50万元以下的罚款；情节严重的可以没收渔船。若没收外国渔船，此时会对外国船舶上的人的人身自由实施暂时性限制，同时对外国船舶之上的财物实施暂时性控制。

关于船舶与船舶在海上或其他水域发生碰撞事故使船舶或船上人的人身遭受损害的责任区分和诉讼管辖权力的问题，按照国际惯例，船舶发生碰撞，如果双方属同一国家，而且发生在这个国家的领水之内，其碰撞事故的管辖权属于该国。

二、外国船舶和飞机之上存在多国自然人

沿海国对其领海内的一切人和事享有管辖权，其限制主要为外国船舶在领海中享有无害通过权。除开《公约》第28条第1款和第2款的特殊情况，即“涉及外国船舶本身在通过沿海国水域的航行中或为该航行的目的而承担的义务或因而负担的责任”外，对处于我国领海或通过我国领海时外国船舶上发生的多国自然人之间的纠纷，若完全属于船舶内部事务纠纷如内部管理、工资、劳务纠纷，我国一般不介入，只有当案件涉及我国公民的利益时，我国才予以管辖。我国海事法院在司法实践中对外国商船内部发生的一般民事纠纷，原则上不管，只有外国商船与中国自然人、法人间发生海事纠纷，且在我国领海内发生，法院才受理管辖。[45]

三、无国籍、方便旗等船舶

《公约》第91条第1款规定：“1. 每个国家应确定对船舶给予国籍、船舶在其领土内登记及船舶悬挂该国旗帜的权利的条件。船舶具有其有权悬挂的旗帜所属国家的国籍。国家和船舶之间必须有真

〔45〕 高益民：《沿海国在邻近海域内民事管辖权初探》，载《山东省法学会环境资源法学研究会2007年学术年会论文集》，第27页。

正联系。”

按照《公约》的规定，船舶登记方能取得国籍，方能使船舶在国际法上享有权利并承担相应义务。除国际条约和《公约》明文规定的情形外，船舶在公海上应受船旗国专属管辖，在其他国家管辖海域则沿海国和船旗国根据不同事项分享管辖权。

同时《公约》第92条规定：“1. 船舶航行应仅悬挂一国的旗帜，而且除国际条约或本公约明文规定的例外情形外，在公海上应受该国的专属管辖。除所有权确实转移或变更登记的情形外，船舶在航程中或在停泊港内不得更换其旗帜。2. 悬挂两国或两国以上旗帜航行并视方便而换用旗帜的船舶，对任何其他国家不得主张其中的任一国籍，并可视同无国籍的船舶。”

此处涉及的便是“方便旗”问题。国际法制度给予各国灵活设置其他国家必须承认的船舶注册条件，由此为广泛使用方便旗（Focs）创造了条件。[46]

《公约》第110条表明军舰或经正式授权并有清楚标志可以识别的、为政府服务的任何其他船舶或飞机对公海上没有国籍的船舶（除享有豁免权的军舰和政府公务船舶外），或者虽悬挂外国旗帜但拒不展示其旗帜，而事实上却与该军舰属同一国籍的船舶，得登临检查。这表明，船舶必须具有国籍。无国籍船舶不得在海上行驶，不受国际法保护。[47] 无国籍或拒不展示国旗的船舶在公海上通常会被认为是海盗船或黑船，任何国家的飞机或军舰均可予以拦截或登船检查，任何国家均可以对该船行使权利。无国籍（船舶）状态的实际影响是，任何国家都可以对船只行使管辖权，因为它既不受国家法律

---

〔46〕 Eric powell, “Taming the Beast: How the International Legal Regime Creates and Contains Flags of Convenience”, 19, *Annual Survey of International and Comparative Law*, Spring, 2013, p. 5

〔47〕 张海文：《〈联合国海洋法公约〉释义集》，海洋出版社2006年版，第175页。

的保护，也不受国际法的保护。[48]

《公约》界定了公海上的登临权，那么，在国家管辖海域，沿海国是否可以行使登临权呢？笔者认为当然可以，其理由为：（1）根据《公约》第 89 条公海不属于任何国家，在此海域国家的军舰、政府公务船舶尚且基于特定理由可对外国船舶实施登临权，那么在一国管辖海域内基于特定理由沿海国当然有权对外国船舶行使登临权。（2）《公约》赋予国家在不同管辖海域享有不同的海洋权益，为保障国家海洋权益不受侵犯，沿海国应有相应的救济权。"无救济则无权利"。（3）《公约》授予沿海国在相应情况下登临外国船舶的权利。有些地方虽未明确规定"登临"，但规定了可以逮捕船舶，而"登临"的执行强度明显低于"逮捕"，作为"逮捕"的一种前置性环节，显然"逮捕"可以涵盖"登临"。《公约》第 28 条第 2 款和第 3 款规定了："2. 沿海国不得为任何民事诉讼的目的而对船舶从事执行或加以逮捕，但涉及该船舶本身在通过沿海国水域的航行中或为该航行的目的而承担的义务或因而负担的责任，则不在此限。3. 第 2 款不妨害沿海国按照其法律为任何民事诉讼的目的而对在领海内停泊或驶离内水后通过领海的外国船舶从事执行或加以逮捕的权利。"《公约》第 73 条第 1 款规定"1. 沿海国行使其勘探、开发、养护和管理在专属经济区内的生物资源的主权权利时，可采取为确保其依照本公约制定的法律和规章得到遵守所必要的措施，包括登临、检查、逮捕和进行司法程序。"《公约》第 220 条第 6 款规定："如有明显客观证据证明在一国专属经济区或领海内航行的船只，在专属经济区内犯有第 3 款所指的违反行为而导致排放，对沿海国的海岸或有关利益，或对其领海或专属经济区内的任何资源，造成重大损害或有造成重大损害的威胁，该国在有充分证据时，可在第七节限制下，按

---

[48] H. Edwin Anderson, "The Nationality of Ships and Flags of Convenience: Economics, politics, and Alternatives", *21 Tulane Maritime Law Journal* 139, 1996, p. 2.

照该国法律提起司法程序,包括对该船的拘留在内。”

因此,对于处在沿海国管辖海域的无国籍船舶、挂“方便旗”的船舶或者形式上是外国船舶而实际上是本国船舶的船舶,沿海国根据不同管辖海域在不同事项上具有管辖权。本国军舰,军用飞机,经正式授权并有清楚标志可以识别的、为政府服务的任何其他船舶或飞机均可以对上述船舶根据不同情况采取检查、接近、登临、逮捕等执行措施。

第三节　立法建议

将来我国在进行国家海洋维权民事管辖权立法时,除了要明确其权力行使主体,更要明确其管辖的主体对象。这样才能使权力行使规范、准确。国家海洋维权民事管辖权的主体对象包括一般主体和特殊主体。

一、国家海洋维权民事管辖权的一般主体对象

国家海洋维权民事管辖权的一般主体对象包括自然人、法人、船舶和飞机。同时,这些主体对象的国别对国家海洋维权民事管辖权的确定和行使有重要影响。因此应分别界定自然人、法人、船舶和飞机的定义及其国别认定标准。

自然人的国别认定不存在问题。以其国籍便可认定。法人的国籍认定标准存在诸多学说。根据我国《涉外民事关系法律适用法》第14条的规定,我国采用的是法人注册地说。即在我国注册登记的法人即为中国法人,而不在我国注册登记的法人就为外国法人。为保持法律之间的协调,我国在对法人行使国家海洋维权民事管辖权时,可沿用这一做法。

国际上对于“船舶”并无统一的定义。基于不同的调整目的,各

种法律规范对于船舶的定义各有取舍。考虑海上活动的日益频繁和各种新式船舶(如无人驾驶船舶)的出现,对“船舶”的定义可采用广义,即船舶为海面移动式装置,包括各类排水或非排水船、筏、水上飞机、潜水器和移动式平台。

在船舶国籍发生冲突时,可根据船舶与哪一国家有实际联系来决定其国籍,将国际私法中的最密切联系原则引入船舶国籍积极冲突的解决中,将最密切联系的国籍确定为船舶的国籍。

“飞机”的定义存在广义和狭义之分。现有国际条约一般采用狭义,即利用机械力或风力的、有人驾驶和无人驾驶的飞行器。飞机若能在水面上自由起飞和降落,也可归入船舶类。

《国际民用航空公约》第 17 条规定,航空器的国籍为其登记的国家的国籍。同时第 18 条规定航空器在一个以上国家登记不得认为有效,但其登记可以由一国转移至另一国,即不承认航空器具有双重国籍。我国《民用航空法》第 9 条也规定:“民用航空器不得具有双重国籍。未注销外国国籍的民用航空器不得在中华人民共和国申请国籍登记。”因此,飞机的国籍以其登记国即可判定。

二、国家海洋维权民事管辖权的特殊主体对象

船舶和飞机是载人和(或)载物的工具,因此该主体对象自然也及于船舶和飞机上的人和物以及由此而产生的社会关系。国家在对外国船舶和飞机行使国家海洋维权民事管辖权如扣留外国船舶时,就会对外国船舶和飞机上的船员和机组人员的人身自由实施暂时性限制,同时可能会进行询问、调查等;对外国船舶和飞机本身及其之上的财物也会实施暂时性控制。立法时应考虑到这种特殊情形,并赋予执法主体一定处置权限。

当外国船舶存在多国自然人时,对处于我国领海或通过我国领海时外国船舶上发生的多国自然人之间的纠纷如工资纠纷,我国一般不应介入船舶内部事件,可采取沿海国和船旗国管辖相结合的方

法。在民事案件方面,对完全属于船舶内部管理、工资、劳动条件、个人财产权利等事项,各国通常不行使管辖权。只有当案件涉及我国公民的利益时,我国才予以管辖。

关于无国籍、方便旗等船舶。无国籍船舶不得在海上行驶,不受国际法保护。《公约》不承认方便旗船舶。因此,在立法时,对处在我国管辖海域的无国籍船舶、挂“方便旗”的船舶或者形式上是外国船舶而实际上是本国船舶的船舶,应授予执法部门根据不同管辖海域在同事项上的管辖权。我国军舰,军用飞机,经正式授权并有清楚标志可以识别的、为政府服务的任何其他船舶或飞机均可以对上述船舶根据不同情况采取检查、接近、登临、逮捕等执行措施。

第四章　国家在领水的海洋维权民事管辖权

在民事案件的诉讼方面，诉讼行为必然意味着相应的诉讼效力。管辖是诉讼行为的一种极其关键的表现形式，因此自然也发生诉讼制度当中某种特定的法律效力。民事管辖的效力来源较为特殊，不像一般的诉讼行为的效力来源，只需具备现行的法律条文、当事人或者审判机关的行为即可。民事管辖的效力来源需要多重方面的组合与重构。

出于对自身利益维护的考量，人类社会在前进的过程中不断尝试通过多类途径最大化地接近正义。博登海默对正义的目标理解为："正义的目标指向探寻怎样让某一群体的秩序、社会正在实施的制度，与其基本任务相吻合，且能够同时推动生产发展与社会的内聚程度。"[1]在人类社会对公正与正义孜孜不倦的追求探索中，民事诉讼逐步形成与不断发展。而历史的车轮驶入20世纪60年代时，一类新的民事诉讼在西方国家崭露头角，这便是公益法运动，即个人以维护公共利益为出发点而产生的民事诉讼。公益这一概念涵盖了国家利益与社会公共利益两个方面。就全球范围来说，古罗马时期便

---

〔1〕［美］博登海默：《法理学、法哲学及其方法》，华夏出版社1987年版，第238页。

已经产生了公益诉讼制度。公益诉讼在我国的萌芽起源于21世纪初期，河北的律师乔占祥以我国铁道部在2000年12月21日颁布的《关于2001年春运期间部分旅客列车实行上浮的通知》这一文件导致其多付9元车票费为由，向铁道部申请行政复议。铁道部的审理结果为维持原文件中的提高票价行为。乔占祥进而向北京市第一人民法院申请判决撤销铁道部的复议决定，并撤销通知文件。[2] 民事公益诉讼的出现并非孤立的现象，而是一类全球化的现象，它广泛的存在更加印证了社会对这类诉讼具有强烈的需求。就环境污染问题而言，我国于2012年修订的《民事诉讼法》中融入了公益诉讼制度。[3]

我国近代史上，孙中山先生首次阐述了海权问题。[4] 2013年我国正式确立了海洋强国战略。[5]对于海洋问题，中国应当积极面对巨大的挑战迎难而上，以战略统筹为基石，不断加强海洋维权工作。[6]同时应当追踪客观事实，分析海权在属性方面的演变。[7]中国需要以积极进行国际协调的方式，加强对海洋国土的管理，[8]对

〔2〕 参见《人民法院报》2003年5月17日，第1版。

〔3〕 孙思琪、金怡雯：《中国海洋环境民事公益诉讼法律依据论辩》，载《浙江海洋大学学报》（人文科学版）2017年第4期，第1页。

〔4〕 江河：《国际法框架下的现代海权与中国的海洋维权》，载《法学评论》2014年第1期，第92页。

〔5〕 郁志荣、全永波：《中国制定〈海洋基本法〉可借鉴日本模式》，载《中国海商法研究》2017年第1期，第75页。

〔6〕 冯梁：《"加快建设海洋强国"下我国经略海洋重大战略问题》，载《亚太安全与海洋研究》2018年第4期，第9页。

〔7〕 江河：《海洋法的特性演变与中国的海洋权益——以海洋基本属性为框架的研究和建议》，载《人民论坛学术前沿》2016年第23期，第52页。

〔8〕 郁志荣、全永波：《中国制定〈海洋基本法〉可借鉴日本模式》，载《中国海商法研究》2017年第1期，第74页。

当前海洋法律体系的不足之处进行重塑。[9]中国是《公约》的成员国，依照《公约》的划分方法，与沿海国紧密相关的水域可以划分为内水、领海、毗连区、专属经济区等。沿海国对这些水域具有相应的权利，但是由于一些潜在的或者已经出现的不法行为的存在，侵害了我国作为沿海国的相关权利，有的甚至造成我国海洋生态环境的破坏，同时意味着侵害了我国的国家利益和社会公共利益。为了捍卫我国的海洋权益，对海洋维权民事管辖权的探讨显得极为关键，这类案件可能具有涉外因素。在全球环境整体和平的时代背景下，众多国家通过对不同海域的控制、使用和管理等规则的长久多轮谈判，形成了当前国际社会普遍认可的《公约》，《公约》的规定便是沿海国在相关水域行使海洋维权民事管辖权的依据之一。

第一节　国家在内水的海洋维权民事管辖权

一、内水的基本概念

目前，国际惯常的方法是以基线（baseline）作为陆域与海域划分的媒介，基线是对不同法律地位的海域进行测算所依赖的起点。世界各国采用不同的确定基线的方法，基线的种类主要包括正常基线（normal baseline）与直线基线（straight baseline）两种。基线是沿海国内水与领海的一条分界线，通常运用“领海基线”这一称谓。

基线作为陆路与海洋的划分标志，它在海洋法中具有极其重要的功能。基线是海洋法当中确立内水、领海等一系列不同性质的水域的基础。通常情况下，基线分为正常基线与直线基线两类。正常基线指的是大比例尺海洋地图上标注的延岸低潮线，就是在退潮时，

[9]　范金林、郑志华：《重塑我国海洋法律体系的理论反思》，载《上海行政学院学报》2017年第3期，第107页。

海水降落后距离岸边最远的一条线，沿海国对正常基线需要作出官方承认的行为。正常基线更宜于适用在海岸线相对平直的沿海国，对于海岸线比较曲折，岸边岛屿分布较多，低潮线的确定比较复杂的地势情形，便不宜选择正常基线的方法，而应当选择直线基线的方法。直线基线的确定首先需要选择一些基点，这些基点可以选择在沿岸岛屿面向海面边缘的位置，也可以选择在海岸线向外一侧较为突出的位置，将相邻的基点用直线连接起来后形成的一系列完整的折线便是沿海国的直线基线。就基线所确定的海域范围来说，沿海国更适宜于选择直线基线，以此获取更大海域范围的权利。历史上较早选取以直线基线的方式来划定沿海国领海基线的代表性国家有挪威等，在20世纪50年代初期，国际法院就“英挪渔业案”发表了意见，认定沿海国选取直线基线的做法没有触犯国际法。[10]在“英挪渔业案”之后，越来越多的国家开始选择使用直线基线的方法，直线基线也顺理成章地被纳入1958年的《领海与毗连区公约》与之后的1982年的《公约》当中。当前全世界沿海国的数量有150余个，大约一半的国家就其所有或部分海岸线的确定采用直线基线的方法，此外，还有10多个国家尽管还未对外公布基点的坐标位置，但是宣称以直线基线的方式来确定相关海域的具体区域。但是，值得注意的是，沿海国采用直线基线法并非不受到任何限制。直线基线法仅适用于具备某些地势类型的海岸，依据《公约》第7条的内容，只有具备“海岸线非常曲折”或者“一定数量的岛屿分布于海岸线附近”这些条件，沿海国方可选择直线基线法。同时，选择使用直线基线法的沿海国需要受到以下条件的制约：(1)在确定直线基线的过程中，不能明显地与海岸线的走势方向相偏离；(2)以直线基线划定的海域在地理上需要与陆地尽量接近，以便于接受内水制度的规范；(3)在

〔10〕 See the ICJ, Fisheries (United Kingdom v. Norway), Judgment of 18 December 1951, pp. 1 - 32.

采用直线基线法时，需要充分考虑相关地区沿岸居民的长期的、历史性的经济利益；(4)一般情况下，采取直线基线法时不能选取低潮高地(low ~ tide elevation)作为起始点，特殊情况除外，特殊情况主要包括相关的低潮高地上存在永久性超出海平面的灯塔等建筑，或者国际社会普遍性认可在某一低潮高地上选取直线基线为起始点；(5)沿海国在采取直线基线方式时，不能导致他国的领海和专属经济区，以及公海相分离。

《公约》对如何划定河口、港口、低潮高地等地的基线进行了规定。当地貌为河流直接汇入海洋，那么应当在两侧低潮线上分别选取一点，连接形成基线横跨河口。位于某一海港最外侧的永久性海港工程，其性质属于海港的一个组成部分，因此，可以被选取作为直线基线的基点。低潮高地是一类自然形成的地貌，当海洋低潮时，这一地貌高于海平面，而海洋涨潮时，这一地貌被淹没于海水中。倘若，某一低潮高地中至少有一部分距离陆地或者岛屿的长度小于或等于领海的跨度，那么这一低潮高地的低潮线可被选作计算领海跨度的基线。倘若低潮高地不具备上述条件，那么该低潮高地便不能作为计算领海跨度与基线。由于全世界各地的沿海地貌纷繁复杂，因此，《公约》赋予沿海国在选取基线时更加广泛的权利自由，允许沿海国兼顾具体情况，交替选用不同的基线划定方式。我国是以直线基线法划设的领海基线，相关的规定先后出现在 1958 年颁布的《中华人民共和国政府关于领海的声明》，1992 年施行的《领海及毗连区法》。我国公布的 77 个基点中，有 49 个基点遍布于陆地海岸线与海南岛的外围，另外，有 28 个基点分布在西沙群岛的周边。

内水(internal waters)是沿海国陆域至领海基线之间的水域。而领海基线面向海洋的一侧，根据《公约》的规定，不同海域分别被命名为：领海、毗连区、专属经济区、大陆架与公海等。这些海域被赋予了不同的法律地位。对于群岛国，其一般是凭借封闭的曲线来界定内水的区域范围的。《公约》对用于国际通行的海峡进行了特殊的规定，由此用于国际通行的海峡被视作一类单独而特殊的水域。

二、内水的法律制度

沿海国内陆的水域和内水具有相同的法律地位，即沿海国具有完全的主权，外国船舶在未得到沿海国同意之前，不能驶入沿海国的内水，例外情形为外国船舶遇难。就驶入沿海国内水的外国船舶而言，当出现的争端仅属于其内部事务时，该争端的管辖权归属于船旗国，而其他争端的管辖权归属于沿海国，这源于属地管辖权。

沿海国的主权管辖范围覆盖了内水与领海，同时又具有显著的区别。《公约》赋予了外国船舶无害通过沿海国领海的权利，但这一权利没有及于内水。〔11〕然而，非常值得一提的是，特定情形下的内水适用无害通过。这种特定的情形指的是一些之前未被认定为内水，而是通过直线基线的界定成为内水的区域。

沿海国在内水享有一项极其重要的权利，即历史性权利。海湾（bay）是内水中极其关键的要素，它属于一种水曲，且水曲涉及的水域面积不小于以曲口长度作为直径所划出的半圆形的面积，因此，海湾更是一类显著的水曲。在测算水曲面积时，需要明确的是，水曲所覆盖的区域面积是陆地沿岸分散的低潮标与水曲入口处的两个低潮标连接线所组成的图形的面积。倘若，由于存在岛屿使水曲有多个曲口，那么为测量面积而划定的半圆形应当处于长度为所有曲口的线段长度总和的直线上。确定某一完全归属于某一国家的海湾所覆盖的水域的法律性质，需要依据海湾湾口的宽度。当海湾湾口的两侧低潮标相连形成的线段长度小于或者等于24海里，那么用一条线段将湾口封闭，此时内部的水域即海洋法当中的内水。当海湾湾口的两侧低潮标相连形成的线段长度大于24海里，那么长度为24海

---

〔11〕邹立刚：《国家海洋维权执法的巡航权》，载《湖湘论坛》2016年第3期，第112页。

里的基线存在于海湾当中，取能使水域面积达到最大值的直线。值得注意的是，历史性海湾（historic bay）不受到这一方法的限制。

历史性海湾归属于历史性水域，历史性水域同时还包含了一些特定的海域、某些海峡周边的水域。历史性水域这一概念强调了沿海国对相关海域享有的历史性权利。尽管国际社会对历史性水域具有类似的认识，但是，由于还未形成一套完整的国际法规则体系，所以当出现相关问题时，只能依据一般国际法解决。一般国际法只规定了历史性海湾或者历史性水域的个性问题，例如，针对某些特定的、具体的且已经被接受的历史性水域，但是尚未规定共性问题，因而目前欠缺一套关于历史性海湾或者历史性水域的统一规则。目前，法学家对历史性水域的基本要素有着类似的观点。20 世纪 60 年代，联合国国际法委员会指出构成历史性海湾的基本要件：（1）一国对其宣称历史性权利的海域行使了相关权利；（2）在时间上，该国在较长时间中不间断地行使权利，这种状态形成了一种惯例；（3）其他国家对该国行使权利的状态采取的是容忍的态度。〔12〕 历史性权利所及的区域通常是内水，同时也可能是领海。多数情形中，主张历史性海湾的海岸归属于某个国家。例如，加拿大长期以来宣称具有历史性权利的哈德逊海湾，其湾口大约为 50 海里；俄罗斯较长时期以来，宣称具有历史性权利的大彼得湾，其湾口跨度约为 11 海里。值得注意的是，在 20 世纪 90 年代国际法院的案件当中，有一起对后世影响深远的尼加拉瓜参加案，国际法院判定丰塞卡湾属于历史性海湾，萨尔瓦多、洪都拉斯和尼加拉瓜对丰塞卡湾共同行使相关权利。〔13〕当前，世界上有将近 20 个国家对外宣称某一水域属于历史性海湾。渤海湾中最长的距离为 22.5 海里，渤海湾周边的数个岛屿

〔12〕 端木正主编：《国际法》（第 2 版），北京大学出版社 2000 年版，第 192 页。

〔13〕 See the Land, Island and Maritime Frontier Dispute (El Salvador/Honduras: Nicaragua intervening), Application for permission to Intervene, Order of 28 February 1990, paras. 93 - 101.

使湾口形成了9个区段,其湾口跨度大约57海里。倘若将渤海湾中的岛屿作为基点并用直线相连接,那么渤海湾毋庸置疑地成为我国的内水。[14]与此同时,中国长久以来对渤海湾的行政管理已经得到世界各国的认可,所以渤海湾自然便是我国的历史性海湾。我国政府应当进一步地明确宣称渤海湾的历史性海湾的性质,并积极主张权利。世界各地还存在一些同时归属于数个沿海国的海湾,如西班牙与法国相邻海域的比斯开湾、我国与越南相邻海域的北部湾。对涉及多个国家的海湾的法律地位与如何划分的问题需要相关沿海国共同协商。[15]

三、内水的海洋维权民事管辖权

沿海国的领海基线向陆地一侧的水域,构成了该国的内水。内水是沿海国主权范围内的区域,因此沿海国对内水行使主权的范围包括内水的上空、海面、水体、海床以及底土。

(一)绝对主权范围中的历史性排除

在世界海洋法争端司法化的趋势中,尤其要关注主权国家如何通过民事管辖的方式捍卫海洋权益。[16]国家民事管辖权在不同的语境下代表了不同的概念,当将国家民事管辖权置于国际海洋法的框架下分析,更强调的是在国家层面上海洋事务方面的民事维权;当将民事管辖权置于国际私法的框架下分析,侧重点在于个体或组织层面上的、对民事侵权事件的维权。比较来说,国家民事管辖权置于

---

〔14〕 邹立刚:《国家海洋维权执法的巡航权》,载《湖湘论坛》2016年第3期,第111页。

〔15〕 1974年西班牙与法国商议确立了比斯开湾的界线,2000年中国与越南达成了北部湾相关海域的界线确定的协议。

〔16〕 江河:《国际法框架下的现代海权与中国的海洋维权》,载《法学评论》2014年第1期,第93页。

国际海洋法框架下所代表的内涵的丰富性要大于其置于国际私法框架下所代表的内涵丰富性。国际民事管辖权是否可以置于国际海洋法层面，是否具备充分的、可依据的国际法基础，这需要从国际领域普遍遵循与认可的《领海和毗连区公约》《公约》中寻找答案。

《领海和毗连区公约》第 20 条、《公约》第 28 条是国际海洋法框架下沿海国行使民事管辖权的国际法基础。就体系较为完善、适用范围较广、获得认可程度较广泛的《公约》而言，其强调沿海国行使民事管辖权的条款仅有第 28 条，但是由于这部《公约》是世界众多国家在漫长的谈判商议下相互让步的结果，其中必然存在一些条款、措辞、术语、具体适用方面不够完善的情况，第 28 条也不例外，因此在理解与适用第 28 条时需要结合其他相关规定进行缜密地分析与破解。《公约》第 28 条中存在一些理论方面的矛盾，诸如“逮捕”这一术语在民事管辖权内容方面的出现，采用了禁止性措辞，一些规定适用的次序等，这些都是探析国际海洋法语境下国家的民事管辖权的重点与难点，对于正确适用国家的民事管辖权具有基础性与关键性的意义。《公约》着重规定与强调的是沿海国在领海区域的民事管辖权，但是毋庸置疑的是，沿海国在诸如内水、毗连区、专属经济区、大陆架区域的范围内同样也对外国船只、飞机等具有某些事项上的民事管辖权。通过对《公约》的详细解读与综合分析，我国应当在立法上与《公约》建立良好的衔接，充分采用条约、协定等方式创设我国的海洋立法理论体系，加强对周边海洋区域的维权管辖能力，实现维护我国海洋权益的关键性突破。创设国际海洋议题、对创设条约的谈判等都密切关系着我国的海洋权益能否得以维护。[17] 立法不但对外宣示我国解决海洋纠纷的立场，而且有助于唤醒与提升人

---

〔17〕 江河：《海洋法的特性演变与中国的海洋权益——以海洋基本属性为框架的研究和建议》，载《人民论坛学术前沿》2016 年第 23 期，第 62 页。

民的海洋意识。〔18〕《日本海洋基本法》体现了日本群众较强的海洋意识。〔19〕当前世界各国存在不同的调整海洋事务的立法模式:第一类是分管海洋事务的部门与行业创立相关法律,典型的国家有德国等;〔20〕第二类是涵盖配套适用的翔实的子法规的一套综合性海洋法律,典型的国家有加拿大等;〔21〕第三类是非完全集中性质的海洋立法模式,典型的国家有韩国,其于1987年开始施行《海洋开发框架法案》〔22〕,其后于2002年修改了原来的一些内容,并将名字改为《海洋渔业开发框架法案》〔23〕,然而,这部法律并不是韩国处理海洋事务的龙头法律〔24〕。选用第一类海洋立法的原因主要为:为了阐明这部法律是促进国家海洋经济可持续发展的动力之一,〔25〕需要借助这部法律对外宣示海洋主权,〔26〕需要以这类高位阶的法律为

〔18〕 李志文、马金星:《论我国海洋法立法》,载《社会科学》2014年第7期,第89页。

〔19〕 郁志荣、全永波:《中国制定〈海洋基本法〉可借鉴日本模式》,载《中国海商法研究》2017年第1期,第74页。

〔20〕 Gerald Schernewski, "Integrated Coastal Zone Management (ICZM): From European Strategy to practise in Germany", *First German - Chinese Joint Symposium on Coastal and Ocean Engineering*, Rostock, German, April 10 - 12, 2002, p. 4.

〔21〕 李志文、马金星:《论我国海洋法立法》,载《社会科学》2014年第7期,第87页。

〔22〕 Hong S. K. et al., "Land Use in Korean Tidal Wetlands: Impacts and Management Strategies", *Environmental Management*, 45(5), 2010, pp. 1014 - 1026.

〔23〕 Zang Geun Kim et al., "National Data Collection and processing Systems", *Korean National Report to the Scientific Committee of the Indian Ocean Tuna Commission*, 2012, pp. 2 - 3.

〔24〕 Cassandra De Young, Review of the State of World Marine Capture Fisheries Management: Indian Ocean, Food & Agriculture Org., 2006, p. 104.

〔25〕 Chircop A., Marchand B. A., "Ocean Act: Uncharted Seas for Offshore Development in Atlantic Canada", *Dalhousie LJ* 24, 2001, p. 23.

〔26〕 Foster E., Haward M., Coffen ~ Smout S., "Implementing Integrated Oceans Management: Australia's South East Regional Marine plan (SERMp) and Canada's Eastern Scotian Shelf Integrated Management (ESSIM) Initiative", *Marine policy* 29(5), 2005, pp. 391 - 405.

基础创设相应的管理机制,[27] 凭借这类法律指导并规范签署跨政府协议的活动[28]。

《公约》第 28 条的内容可概括为"对外国船舶的民事管辖权"(civil jurisdiction in relation to foreign ships),结合这一条款所处的位置,更加准确的描述应当是沿海国就领海或毗连区区域的外国船舶行使的民事管辖权。与《公约》中前一条规定相对比,会发现沿海国在行使刑事管辖权与民事管辖权方面的理论出现了矛盾之处。对航行于领海或毗连区的他国船只,第 27 条非常清晰地指出了沿海国行使刑事管辖权的六类情形,但是第 28 条描述的是沿海国对他国船只进行民事管辖所受到的限制,这些矛盾的出现让人不免对《公约》所强调的沿海国的民事管辖权的真正内容与意图是什么,在理论方面出现矛盾之处的原因是什么,沿海国究竟在不同法律地位的海洋区域所能行使的民事管辖权分别是什么产生疑问,研究这些问题可为我国对海洋维权的民事立法提供充分、翔实的理论支持。

在国际海洋法的语境中,需要重新定义与认识国家民事管辖权。国际海洋民事管辖权的语义涵盖的内容要广于国际海上民事管辖权,这里探讨的为国际海洋民事管辖权。国际海洋民事管辖权,从文字表面上来看,可以迅速地锁定一些关键性内容,即一个国家在国际海洋事务方面的民事管辖权力,这一概念主要强调的是海洋这一特殊地域。那么接下来需要探讨国际民事管辖权的内涵。我国学术界对国际民事管辖权这一术语的理解大致包括以下几类:(1)一个国

---

〔27〕 Juda L., "Changing National Approaches to Ocean Governance: The United States, Canada, and Australia", *Ocean Development & International Law* 34(2), 2003, pp. 161 - 187.

〔28〕 Vince J., "Ten Years of Implementing Australia's Oceans policy: From an Integrated Approach to an Environmental policy Focus", *Maritime Studies* 159, 2008, p. 1.

家的法院能够管辖的涉外民事纠纷的权力范围;[29](2)一个国际的司法机关审理并作出判决的具备涉外因素的民事纠纷的权力限度;[30](3)国际类民事诉讼当中,世界不同国家受理与审判国际民商事争端的权力限度与主体资格。[31] 总而言之,这些定义的核心均为一个国家依照怎样的原则,采纳怎样的标志,内国法院怎样具备审理某项涉外民事争端的管辖权限。[32] 以上各类分析与阐释着眼于国际私法的语境,在这种观点与视野下,国际民事管辖权的概念可以由国际民事司法管辖权代替。那么不免要提出以下疑问:从字面含义去直接、简单地对国际海洋民事管辖权下定义是否恰当?国际海洋民事管辖权的内涵是否为一个国家的国内法院对具有涉外海洋因素的民事争端的管辖资格与范围?对国际海洋民事管辖权的内涵进行界定时,直接将词语进行拆分并列加"海洋"作为区域限制因素的解释方法具备可行性吗?

为了更加准确地找到答案,需要认真地对国际法上重要的、基本的概念进行追溯。其中国家民事管辖权这一措辞是放在首位需要明确的对象。马尔科姆·N. 肖指出:"管辖权的实现离不开国家对国际法的运用,国家以立法、设定行政法、司法等各种形式对个体、财物、情势进行规范、调整或带来影响的权力。"[33]伊恩·布朗利的观点是:管辖权是主权的表现方式之一,其内涵为司法、立法、行政权

---

〔29〕 刘振江:《国际民事管辖权冲突及其解决》,载《法律科学》1990 年第 2 期,第 23 页。

〔30〕 刘卫翔:《国际民事管辖权的根据及限制》,载《比较法研究》1996 年第 4 期,第 32 页。

〔31〕 张崟:《论国际民事管辖权冲突产生的原因及协调》,载《南昌大学学报》(人文社会科学版)2009 年第 2 期,第 27 页。

〔32〕 刘卫国:《论国际民事管辖权的立法趋向》,载《法商研究》2001 年第 6 期,第 16 页。

〔33〕 [Britain]Malcom N. Shaw:*International Law*, Fifth Edition, Cambridge University Press, 2003, p. 572.

力,是主权国家所具有的法律权力范围的其中一个部分。[34]《奥本海国际法》一书中对管辖权阐释为:"国家规范与调整个体行为或事件产生的后果的权限,概念的内涵与形式多样化,包括立法、司法以及行政活动。"[35]以上各类阐释在理解上存在偏差,但是认真对比可以确定一个国家的海洋民事管辖权绝非等同于内国司法管辖权在国际海洋事务方面的扩展,它蕴含的内容要远远超出这类范围且相对复杂。宋云霞对国际海上民事管辖权的理解为:国际海上民事管辖权作为一种对国家管辖权概念的新的发展,代表着一个国家对领陆周边海域的管辖能力、自由、权利。[36] 高智华的主张为:"国家管辖权包含了多种类别,具体可以划分成海洋立法权、海洋司法权与海洋执法权这三大类。"[37]路易斯·亨金主张的对管辖权的分类主要依据是一个国家的法院对立法管辖权和执法管辖权加以划分,审判管辖权和国家武装力量中的警察活动存在紧密的关联。[38] 经过对国内外众多学术观点的分析,我国的学者逐渐意识到:长期以来,国内学术界对国际民事管辖权这一术语的理解与界定,只是将民事纠纷置于国际社会的背景下讨论其管辖的资格与范围,这与将民事纠纷置于国家的视野并探讨涉外民事争端的管辖权是明显不一致的。[39] 以上问题产生的可能原因为:在国家的各类管辖权中,刑事

---

〔34〕 [英]伊恩·布朗利:《国际公法原理》,曾令良、余敏友译,法律出版社 2007 年版,第 266 页。

〔35〕 [德]奥本海:《奥本海国际法》,詹宁斯、瓦茨修订,中国大百科全书出版社 1995 年版,第 327 页。

〔36〕 宋云霞:《国际海上民事管辖权理论与实践》,海洋出版社 2009 年版,第 2 页。

〔37〕 高智华:《论实施国家海洋管辖权的若干国际法问题》,载《东南学术》2009 年第 3 期,第 5 页。

〔38〕 [美]路易斯·亨金:《国际法:政治与价值》,张乃根等译,中国政法大学出版社 2005 年版,第 332 页。

〔39〕 杜睿哲:《国际民事管辖权冲突及其解决》,载《兰州交通大学学报》(社会科学版)2004 年第 5 期,第 52 页。

管辖权、行政管辖权的主动性较强，而民事管辖权具有较为被动的特点，当发生涉外民事纠纷时，通常情况下是由国家或者国内法院通过多种途径对具有诸如发生地在国外、涉及的当事人为外国国籍、财物处于外国领域等涉外因素的情形展现权威。[40] 由此易于造成国内学者对国际海洋民事管辖权内涵界定的偏差，只有将国际民事管辖权与国际海洋法具体、充分的结合起来进行考量，才能得到正确的理解。国际海洋民事管辖权的内涵应当是，一个国家依照国际法，以维护国家海洋权益为最终目的，对领土周边海域中发生的涉外民事争端加以管理与规范，对涉外民事争端的处置主要体现于立法、司法、执法等多项内容，发生海洋侵权的对象涉及海床、海洋底土、海洋水体中的各类生物与非生物资源、海洋水体中或水面上通行的各类船舶、海洋上方空气空间中飞越的各类飞行器等。当前“海权”这一词语权利属性的演变，向中国提出努力对接国际争端解决司法化的要求。[41]

海权和国家主权在某种意义上具有同质性。[42] 民事管辖权的基石为国家主权，沿海国对各类海域行使民事管辖权的理论突出特点是模糊隐含性。沿海国对不同法律地位海域的管辖权限分别进行了规定，可以说进行了逐一授权。通常语境下，“内水”一词指的是一个国家领陆附近的水域，但是因为这里探究的为《公约》中不同法律地位的海域对应的国家权力，且其中第 8 条对《公约》中的“内水”一词进行了界定，即在地理位置上位于领陆与领海基线之间的水域，这里的内水等同于内海水。内水是一个国家领土不可分割的重要组

---

〔40〕［德］奥本海：《奥本海国际法》，詹宁斯、瓦茨修订，中国大百科全书出版社 1995 年版，第 327 页。

〔41〕江河：《国际法框架下的现代海权与中国的海洋维权》，载《法学评论》2014 年第 1 期，第 92 页。

〔42〕江河：《海洋法的特性演变与中国的海洋权益——以海洋基本属性为框架的研究和建议》，载《人民论坛学术前沿》2016 年第 23 期，第 61 页。

成部分,处于国家主权覆盖的范围之内,与之相似,民事管辖权也是完全的并且排他性的权力,例如,我国的《海上交通安全法》第 11 条对他国船只进入我国内水进行了详细的规制,非军用的外国籍船只,如果想进入中华人民共和国内水区域和港口,需要事先向中华人民共和国的主管机关申请,在得到批准之后方可进入。[43] 例外情形为船上人员出现病急,船只的机件突发故障,船只在海上遇难,船只为了躲避大风浪等意外状况,且没有来得及取得中华人民共和国主管机关的批准,可以一边进入内水或港口,一边紧急报告给主管机关,一切活动遵照主管机关的指挥。《公约》在内水部分的特殊规定主要是关于无害通过权方面的,这体现在第 8 条第 2 款,具体指的是当沿海国依照第 7 条的内容划定直线基线实际上造成部分之前不是内水的部分变成《公约》中规定的内水,那么这类水域对外国船只来说,可以享有无害通过权。这样的条款内容主要是出于对采用直线基线的操作方法划定领海基线有可能对外国的历史航行权造成不利影响的考量,因此作出了这样特殊的限制性规定。[44] 无论是一般情形下的内水,抑或是由于采用直线基线方法新形成的内水,沿海国对航行通过的外国籍船只行使民事管辖权的时候,均需严格依照《公约》中的具体内容。

(二)我国内水区域的民事管辖事项

内水与领陆一样,都属于沿海国主权的一部分,因此在法律地位上,二者原则上可以等同。沿海国在领陆范围内行使的民事管辖权,可以类比适用于内水。当然,陆地与海洋是两类不同的地貌,在对两

---

〔43〕 邹立刚:《国家海洋维权执法的巡航权》,载《湖湘论坛》2016 年第 3 期,第 111 页。

〔44〕 M. H. Nordquist, Satya N. Nandan and Shabtai Rosenne (Ends), *United Nations Convention on the Law of the Sea* 1982: *A Commentary*, Vol. Ⅱ, Martinus Nijhoff Publishers, 1989, p. 107.

种地貌行使海洋维权民事管辖权时需要考虑二者的差异。沿海国在内水主要行使以下方面的海洋维权民事管辖权:(1)内水中的资源所有权与专属管辖权归为沿海国,例如,对内水中的生物资源进行养护的权利,当这些权利遭受损害时,沿海国可以行使相应的海洋维权民事管辖权;(2)对内水中航行的船舶与空中飞行的航空器中发生的民事案件进行管辖,当这一水域的航行安全受到威胁,水面的交通管理秩序遭受扰乱,助航设备或设施、海底电缆或管道等被破坏时,沿海国基于权利的维护可以对这些民事侵权案件行使维权管辖权;(3)当诸如水文测量等海洋科学研究活动受到恶意干扰时,沿海国可以基于维护海洋科研专属权来行使民事管辖权;(4)沿海国对内水的环境保护与保全具有管辖权,当内水的环境遭受外来力量的恶意破坏时,沿海国出于防止与减少环境污染事故发生的目的而行使海洋维权民事管辖权;(5)沿海国就内水范围内的海关、财政、移民、卫生等事项制定适用的法律法规,且设置保障执行的相应措施,如果出现侵犯沿海国这一权利的事件,那么沿海国可以为维护这一权利而行使民事管辖权;(6)沿海国在内水享有一系列其他广泛的权利,如果受到外部恶意的干扰,那么沿海国均可为了维护权利而行使民事管辖权。

(三)加强海洋民事管辖的法律对策

通过理论分析,我国在海洋民事管辖权方面应当参照与借鉴各类国际法进行完善,首先确立完善的目标,进而对具体的法律对策进行详细地规划与描述。在过去较长的一段时间内,我国在海洋的管辖权方面侧重于行政管辖,对行政管辖的关注度相对较高,学术界对海洋行政管辖的研究成果也相对较多,但是不可否认的是,国家的海洋利益和个体的海洋利益与民事管辖具有重要紧密的联系,这是不容小觑的现象。我国周边各国在海洋权益争夺中的矛盾日趋激烈,给我国的海洋权益带来了不利影响。[45] 2013 年于印度尼西亚国会上，习近平总书记发表了关于“海上丝绸之路”的重要演讲，这篇名为《携手建设中国—东盟命运共同体》的发言中表达了中国与东盟国家进一步拓展海上合作的迫切心愿，海洋是人类共同的财富，海洋经济是各国力图发展的重要经济方面，东盟国家在地理位置上共享着这片海洋水域，为了实现各国经济的共同繁荣，强化我国与东盟各国的海洋合作是未来的关键性主题。在发展海洋经济的共同目标下，我国与周边各东盟国家需要进一步加强海上关系，与此同时，为了给海上合作提供充分必要的保障，我国需要充分正确地行使国家海洋民事管辖权。通过对国家海洋民事管辖权的理论与现实迫切需要的分析，我国应当有目的、有针对性地对国家海洋民事管辖权进行强化，稳固这一管辖权作用的充分发挥，这需要从多个方面着手进行：

（1）夯实国家海洋民事管辖权的理论基础。海洋资源是当前世界各国战略控制与争夺的目标。[46] 为了强化对行驶于我国水域的外国船只的民事管辖，首要任务是发现问题并完善我国海洋民事管辖权的理论体系。当前，我国对海洋民事管辖权的理解与定位主要是为与国际私法领域的民事管辖权画一等号，此种将国际海洋民事管辖权与国际私法中的海事类民事管辖权视为一体的局面亟待打破。这是开展国际民事管辖权研究受到的理论桎梏，从现实状况来看，我国的《民事诉讼法》文中缺乏单列专门章节的有关涉外民事诉讼管辖的内容。[47] 由于理论体系不健全，因而在实践中无法很好地

[45] 江河：《国际法框架下的现代海权与中国的海洋维权》，载《法学评论》2014 年第 1 期，第 92 页。

[46] 江河：《海洋法的特性演变与中国的海洋权益——以海洋基本属性为框架的研究和建议》，载《人民论坛学术前沿》2016 年第 23 期，第 55 页。

[47] 李晶：《涉外民事管辖权立法完善研究》，载《政治与法律》2013 年第 8 期，第 62 页。

寻找到具体的理论依据，因此暴露出一些问题，如依据《公约》具有不同法律地位的水域中我国各类部门行使管辖权的界限，海洋民事管辖权与海洋环境管辖权出现混淆使用的情况，民事与行政的管辖没有划定清晰的界限等。鉴于出现的诸多问题，我国需要有条不紊地逐步解决。首先，对国家海洋民事管辖权与国际私法领域的涉海民事管辖权进行区分，明确国家海洋民事管辖权的内涵、国际法来源、管辖应当遵守的基本原则、各相关部门行使管辖权时的范围与界限，在界定了这些基本理论之后，还需要明确逮捕行为在民事管辖权与刑事管辖权中的不同性质、国家的不同管辖权在出现冲突的时候应当秉承的协调的原则与方法等。其次，我国签署了《公约》，那么就应当遵守《公约》中的基本规定，《公约》第 311 条第 2 款要求当和其他条约内容出现矛盾的时候，优先采用《公约》的规定，那么这一条款是我国行使国际海洋民事管辖权的基本原则。因此，对于《渔业法》、《海上交通安全法》、《中华人民共和国海洋环境保护法》（以下简称《海洋环境保护法》）等国内涉海基本法，我国需要依据《公约》做出相应的调整与补充，对不同法律地位水域的管辖权行使做出详细的划分，对各类水域中主管机关能够采取的措施做出具体规定等，形成对我国不同水域行使各类管辖权的基本指引。出台一部完善全面的《中华人民共和国海洋基本法》，〔48〕让人民真正地自觉关心海洋问题。〔49〕最后，由于国际社会对海洋民事争端进行调整的国际法繁多，除 1982 年的《公约》之外，主要还有 1910 年的《统一海上援助与救助若干法律规定的公约》、1969 年的《国际油污损害民事责任公约》、1989 年的《国际救助公约》、1992 年的《设立国际油污损害赔偿基金国际公约》、1996 年的《国际海上运输有毒有害物质损害

〔48〕 郁志荣：《日本〈海洋基本计划〉特点分析及其启示》，载《亚太安全与海洋研究》2018 年第 4 期，第 30 页。

〔49〕 郁志荣、全永波：《中国制定〈海洋基本法〉可借鉴日本模式》，载《中国海商法研究》2017 年第 1 期，第 74 页。

责任和赔偿公约》、2001年的《国际燃油污染损害民事责任公约》等，此外还有一些国际习惯。我国可以将这些国际公约与国际习惯作为《公约》的补充。事实上，《公约》本身的内容中也已经明确接受了其他国际规章等的补充，例如，《公约》第21条第4款就是关于他国船舶在无害通过时为了避免碰撞事故而需要遵守的国际法的规定，其中指出了国际规章等。

（2）保障国内法律和国际公约的流畅衔接。《公约》是一部覆盖面非常广泛的综合性国际海洋规范，它的内容给缔约国做出了原则性的指引，并且提供了解决各类海洋纠纷的基本框架，在现实活动中，各缔约国需要根据自身情况形成对应的国内立法，在落实《公约》的过程中，作为成员国的我国需要着重关注以下问题：首先，对于《公约》中没有规定，在现实活动中，已经出现且亟待解决的情况需要妥善处理，例如，《公约》第73条就护渔问题指出沿海国有权利采用合适的办法，但是在运用这些办法的时候需要遵照有关程序且符合程度标准的限制，另外，就我国当前关于渔业的国内法而言，主要的法律为《中华人民共和国物权法》（以下简称《物权法》）与《渔业法》，这两部法律中都没有界定捕捞权的内涵、性质以及详细的行使方式、范围等。[50] 针对这类情形，我国应当怎样以立法的形式达到与《公约》的妥善衔接，是接下来需要加快解决的问题。其次，对于《公约》中已经规定，但是国内法不尽详备的情况，例如，《公约》以高度重视的态度将“海洋环保”单列在第12部分并做出翔实的规定，在我国，与海洋环境保护密切相关的法律主要是《海洋环境保护法》，尽管其中第66条对海洋环保规定了一些要求，但是当前我国海洋立法方面缺乏规范海洋污染侵权纠纷的、详细可操作的制度规定，亟待形成关于海洋环境污染侵权的损害赔偿责任、赔偿的强制性保

〔50〕 郭华炜：《关于〈物权法〉中捕捞权几个理论问题的探讨》，载《湖北师范第二学院学报》2010年第5期，第32页。

险事项、基金赔偿事项等方面的海事制度专门章节。[51] 我国海洋环境民事公益诉讼方面的法律基础也需要夯实。[52]再次,《公约》中的规定存在和国内法存在矛盾的情形,例如,《公约》对于他国船只对沿海国专属经济区造成环境污染的救济,设定的标准为外国船只对沿海国的海洋环境造成严重的威胁或造成重大的损害,在这样的前提下,沿海国可以对外国船只进行司法程序。但是我国国内的《中华人民共和国海事诉讼特别程序法》(以下简称《海事诉讼特别程序法》)对海洋环境污染侵权的程度标准的设置低于《公约》,《海事诉讼特别程序法》第21条指出对于船舶造成海洋环境污染,对海岸或其他利益方造成威胁与侵害,那么,我国相关机构可以提出扣押外国船只的海事请求。《公约》中规定沿海国在专属经济区水域进行调查活动的标准为存在明显的依据,而我国的《中华人民共和国海上船舶污染事故调查处理规定》第14条中没有设置与《公约》一致的标准,而是规定当我国对海洋污染的来源暂且找不到答案时,通过具体的分析推断认为可能源于驶经的外国船只,那么,相关调查部门就有权利进行对国际船舶污染事故的查明活动。以上均体现了《公约》与国内立法程度标准的差异。最后,《公约》中已经作出规定,但是在现实情况中仍有存在争议的情形,例如,国际海洋法法庭审理的"塞加号"案,涉及的争议焦点之一为船主为船加油的活动是否可归入捕鱼行为。[53]因为如果属于捕鱼行为,那么可以适用迅速释放程序,反之不可。[54] 由于这一情形存在争议,所以我国需要将其置于国内

---

〔51〕 高益民:《沿海国在临近海域内民事管辖权初探》,山东大学出版社2007年版,第29页。

〔52〕 孙思琪、金怡雯:《中国海洋环境民事公益诉讼法律依据论辩》,载《浙江海洋大学学报》(人文科学版)2017年第4期,第1页。

〔53〕 See the Case No. 2, The M/V "SAIGA" (No. 2) Case (Saint Vincent and the Grenadines v. Guinea), Judgment of 1 July 1999, pp. 1-54.

〔54〕 赵理海:《国际海洋法法庭:邮轮"塞加号"案评介》,载《中外法学》1998年第5期,第21页。

法律当中，充分考虑如何规避他国恶意滥用迅速释放程序以逃脱责任的情况。

（3）运用协议巩固和加强海洋的民事维权。我国应当防止与化解南海仲裁案引发的不利问题。〔55〕《公约》的争端处理方式尽管体现了强制性的特点，但是《公约》中多次反复提道“倘若争端方之间达成协议，则优先采用”，〔56〕充分展现了协议优先的一般规则。鉴于国际协议的重要性，我国应当根据实际需要与其他国家签署一些双边或者多边的协定，达到更广泛地行使公约赋予的权利的目的。《公约》第220条指出沿海国可以对在专属经济区中违反法律规定排放废弃物质的他国船只进行扣留，只有在沿海国与船旗国已经达成了具有拘束效果的程序的协议，且船旗国能够为船只提供书面保证或者财政担保等时，才能对扣留的船只实行迅速释放。毋庸置疑，此类协议更偏向于保障船舶所有权方与船旗国的利益，所以我国应当充分考虑，适时与他国达成这种协议。在签署协议时需要防止出现不利于我国的局面。《公约》第73条指明了沿海国对外国船只进行扣留的合理原因包括进行渔业方面事项的管辖，在此之后如果被扣留的船只提供了担保，那么，扣留方沿海国需要履行迅速释放的义务。《公约》第292条对迅速释放程序作了强制性规定以期保证公约第73条的切实执行。〔57〕 由于现实状况为我国与周边各国存在海洋界限的争议，因此，就争议海域中发生的上述类型的纠纷而提起迅速释放程序，或者被他国提起迅速释放程序均会不利于我国最终妥

---

〔55〕 江河：《国际法框架下的现代海权与中国的海洋维权》，载《法学评论》2014年第1期，第94页。

〔56〕 例如，《公约》第十五部分中的第188条第2款、第280条、第281条、第284条第2款与第4款、第287条第7款、第298条第1款、第299条第2款，附件五第3条、第4条、第10条，附件七第3条，附件八第5条等。

〔57〕 王丽娜：《沿海国对外国船舶的民事管辖权问题探析——以〈联合国海洋法公约〉第28条规定为切入》，载《法学论坛》2016年第5期，第120页。

善处理海洋边界问题。〔58〕《公约》第 281 条指出了各国在解决海洋争议时采用解决方法的次序，倘若各方之间存在选择好的和平解决争议的方法，那么首先依照这一协议解决，如果仍旧无法消除争议，并且各方达成的合意中没有对任何其他程序做了排除，那么此时依照该条的内容进行。由此可知，此类国际协议一方面具有优先采用的效力，另一方面可以排除其他强制性程序的适用。海洋问题影响着我国海上丝绸之路战略的实施。〔59〕新时期我国需要与众多当事国商讨与海上丝绸之路相关的诸如海上交通秩序、海上安全等相关的事项并拟定协议。〔60〕在人类与海洋的关系方面，我国秉承人类与海洋和谐的理念，加强海上丝绸之路建设，将这些内容很好地融入国际协议当中，〔61〕良好地展现了我国身为缔约国的使命感与责任意识。〔62〕

第二节　国家在领海的海洋维权民事管辖权

一、领海的基本概念

领海（territorial sea）最初被称作领水（territorial waters），目前尚有一些国家依旧在使用领水这一称谓。20 世纪 30 年代，海牙国家法编纂会议首次使用了领海这一称谓，自此世界各国逐渐对这一水

---

〔58〕 朱利江：《国际海洋法法庭释放渔船的司法实践及其对我国的启示》，载《南洋问题研究》2002 年第 2 期，第 18 页。

〔59〕 傅梦孜：《南海问题会否影响“21 世纪海上丝绸之路”建设》，载《太平洋学报》2017 年第 7 期，第 13 页。

〔60〕 李人达：《建设新时期海上丝绸之路法律制度和发展规划的思考》，载《中国党政干部论坛》2017 年第 6 期，第 103 页。

〔61〕 江河：《海洋法的特性演变与中国的海洋权益——以海洋基本属性为框架的研究和建议》，载《人民论坛学术前沿》2016 年第 23 期，第 63 页。

〔62〕 傅崐成：《南海若干国际法律问题》，载《太平洋学报》2016 年第 7 期，第 9 页。

域有了较为统一的概念。从严谨的角度出发,领水这一概念涵盖了内水与领海两类沿海国主权范围内的水域,所以“领水”一词无法清晰地反映这两类水域的特征。[63]《领海和毗连区公约》中就国家主权范围做出界定,即包括陆地、内水及其向海一侧的水域。《公约》中对沿海国主权的界定与《领海和毗连区公约》中的内容基本类似,即沿海国的主权覆盖范围为陆地领土、内水和相邻的海域。与此同时,《公约》又针对群岛国的主权范围情况做出了特殊的界定。当沿海国是群岛国时,沿海国的主权范围包括群岛四周的水域,以及这类水域向海一侧的海域。通过历史上不同时期国际法关于“领海”一词的界定可看出,领海的基本含义为沿海国陆域和内水组成的板块向海一侧的周边海域,当沿海国是群岛国时,领海为与群岛国周边水域紧邻的海洋区域。

世界各国对领海这一称谓有着基本一致的认识,但是在历史上对领海的海域范围大小有着较为激烈的意见冲突。历史上最早且占据主流观念的主张是“大炮射程规则”(cannon shot rule),这一观点来自《海洋领土论》这一部著作,作者宾克舒克(Bynkershoek)是荷兰一位著名的法学家,他认为沿海国对临近海域的管辖范围应当以大炮发射炮弹时,所能击中的最远距离为准。联系到宾客舒克所处的时代背景,当时打大炮发射炮弹的最远射程大概为 3 海里,因此 19 世纪之前,部分沿海国家对外宣称了 3 海里的领海范围。19 世纪之后,3 海里逐渐成为全世界法学家对沿海国主权所及海域范围的主流观点,此时,世界上诸如美国和英国这些海洋大国已经接受并正式采用 3 海里领海宽度。随着人类社会步入 20 世纪,国际法的规则逐渐变得更加完善,但是世界各国并未就领海宽度为 3 海里达成一致的意见,因此 3 海里的领海区域范围没有成为一项基本的国际法规

〔63〕 魏敏主编:《海洋法》,法律出版社 1987 年版,第 56 页。

则。[64]

就历史上世界各国在实践中对领海宽度的主张而言，可谓存在明显的差异。例如，美国、英国和日本等世界上的主要海洋大国倾向于以 3 海里作为领海的宽度界限。北欧地区的一些国家长期以来坚持以 4 海里作为领海的宽度界限。此外，部分国家始终认为 12 海里才是更加合适的领海宽度范围。由于随着社会的发展，人类对海洋法依赖程度更加明显，对领海宽度的认识不一致所引发的矛盾冲突愈加明显，世界各国出于共同的需要而迫切地就领海的宽度问题进行探讨。20 世纪 30 年代初，世界各国召开的国际法编纂会议尝试破解这一难题，但是没有成功。时隔近 30 年，联合国海洋法会议先后于 1958 年、1960 年召开，两次会议上各国代表多次努力就领海范围问题进行商讨，但是遗憾的是最终仍以失败告终。世界各国难以形成统一意见的原因，在于地球上不同地区的地貌纷繁复杂，加上不同沿海国在地理条件、气候环境、历史进程、国家经济发展状况、国防状态等方面存在差异，例如，一些海洋大国更倾向于主张较小的领海范围，这是因为海洋大国在海洋军事力量等方面相对较强，由于领海对外国船舶设置了诸多限制，海洋大国更加希望拥有更广泛的可自由航行的海域，同时希望获得更多的他国的近海资源。与之相反，那些海上力量相对较弱的发展中国家或者不发达国家，更倾向于范围较大的领海宽度，这是为了更好地确保自身拥有更加广阔的主权海域，且更有利于保障国防安全。根据历次会议记录的情况，历史上世界各国对领海宽度的主张大致有 10 种，其中包括 3 海里、4 海里、10 海里、12 海里、18 海里、30 海里、50 海里、100 海里、130 海里与 200 海里。在全世界数百个国家中，在第三次联合国海洋法会议尚未召开时，有 52 个国家希望领海的宽度统一为 12 海里。[65] 1973 年，第

---

〔64〕 Sheare, *Starke's International Law* (1st ed.), Butterworth, 1994, pp. 220 - 221.

〔65〕 陈德恭：《现代国际海洋法》，中国社会科学出版社 1988 年版，第 42 页。

三次联合国海洋法会议在纽约正式召开,会议上就领海、大陆架、专属经济区、岛屿等的制度问题进行了前所未有的激烈辩论。其中就领海的宽度问题,与会各国终于达成了妥协。《公约》中并未将领海宽度严格地限制为某一个具体的数字,而是设定了一个范围。为了更好地顾及各个国家的具体情况,《公约》在第3条给予了沿海国就领海宽度事项更大的自由决定权,并且沿海国需要遵照领海基线的相关规定,自领海基线起算小于或者等于12海里的海域。因此,当前世界各国普遍性地采用12海里作为领海的海域范围,但是仍然存在大约30个国家没有选用12海里这一范围,其中有数个国家主张的领海宽度超出了12海里。新中国成立之前,我国主张以3海里作为领海的外部界限。1949年后,我国先后在1958年的《中华人民共和国政府关于领海的声明》、1992年的《领海及毗连区法》中宣称我国的领海宽度采用12海里这一标准。

领海的内部界限是内水与领海两类水域的分割线,也就是领海基线,领海的外部界限是以领海基线为基准,向海一侧距离领海基线最近距离为12海里的一条曲线。[66] 世界各国对领海外部界限的确定方法各不相同,常见的测量确定方法主要有以下数类:(1)交圆法,当沿海国选取正常基线法时,可以从确定的基线上挑选某些点作为圆心,然后,以所主张的具体领海宽度为半径分别划半圆,利用这些半圆交汇形成的焦点绘出弧形,这段弧形便是沿海国领海的外部界限。(2)共同正切线法,当沿海国采用直线基线法时,首先在领海基线上选取某些点作为圆心,然后依据沿海国自身宣称的领海宽度为半径,向海洋一侧方面绘出一系列的半圆,分别对每两个半圆绘制出它们共同的正切线,这些正切线交汇组成的一段连续的曲线即为领海的外部界限。(3)平行线法,沿海国可以以基线为基准,绘制出

〔66〕 邹立刚:《国家海洋维权执法的巡航权》,载《湖湘论坛》2016年第3期,第111页。

与基线平行的一系列线段，这些线段组成的图形可以作为该国领海的外部界限。[67] 确定沿海国领海外部界限的方法不限于以上几种，随着海洋法的发展，将会有更多的、可操作性强的方法相继出现。

世界上一些海域存在数个相向或者相邻的国家，这些国家主张的领海区域可能因为地貌环境的情况而无法获得满足，此时，这些领海区域相互冲突的国家需要坐到谈判桌前，商讨领海划界等一系列问题。《公约》与《领海和毗连区公约》中都有等距离（特殊情形）规则。根据这一规定，领海区域边界产生重叠冲突的国家，均不可将领海的外部界限超出中间线的位置。这里的中间线是指距离两侧沿海国领海基线最近距离相同的一条曲线。当然，由于历史原因或其他某些特殊情况的存在，某些地区突破了上述惯常的方式，可能存在其他特殊的确定相向或者相邻国家之间领海界限位置的途径。

二、领海的法律制度

领海中最为突出的一项法律制度为无害通过制度，这一制度是国际海洋法发展历史上形成的一项习惯法规则。外国船舶依据无害通过制度而享有无害通过权（right of innocent passage）。无害通过权的含义为，全世界的所有国家的船舶，只要不会侵扰沿海国和平、稳定、安全的秩序，都具有行驶通过他国领海的权利。

《公约》对无害通过的“通过”一词作了详细的解释：（1）外国船舶通过他国领海的目的为两类，一是驶经他国领海且不进入内水，或者在非内水水域的泊船处或港口设施处停靠；二是为进入沿海国内水或者从内水驶离或者为了在泊船处或者港口设施处停靠。（2）一般情况下，外国船舶应当迅速、不停止地行驶，如果在他国领海下锚或者停船，应当是符合通常情况下航行过程中附带发生的，或者是应对出现的不可抗力的因素，或者是出于救助遇难人员、船只、

〔67〕 端木正主编：《国际法》（第2版），北京大学出版社1998年版，第201页。

飞行器等目的。(3)无害通过的主体是船只,并非包含飞行器。另外,不同类型的船舶需要遵守相应的规定。潜水器类船舶在通过他国领海时,应当上升至海面且清晰地展示船旗国的旗帜。诸如核动力、装载运输核物质或其他危险有毒物质的船舶,一方面需要携带满足国际协定的证书;另一方面需要遵守国际法中相关的特别预防规定。

《公约》也对无害通过中的“无害”一词进行了详细的阐释,主要体现在第19条的内容。概括来说,“无害”指的是外国船舶在通过沿海国的领海的过程中,不发生扰乱、侵害当地稳定、和平、安全、有序环境的情形,一般情况下,主要有12类情形确实符合“无害”的要求:(1)通过武力方式相威胁、采用武力,已经有违《联合国宪章》中国际法规则的方式,侵犯沿海国的主权和政治独立、领土完整等;(2)运用任何类型的武器开展操练与演习;(3)为了破坏沿海国的安全防务而进行搜集相关情报的活动;(4)通过宣传活动以达到干扰沿海国安全防务的目的;(5)外国船舶接载飞机,或者在船舶上开展飞机起落活动;(6)外国船舶接载军事装置,开展发射或降落军事装置的活动;(7)以卸载、接收搭载商品、货物、人员的形式,进行一些有违沿海国关于海关、财政、移民、卫生方面的法律法规的活动;(8)进行与《公约》本意背道而驰的故意与严重污染海洋环境的活动;(9)各种形式的捕鱼行为;(10)开展海洋研究与科学测量活动;(11)借助任何方式企图破坏沿海国通信设施、设备的行为;(12)所进行的活动和无害通过不存在直接的关联。

由于军舰和非商业性质的政府船舶属于国家主权豁免权的适用对象,因此,以上对领海地区的刑事管辖权和民事管辖权的探讨,只是针对商业性质或者以从事商业为目的的政府船只。沿海国就领海区域行使主权时,首先需要遵守国际习惯中无害通过制度的规定,享有国家主权豁免的外国军舰在途经沿海国领海时,如果违反沿海国的法律法规,且在收到沿海国的警示时依旧没有顾及沿海国的要求,那么，沿海国有权强制要求外国军舰立即行驶离开领海，在此期间沿海国就遭受的损害可以向军舰的船旗国追究国际责任。

三、领海的海洋维权民事管辖权

沿海国对领海的主权，是对陆地主权的一种延伸。领海是沿海国国土的重要组成部分，属于沿海国主权的管控范围之内。沿海国对领海行使主权的范围包括领海的上空、水面、水体、海床以及海洋的底土，根据《公约》第 3 条的内容，沿海国对领海行使主权的海域宽度范围小于或者等于 12 海里。1919 年，法国颁布了《巴黎航空公约》，其中的首条内容便是关于领土范围的规定，即国家的领土涵盖了国家本身的陆地区域、殖民地的陆地区域，以及这两类陆地区域邻接的领海。国家对领海上方的领空可以行使完全的主权。此后，《国际民用航空公约》《领海和毗连区公约》《公约》都先后明确了沿海国对领海的主权。其中《公约》第 2 条指出沿海国对领海行使主权的范围涵盖了领空、海床以及海洋的底土部分。

（一）沿海国对领海主权行使范围

依照国际习惯法，沿海国对领海的主权具体包括以下方面：

1. 对领空的主权。主权范围可以被形象地描绘成一个空间立体结构，沿海国在领海区域的主权当然包括海洋上方的空间，外国飞机在未得到沿海国允许的情况下，无权飞入其领海上方的空间。1992 年，我国便在《领海及毗连区法》一文中明确了外国航空器进入我国领海上空的问题，合法途径为航空器的国籍国政府和我国政府曾经签署了相关协议，或外国向我国政府及其授权机关提出申请，在受到许可之后顺利飞入我国领海上空。

2. 对领海的立法权。沿海国就领海空间内的船舶航行、搜捕缉私、海外移民、环境卫生等事项通过创设法律或者规章的方式进行规制。

3. 对领海水域的资源进行开发利用的权利。其他国家或者个人均需在征得沿海国同意之后方可开发利用领海水域、海床与底土的各类资源,包括生物或非生物性质的资源。

4. 沿海港口的航运权与贸易权。通常情况下,沿海国将其港口从事航运与贸易的权利赋予本国公民,外国船舶只有在存在相关条约的前提下,方可在领海的港口取得航运或从事贸易的权利。

5. 基于属地原则的优先权。以属地原则为基础,沿海国对领海区域内发生的一切纠纷能够行使管辖权,具有外交特权与豁免身份的人例外。然而,通常情况下,沿海国出于国际礼让的考虑,只在确实出现了危害领海安全与稳定秩序的情况下,才行使管辖权。在行使刑事管辖权方面,根据《公约》第27条的内容,对于航行在领海区域中的外国船舶上发生的刑事案件,沿海国通常情况下不能进行与刑事管辖相关的调查、逮捕罪犯等活动,以下列情况为例外:(1)所发生的刑事案件的犯罪危害结果会影响到沿海国;(2)犯罪行为侵犯、干扰了沿海国当地原本稳定、良好的海洋秩序;(3)驶经领海的外国船舶的船长或者船旗国的外交代表等主动向领海国当地政府申请协助;(4)在治理违法贩卖调理精神状况的物质或者运输麻醉类药物的行为时确实需要沿海国采取相关措施。对外国船舶由内水行驶至领海后发生的刑事案件,沿海国依据法律而开展的调查或者逮捕活动可以不受上述规定的限制,与此同时,在逮捕与否或者实施逮捕的方式等方面,沿海国需要对外国船舶的航行利益进行适当顾及。值得注意的是,如果外国船舶上的刑事案件发生的时间为船只尚未进入沿海国领海时,并且这只船舶只是由外国港口出发途经沿海国领海而不进入内水,那么,沿海国无权对与刑事案件相关的任何人开展调查逮捕活动。在行使民事管辖权方面,《公约》对沿海国行使民事管辖权作出了一些限制,例如,沿海国要求途径领海的外国船舶停止航行或者改变行驶方向的原因,不能是出于对外国船只上的人进行民事管辖的目的。仅在航行途经沿海国领海的外国船舶确实需要履行某些职责义务的情况下,沿海国才能出于民事诉讼的目的调查逮捕外国船舶上的案件当事方。

(二)沿海国在领海的民事管辖权

作为沿海国主权的一部分,领海与领陆几乎具有相同的法律地位。沿海国在领海的海洋维权民事管辖权主要体现在以下方面:

陆地与海洋在地貌特征上完全不同,因此沿海国在行使海洋维权民事管辖权时,需要紧扣海洋这一特殊背景,同时参照对领陆行使民事管辖权的相关规定进行管辖。通常情况下,沿海国对领海行使民事管辖的范围主要有:(1)对包括诸如海洋生物资源养护权在内的领海水域内的所有资源具有所有权,且能够行使专属管辖权;(2)对领海上空的飞机或其他类型的飞行器行使民事管辖权,对领海水域航行的各类船舶行使民事管辖权,在保护船舶的航行安全,维持良好的海洋交通秩序,保护助航设施、海底电缆管道等不受损害方面享有专属权利;(3)对诸如地质、水文测量等海洋科研行使专属管辖权;(4)为了预防或减少沿海国的领海海洋环境遭受污染,而行使对海洋环境保护或保全的管辖权;(5)制定有关海关、财政、移民、卫生方面的法律法规且借助必要的途径保证实施和执行;(6)其他关于领海水域的权利事项。当沿海国的上述民事权利遭受他国人员侵扰时,沿海国可以通过民事诉讼的方法对海洋权益加以维护与保障。由于外国船舶在他国领海享有无害通过权,沿海国在领海行使海洋维权民事管辖时将受到无害通过制度的限制。外国船舶以无害通过的方式驶经沿海国领海时,不受到沿海国对领海行使民事管辖权的制约。尽管无害通过制度主要是出于保障外国船舶通行权的目的,但是关于无害通过,沿海国依旧享有相应权利与义务。

根据《公约》的相关内容,沿海国就无害通过享有以下方面的权利:首先,沿海国按照《公约》等国际法规则有权对以下事项在无害通过方面制定和颁布法律法规:(1)船舶的安全航行与管理并维持海洋交通秩序;(2)对助航或其他设施采取保护措施;(3)对海底电缆与各类海底管道实施保护措施;(4)对海洋生物资源进行养护;(5)避免外国船舶的行为与沿海国的渔业法律法规相冲突;(6)预防与控制沿海国海洋环境遭受污染等破坏;(7)水文测量等海洋科研活动;(8)预防外国船舶的活动侵犯沿海国的海关、财政、移民、卫生等事项的法律法规。沿海国在制定了与无害通过相关的法律法规后,应当妥善颁布实行。外国船舶在途经他国领海的过程中,一方面需要遵守沿海国的这些具体规定;另一方面还需要遵守与海洋碰撞相关的国际规章。其次,由于行使无害通过权的外国船舶可能装载危险物质、有毒材料等,沿海国出于航行安全的目的,可以对不同种类的外国船舶设置分道通航制,让一般的商用船舶、邮轮、核动力船舶、装载核物质等的船舶分别在特定航道行驶,一般采取分隔相反方向的交通流的定线措施。它是船舶定线的最主要、最常用的形式。最后,出于预防非无害通过的状况,沿海国有权利在领海采取必要的措施。当沿海国进行海上武装演习或者为了保障国防安全,在不涉及歧视的前提下,可以将领海水域也设置成禁止外国船舶无害通过的区域。如果外国船舶在行使无害通过时,侵犯了沿海国的以上权利,那么沿海国可以行使海洋维权民事管辖权。

对于无害通过,沿海国需要履行一些义务:一方面,沿海国通常情况下不能阻碍外国船舶无害通行,以《公约》有限制性规定为例外。沿海国不可采取表面上执行《公约》或者依据《公约》而制定颁布的法律法规的相关规定,实质却否定或拒绝无害通过,例如,沿海国对通过领海的外国船舶额外附加要求,对来自不同国家的船舶、运输起止往来于不同国家的船舶、向不同国家输送人员或物品的国家进行歧视性对待。〔68〕另一方面,沿海国需要公布领海水域有碍航行

〔68〕 邹立刚:《国家海洋维权执法的巡航权》,载《湖湘论坛》2016 年第 3 期,第 112 页。

的危险状况。科孚海峡案是国际法历史上极其重要的一个案件,科孚海峡地处希腊的科孚岛与阿尔巴尼亚之间,1946 年当船旗国为英国的两个舰艇穿越科孚海峡附近属于阿尔巴尼亚领海的水域时遇到水雷而出现重大伤亡。国际法院于 1949 年作出了判决,法官认为阿尔巴尼亚政府不可能对布雷事项不知情,一些间接证据足以印证。[69]因此,阿尔巴尼亚政府就需要承担向外来船舶告知领海中存在危险事实的义务。沿海国承担对领海中存在危险事实告知义务的来源是人道主义原则、海洋航行自由原则、禁止任何国家领土被作为损害他国权利的行为原则等。该案中,阿尔巴尼亚政府的行为恰恰违反了国际法中已经被广为接受的原则,因而,需要就船舶触及鱼雷导致重大伤亡案件承担国际责任。

以上所阐述的外国船舶主要是指外国的民用船舶,而关于军用船舶能否也享有无害通过权的问题,值得深入研究。世界各国从维护自身利益的角度出发,坚持着不同的立场。国际法学者对这一问题的看法也存在差异。反对军舰享有无害通过他国领海权利的观点,更多的是出于对沿海国利益的考量,与一般船舶不同,军舰是比较强大的海上武装力量,会给沿海国的安全利益带来威胁,军舰的穿越本身便会打破沿海国地区的和平环境,扰乱原本良好平静的海洋秩序,从根本上来说,外国军舰通过他国领海必然无法做到“无害”。支持军舰可以无害通过他国领海的观点,主要出于对无害通过制度设置原因的追溯。国际法上创设无害通过制度的原因是保障海洋上的国际航行顺畅,强调的是“通过”,所以各类船舶享受在海洋上国际航行的便利都是符合无害通过制度的,无论船舶的性质。船舶的性质不是决定“有害”的绝对因素,是否有害取决于船舶在行驶经过他国领海时有没有扰乱当地的安全与原本稳定的秩序。诸如核动力

---

〔69〕 See the ICJ, Corfu Channel (United Kingdom of Great Britain and Northern Ireland v. Albania), Judgment of 15 December 1949, pp. 1 – 19.

船舶、运输核物质等危险有毒物质的非军用船舶，也可能带有“有害”的因素，军用船舶也具备无害通过他国领海水域的可能性。针对无害通过的适用范围的问题，世界各国先后在第一次海洋法会议、第三次海洋法会议中展开了数轮争辩。而此后 1958 年实施的《领海和毗连区公约》和 1982 年通过的《公约》关于无害通过的基本阐述一致，均为“对一切船舶适用的规则”（rules applicable to all ships）。但是，各国学者依旧对军舰是否适用无害通过存在争议，支持军舰适用无害通过的观点的论据为军舰毋庸置疑是船舶的一种，那么当然属于无害通过的范围。反对军舰能够无害通过外国领海水域的观点的论据为，以上两个公约中的“所有船舶”这一措辞指向的是非军用的船舶，因为军舰的性质非常特殊，倘若两个公约有意将军舰纳入无害通过的范围，那么必定会以明确的形式进一步加以规定。时至今日，关于军舰是否能够无害通过他国领海的问题仍旧没有确定的答案。理论上的争议给世界各国的实践带来了更大的选择空间，从世界各国目前的实践来看，部分沿海国对外国军舰驶经领海提出了一些要求，如需要事先通知并获得许可等。中国现行的《领海及毗连区法》颁布于 1992 年，其中便强调外国军舰行驶进入中华人民共和国领海的前提是得到中华人民共和国政府的批准。时隔 4 年之后，中国在批准《公约》时再次声明沿海国有权通过国内法的形式对外国军舰行驶进入沿海国领海水域进行限制，且这是与《公约》中无害通过的内容相吻合的。因此，如果外国军舰未经我国批准便擅自行驶进入我国领海，那么，我国可以对其行使相应的海洋维权民事管辖权。

（三）国际法中措辞的矛盾与阐释

1958 年通过的《领海和毗连区公约》和 1982 年实施的《公约》在领海与毗连区的事项方面的内容具有一致性，其中限制沿海国对行驶于领海的他国船只进行民事管辖的内容分别体现在前者的第 20

条与后者的第28条，概括来说，主要包含2类限制：(1)沿海国如果有意对行驶经过领海的他国船只上的人员进行民事管辖，不可要求外国船只停止行驶，也不可让其转变前行的方向。这是一项基本原则类型的限制因素，且无例外可言，倘若一个国家的权利在领海水域受到绝对的限制，则通过类比，毗连区、专属经济区等海域也要受限于此。(2)沿海国不能以进行民事诉讼为由逮捕或者执行行驶经过领海的船舶及船员。这一限制存在两类例外的情形：第一，外国船只航行经过沿海国领海或者出于行驶通过的目的需要履行相应的义务或者需要承担对应的责任不受到这一条款内容的限制。《公约》的第19条中以12项的行驶列举了外国船只行驶经过沿海国的相关水域但并非属于无害通过的情形，第21条指出沿海国可以依照8类情形分别制定法律法规并落实执行，外国船只在充分行使无害通过权的同时必须严加遵守无害通过的具体规定，不可从事违反沿海国法律法规的活动，有效避免出现海上的碰撞事故，严格遵守诸如1952年的《船舶碰撞中民事管辖权方面某些规定的国际公约》，1977年的《关于统一船舶碰撞中有关民事管辖权、法律选择、判决的承认与执行方面若干规定的公约》等与海上船只碰撞有关的国际规章、规则的内容。国际公约或协定中一些规范性内容的对象是商用船只，当这类船只违反了国际公约或协定的内容时需要承担的责任中可能包含民事方面。《公约》第220条第2款内容指明了当外国船只行驶经过沿海国领海的过程中进行了违反法律规章的活动时，沿海国如果已经掌握了能够证明上述情况的确凿的证据，那么可以依据国内的法律对外国船只进行诸如拘留、逮捕等司法程序。第二，外国船只停靠在沿海国领海或者行驶即将离开沿海国领海水域的过程中触犯了沿海国的法律规章，沿海国为了落实民事诉讼法律规定对外国船只进行逮捕、执行等并不受到相关限制。这一例外情形与《公约》中第27条第2款的内容存在近似之处，制定者的考量因素可能包括：由于沿海国顾及某些特定的因素，因此决定不对在内水中进行违反法律法规活动的外国船只提起司法程序，这些因素包括沿海国对外国船只的违法行为没有立即发现并确定，对外国船只违法行为掌握的证据不足以有力支撑进行司法程序，然而，如果在外国船只行驶通过沿海国领海区域时沿海国已经确定与掌握了有力的证据，则可以在此时进行民事管辖。〔70〕

以上的限制性规定不会对沿海国通过立法的方式规范航行穿越领海的活动或者通过进入民事诉讼程序对违法行为进行调整等造成影响。沿海国行使民事管辖权和依据《公约》第27条对他国船只进行刑事管辖存在差异，只有在特殊情形下，沿海国才能对行驶通过领海的他国船只进行刑事管辖，一般体现为国际法领域的保护性管辖、普遍性管辖，抑或出现了他国向沿海国提出申请的状况，沿海国在依据上述事项进行刑事管辖的依据不包括国际法上的属地原则。之所以存在这样的差异主要是因为刑法的基础理论指明了刑法规制的犯罪行为所具有的核心属性是对社会秩序的严重危害性。倘若他国船只在行驶穿越沿海国领海的过程中，在船上发生了触犯刑法的行为，但是并未对沿海国的社会秩序造成危害，此时沿海国没有充分的依据与足够的必要去行使刑事管辖权。刑事活动具有主动性、强制性，易于对航行的船只造成干扰，所以沿海国在采取刑事措施时需要谨慎。与刑事管辖权相比，民事管辖权的主动性相对较弱，甚至可以说国家进行民事管辖活动体现了被动的特点，在进行民事诉讼程序之前，沿海国更多考虑国内的法院进行司法管辖的依据是否充分，一般情形下不采取强制措施，他国对沿海国进行民事管辖这一状况的反应比较沉默。〔71〕 在这样的情况下，《公约》为了充分、最大限度地保障他国船只的无害通过的权利，在条款中对无害通过制度的限制与

---

〔70〕 邹立刚：《论国家在领海的刑事管辖权》，载《福建警察学院学报》2011年第5期，第21页。

〔71〕 [Britain]Malcom N. Shaw: *International Law*, Fifth Edition, Cambridge University Press, 2003, p. 578.

例外方面分别作出详细的描述。值得注意的是,《公约》中关于无害通过制度的内容和第 299 条关于提起民事诉讼程序的规定出现了一些矛盾,有三类主要的矛盾需要进行详细的分析与诠释。

第一类:"逮捕"一词与沿海国的民事管辖活动相冲突吗?通常情况下,人们认为"逮捕"这一术语代表了国家对刑事管辖权的行使,"逮捕"指向的是自然人,在国内刑事诉讼中,指的是审判机关、检察机关或者公安机关对犯罪嫌疑人、被告人短暂地剥夺人身自由的权利,并在一定时间限度内进行看管羁押,"逮捕"属于一类严厉的刑事强制措施,它针对的对象必然不能是物。[72] 但是《公约》中第 28 条的内容出乎意料地将船舶也作为可以"逮捕"的对象,那么,与通常情况下对民事管辖权的理解出现矛盾又该做何种解释?是否以文学修辞手法中的拟人加以理解?国际法学者曾经对此做过以下解释:《公约》第 28 条将"逮捕船只"首次带入人们的视野,这所以出现这样的表述,是因为西方的普通法法院在开展海事诉讼活动时采用了对船只或者货物进行逮捕的用法,"逮捕"可以说是一项与海事诉讼相关的技术性措辞,其内涵为法院对物开展的诉讼活动,这里的物包括船只,也包括船只承载的货物。所以《公约》第 28 条内容中的"逮捕"一词是民事诉讼中的执法手段,此时与刑事措施无关。从另一个角度出发思考这一问题,可以推测国际法体系中的民事管辖权的实行手段包含了以刑事制裁方式加以执行并进行巩固。[73] 在这样的情况下,出现了国际法术语的内涵多面化。在这一条款中,与"逮捕"并列的是"执行"这一措辞,由此推断这里的"逮捕"一词和审判机关做出裁决或者仲裁机构执行仲裁裁决存在差异,仅可能为审判机关实行的一类保全措施。在国内的《海事诉讼特别程序法》

---

〔72〕 陈光中主编:《刑事诉讼法学》,中国人民公安大学出版社、人民法院出版社 2004 年版,第 251 页。

〔73〕 [英]伊恩·布朗利:《国际公法原理》,曾令良、余敏友译,法律出版社 2007 年版,第 266 页。

第21条中，出现了针对一些海事方面的请求，可以请求法院对船只进行扣押的内容。解除保全措施通常可以借助于提供担保的方式。《公约》第73条、第220条、第226条、第292条构建了国际法中迅速释放制度的理论体系，其中便使用了“被逮捕”作为对外国船只的修饰限定词。

第二类：《公约》中对“不应”“不得”措辞的使用是否逻辑恰当？对《公约》中民事管辖权的研究需要紧扣第28条，这一条款的内容可以划分为两种禁止性事项与两种例外事项。这一条文的首款表述中使用了“不应”（should not），之后一款的表述中使用的是“不得”（may not），那么出现了这样的问题，即由于首款中的禁止性事项不存在可以作为例外的特殊情形，但却采用了表述程度相对不重的“不应”一词。而第2款在内容上属于禁止性的规范且包含了两种例外事项，但是这一条文中使用的措辞却是程度上相对比较强的“不得”。这样的措辞使用方式在逻辑上无法解释得通。《公约》中对“不应”和“不得”的使用多次出现，“不应”从表面上看是为沿海国强制性地设定一项义务，《公约》表达的目的是阻却、劝阻，这类属于一般性的义务。“不得”代表了一种强烈的禁止性规定，是一种绝对不可为的义务。〔74〕有的学者认为《公约》中出现这样措辞使用上的不合时宜其实没有什么特别的原因，可能只是制定者面对庞杂的法律内容由于一时的疏忽导致的结果。〔75〕联系到国际海洋法会议历次召开的背景，与最终形成公约的不易，因此对出现这一情况可能的合理解释为：尽管《公约》第28条的首款内容已经被广为认可，但

〔74〕 张海文主编：《〈联合国海洋法公约〉释义集》，海洋出版社2006年版，第46~47页。

〔75〕 宋云霞：《国家海上管辖权理论与实践》，海洋出版社2009年版，第43页。

是出于保持和第27条相互对应的目的,《公约》专门再次进行了阐述。[76]《公约》第27条采用的词汇是"不应"。然而,《公约》的制定者疏漏了第27条内容的禁止性规定与例外性规定的形式构成,所以使用的词语是"不应"。第28条第2款在内容上是非常吻合于禁止性规定加例外情形的形式的,因此更加适合选择"不应"这一术语,首款应选择采用"不得"一词。在20世纪70年代由国际海底委员会组织召开的第二届国际海洋法会议中,斐济以及东欧的数个社会主义国家曾经指出了存在的矛盾之处,希望国际海底委员会把语气相对缓和的"不应"替换成语气强烈的"不得",以期实现禁止沿海国对无害通过的外国船只造成侵扰的情形。[77]

第三类:《公约》第28条与第229条在适用上的次序如何是亟待明确的问题。《公约》第229条将国家针对海洋水域污染导致损害或遭受损失提起的民事诉讼置于极其重要的位置,《公约》中的任何规定不能对该类民事诉讼造成干扰。《公约》第28条同样属于一个禁止性规范的条款,但是就理论逻辑来说,这两个条款之间出现了矛盾,"任何规定"包含了第28条与否,这需要对第229条的形成进行寻根溯源。《公约》第229条的起草过程实属不易,在最开始的时候采用的是"应当影响"(shall effect)这一术语,到了20世纪80年代初期第九次国际海洋法会议召开之时,其中第三委员会的主席主张将"应当影响"修改成"影响"(effect),因此就有了目前看到的这一版本的内容。这样的文字改动可能会造成和《公约》第28条内容的矛盾,所以历次修订的会议上,起草委员会等其他委员会的主席反复

---

〔76〕 M. H. Nordquist, Satya N. Nandan and Shabtai Rosenne (Ends), *United Nations Convention on the Law of the Sea* 1982: *A Commentary*, Vol. Ⅱ, Martinus Nijhoff Publishers, 1989, p. 245.

〔77〕 M. H. Nordquist, Satya N. Nandan and Shabtai Rosenne (Ends), *United Nations Convention on the Law of the Sea* 1982: *A Commentary*, Vol. Ⅱ, Martinus Nijhoff Publishers, 1989, p. 245.

强调了对《公约》的措辞进行略微的变动抑或技术方面的改变无意于改变条文的实质性，另外，委员会指出《公约》第229条所阐述的民事诉讼的内容不可通过任何途径与第28条的内容相悖。[78] 综上分析，《公约》中第229条的内容需要让步于第28条的相关事项。

在现实情形中，《公约》第28条与第229条是否有可能出现冲突？《公约》第28条的内容主要规制的是执行活动与保全行为。《公约》第229条的内容调整的主要是有关进入民事诉讼程序的过程。如果禁止一国进行执行活动或者采取保全行为，这不等同于该国没有提起诉讼的权利。除此之外，《公约》第229条的内容是关于基于污染海洋环境从而带来的损失和需要承担的侵权损害责任的，这里需要明确的是一般污染行为实施者需要承担民事责任，倘若其行为性质恶劣，造成的损害结果达到了行政处罚的标准，则需要承担行政责任，如果其行为性质具有严重的社会危害效果，触犯了刑法，那么需要承担刑事责任，而这里不能将对海洋环境的污染与通常情况下的一般污染行为视同一类。当一个国家就海洋水域发生的船舶损害环境的纠纷提起诉讼，可能更多的是基于民事管辖的考量，倘若采取了刑事管辖，那么当沿海国对行驶经过的他国船只及船员进行扣留与逮捕之后，还存在继续进行民事诉讼程序，追究民事侵权责任的可能。对于实施某一活动的初衷、实施的具体行为、实施之后造成的后果出现偏差的情况不可比照适用《公约》第28条，这是由于这里的限制对象为沿海国针对他国船只行驶通过沿海国领海时进行的举动，不但限定了时间，更限定了地理区域，并且这类限制不是出于行使民事管辖权的考量，这里实行的措施便与《公约》第28条不存在关联，就更谈不上与《公约》第229条出现适用次序方面的矛盾了。

---

〔78〕 M. H. Nordquist, Satya N. Nandan and Shabtai Rosenne (Ends), *United Nations Convention on the Law of the Sea* 1982: *A Commentary*, Vol. Ⅱ, Martinus Nijhoff Publishers, 1989, p. 360.

第五章　国家在毗连区和专属经济区的海洋维权民事管辖权

第一节　国家在毗连区的海洋维权民事管辖权

一、毗连区的基本概念

毗连区(contiguous zone)指的是毗连领海的一段水域,其与领海外侧邻接,在宽度上不超过 12 海里。《公约》创设的此类海域名称代表了其与内水、领海、专属经济区等具有不同的法律性质地位。毗连区隶属于专属经济区,因而需要叠加适用那些在专属经济区适用的制度。详细来说,沿海国在毗连区能够对以下情形采取必要的管理措施:(1)制定预防与威慑在领陆、内水或领海等发生的有违海关、财政、移民、卫生等行为的法律法规;(2)对在领陆、内水或领海等触犯海关、财政、移民、卫生等的行为进行惩罚处置。

二、毗连区的法律制度

毗连区的相关法律制度的雏形始于 18 世纪 30 年代。英国是首个创设毗连区制度的国家,1736 年英国公布实施了《游弋法》,创设这部法律的原因是在当时存在一些船只在与英国海岸相隔一段距离的海洋一带游弋,目的是寻找合适的机会将船上装载的一些违禁品在英国海岸卸载。英国为了保护本国的权益，决定使国家主权的范围延伸到领海以外的海域，《游弋法》中赋予了英国政府对距离海岸5公里范围内的水域制定并实施关税与消费税方面法律的权利，英国政府可以对这一区域的船舶进行监督与登临检查，一旦经查发现船只装载有违禁的物品，应当对船只进行罚款或者将所载货物予以没收。一个多世纪后，英国政府公布实施了《统一海关法》，这部法律扩大了英国政府对本国船舶进行监督检查的海域范围，将具体距离确定在9英里。

19世纪全世界沿海国出于保障国家海洋利益的目的，先后陆续将领海以外的一段海域设置成特定的海域并对其命名并颁布了相关法律，这一时期的命名主要有“渔区”“安全区”“海关区”等，而这一区域的宽度不同国家存在差异。直到1894年，法国的国际法学家日德尔以“毗连区”概括了这一类海域。20世纪50年代，《领海和毗连区公约》中确认与纳入了毗连区制度。此后，《公约》中一方面纳入了这一制度，另一方面扩大了这一区域的范围，即将原先规定的与领海基线相隔不超过12海里修改为24海里。就美国这一海洋大国而言，自1799年到1922年先后颁布了数部法律，其中赋予了美国政府对距离领海基线12英里的海洋区域内航行的外国船只进行检查的权利。1935年，美国出台了《反走私法》，其中与毗连区相关的内容为总统有权对外宣布宽度在50～100海里的海关执行海域。

毗连区在地理位置上属于领海以外的海域，所有沿海国对毗连区行使的并非主权，而是基于特定情形的管辖权。在早期时段，世界各国将毗连区列入公海的范围，而当创设了专属经济区制度之后，毗连区又被改列入专属经济区的一部分，尽管如此，沿海国不能就除去毗连区之外的专属经济区海域的海关、财政、移民、卫生等方面拟定与颁布法律法规，这在20世纪末，国际海洋法法庭受理的“塞加号”案件中得到清晰的体现，案件中几内亚政府认为颁行的海关法适用于专属经济区的所有区域，国际海洋法法庭认定这样的做法违反了国际法。

三、毗连区的海洋维权民事管辖权

“海洋权益”一词有两层含义，分别为海洋权利与海洋利益。[1] 1992年我国颁布并实施了《领海及毗连区法》，其中明确了我国毗连区的海域范围和我国政府对毗连区中某类事项实施管制的权利。我国将毗连区定义为外接领海的一片水域，其宽度是12海里，毗连区的外侧边界是与领海基线上最近的各点相隔为24海里的线。在毗连区一带，我国政府可以基于预防与惩治对在陆地、内水、领海等领土上有悖海关、财政、卫生、安全等方面的法律法规的活动，以及违反出入境管理方面法律法规的行为实施必要的管制。当存在确凿的事实证据可以证明外国船只没有遵守以上规定时，我国政府有权对外国船只进行紧追。外国人就我国的毗连区范围内的事项侵害了我国的海洋权益，由此造成对海关、移民、财政、卫生等方面的法律法规的管辖权的侵犯时，我国可以凭借民事诉讼途径捍卫国家海洋利益。

（一）我国毗连区行使民事管辖权的非独立性

毗连区是沿海国的一类重要水域，沿海国在毗连区水域行使的权利主要源于《公约》第33条。依据权利的性质进行划分，沿海国在毗连区行使的主要为防止权与惩治权。沿海国应当采取必要的管制措施，针对领海未来可能发生或者当前已经出现的触犯海关、财政、卫生、移民事项等的相关法规的活动。毗连区的功能可以概括为缓冲或者检查。[2] 因此就职能方面而言，毗连区可以被称为缓冲区或者检查区，但是沿海国的民事管辖范围并不涵盖这些方面，通常情

---

〔1〕 冯梁：《“加快建设海洋强国”下我国经略海洋重大战略问题》，载《亚太安全与海洋研究》2018年第4期，第10页。

〔2〕 陈德恭：《现代国际海洋法》，海洋出版社2009年版，第73页。

况下也不存在这类功能。由此可见沿海国在毗连区水域行使的专属权利几乎和民事管辖权没有什么联系，但是值得注意的是，在毗连区与专属经济区存在重合的水域，沿海国可以开展民事管辖的活动。

（二）我国毗连区海洋维权案件的管辖权基础

我国对毗连区水域拥有管辖权，只有正确且合理地加以运用，才能更好地捍卫我国的海洋权利，加快我国成为海洋强国的进程。良好、妥善、正确地行使对毗连区的管辖权是当前对海洋进行管辖的重要内容与最为有效的方式。我国构建海洋权利紧密关系于国际软实力。〔3〕管辖权的运用离不开充分、完善、详备的法律依据，但是囿于我国对毗连区进行管辖的立法体系不够完善，行使管辖权的基础显得不够扎实，因此也对主管部门在毗连区运用管辖权形成了某种程度的钳制。审查我国关于毗连区的法律体系的不足之处，可以发现在法律文本方面存在一些内容上的疏漏之处，个别法律条款的表述措辞并不十分准确与严谨，存在模糊措辞的立法依据只会对司法与执法活动造成掣肘。当前我国需要对与毗连区相关的法律的形式与内容的各个方面进行论证、修改与补充。我国现行关于毗连区的主要法律是《领海及毗连区法》，其中应当关注的问题是我国对毗连区中发生的争端的管辖权的性质、类型、行使管辖权的主管机构、行使权力的方式与步骤、保障管辖权切实发挥作用的强制措施等，这是实现我国对海洋争端进行民事维权的理论基础。我国需要借鉴国外在海洋事务方面的立法，通常情况下国外以宏观或者粗泛的词汇去展现国家的海洋战略。〔4〕日本在2005年公布了“海洋立国”的战略目标，2007年出台了《日本海洋基本法》，此后以五年为节点公布一部

---

〔3〕　江河：《海洋法的特性演变与中国的海洋权益——以海洋基本属性为框架的研究和建议》，载《人民论坛学术前沿》2016年第23期，第54页

〔4〕　李志文、马金星：《论我国海洋法立法》，载《社会科学》2014年第7期，第93页。

海洋基本计划。[5]

国际管辖权在海洋事务方面表现为国家海洋管辖权，这是国家主权在随着当前国际海洋法律不断完善过程中的新的发展变化，也是《公约》的创始国就海洋纠纷如何维权相互辩论与斗争的崭新成果。起草与创设《公约》的过程纷繁而复杂，创始国之间能在如此长的时期对各个条款进行反复辩论与不断努力展现了海洋对人类的重要性，以及世界各国逐渐意识到海洋权益的关键价值。海权的转变与演进促进着海洋法的发展。[6]沿海国甚至内陆国都在为争夺海权进行着努力，而怎样才能最大限度地实现国家的海洋权益更是各国努力的核心方向。数个世纪以前，传统的西方海洋强国便开始着手对海洋管辖权的理论展开研究，与此同时也在国际海洋实践中逐步构建并完善了有助于维护本国海洋权益的立法、司法和执法制度。我国是《公约》的成员方之一，与西方海洋强国相比，我国关于海洋事务方面的立法、司法与执法方面起步均较晚，新中国成立之后，我国政府根据我国经济发展、科技水平、军事力量相对落后的状况，酌情制定并颁布了关于海洋方面的法律法规，展现了我国政府对海洋维权的卓识远见。[7]随着我国逐步进行改革开放、大力发展海洋经济、实现一带一路战略布局等卓有成效的努力，我国的经济、科技、国防发展水平均有了显著的提升，此前颁布的海洋类规范性法律文件已经无法满足目前我国对海洋维权的基本需求。面对日益严峻的国际海权争夺态势，我国在 2013 年对海洋综合管理体制进行了全面改

---

〔5〕 郁志荣：《日本〈海洋基本计划〉特点分析及其启示》，载《亚太安全与海洋研究》2018 年第 4 期，第 19 页。

〔6〕 江河：《海洋法的特性演变与中国的海洋权益——以海洋基本属性为框架的研究和建议》，载《人民论坛学术前沿》2016 年第 23 期，第 52 页。

〔7〕 邹立刚：《国家海洋维权执法的巡航权》，载《湖湘论坛》2016 年第 3 期，第 114 页。

革，并实现了历史性的突破。[8] 对海洋维权执法的重要努力方向是对海洋执法力量的重组与整合。海洋维权需要执法层面与立法层面的相互呼应，执法机制的逐步完善亟待立法层面的有力支持，因此在执法层面扎实向前迈出新的步伐的同时，我国政府需要大力推进关于不同海域方面的维权立法体系，因为海洋执法取得进一步有效作为的瓶颈问题便在于法律基础的扎实与否。

毗连区是我国海域中特殊且关键的组成部分之一。毗连区毗连于沿海国的领海，需要由沿海国对这一水域的各类事项进行必要的管制。[9] 毗连区制度的起源通常认为是英国在 18 世纪前半叶实施的《英国游弋法》，这部文件中阐释了英国政府部门对行驶在于英国海岸距离 5 英里范围内的水域的船只可能进行监督与登临检查，如果在检查过程中发现船舱中装载有违禁的物品，那么可以对船只进行扣留，对货物进行没收与罚款。此后，美国也开始构建毗连区制度，制定了一些规范毗连区活动的法律。19 世纪以来，众多沿海国陆续开始仿照海洋强国英国与美国的做法，将管辖海域的领海外侧区域设定为特别管制区，究其性质便为现在的毗连区。这个历史阶段各国的毗连区制度普遍表现为沿海国国内对海洋的特别管制区创设了法律规范抑或数个国家采用签署协约的方式表示承认对方在特别管制区的专有权利。20 世纪中叶诞生的《领海和毗连区公约》打破了少数国家之间互相取得承认保障各自利益的范畴，转而创设了超越国家国内法律的国际法，此时对毗连区内相关事项的规范变成了国际法调整的范围。[10]

依照《公约》的内容，毗连区水域界限的起始位置为领海基线，终点位置为自领海基线上各点计算小于或等于 24 海里处的连线。

---

〔8〕 龚虹波编著：《海洋政策与海洋管理概论》，海洋出版社 2015 年版，第 83 页。
〔9〕 薛桂芳、胡增祥编著：《海洋法理论与实践》，海洋出版社 2009 年版，第 55 页。
〔10〕 屈广清、曲波主编：《海洋法》，中国人民大学出版社 2014 年版，第 72 页。

倘若沿海国选择把领海的宽度设定成 12 海里，那么将之前的 24 海里水域中去除重叠的 12 海里，便为毗连区的范围，因此概括来说，毗连区为领海外部海域中小于或等于 12 海里的水域。沿海国在毗连区所具有的权利是何种属性，一方面应当从《公约》这一海洋宪章中去寻找法律基础，另一方面需要将毗连区与其他类型的海域进行比较。对于领海水域，沿海国主张的是略等于彻底排他性的主权，仅将无害通过权赋予了他国。对于专属经济区，沿海国主张的是海洋经济与海洋生物或非生物资源事项的权利，以及和开发海洋生物或非生物资源、发展海洋经济密切关联的管辖权。[11] 与此不同的是，对于毗连区，沿海国能够管辖和治理的事项主要包括：制定预防与惩治在沿海国的领陆与领海区域进行违反海关、财政、移民、卫生活动等事项的法律法规；对在沿海国的领陆与领海区域发生的触犯海关、财政、移民、卫生行为进行惩罚与整治。综上所述，沿海国在毗连区所具有的权利不同于主权，由于只能对部分事项进行管辖和治理，因此只能称作有限的管辖权。[12]

研究毗连区的管辖权问题，首先需要对在毗连区发生纠纷时沿海国享有的对案件的管辖权的概念作出界定。一般意义上的管辖权指的是一个国家使用立法、司法与行政等多种方式对该国领域的与国外的某些人、事、物进行管理、支配、处分的权利。[13] 管辖权和案件管辖权既有表面措辞上的差异，又有包含内容的区别。站在国际的角度讲述某一国家所具备的权利是通常意义上的管辖权，而将视角置于一国内部，主权国家对某一特定纠纷行使的权利叫作案件管辖权。那么主权国家对毗连区海域的案件管辖权应当定义为：一个

---

〔11〕 屈广清、曲波主编：《海洋法》，中国人民大学出版社 2014 年版，第 95 页。

〔12〕 “管制”在《公约》中对应的词语是“control”，而“管辖权”对应的翻译应为“jurisdiction”。有的学者，如宋云霞在《国家海上管辖权》一文中将此处翻译成“执行管辖权”。

〔13〕 周忠海主编：《国际法》（第 2 版），中国政法大学出版社 2013 年版，第 116 页。

主权国家采用立法、司法与行政方式,支配、管理、惩治、规范毗连区海域发生的触犯国家法律法规的行为的权利。

毗连区中发生的纠纷涉及了多方面的内容。对发生在其管辖区域内的纠纷进行管辖是一种国家固有的权利。毗连区不属于主权国家的领土,因此主权国家对发生于毗连区的纠纷可能无法直接依照国内的法律法规进行裁夺,也就是说主权国家一般情形下无法对发生于毗连区的纠纷行使管辖权。主权国家需要借助于国际条约、国际公约、国际习惯、一般性国际法规定等取得毗连区案件管辖权。我国是《公约》的签署国,因此我国对毗连区行使案件管辖权需要从这部《公约》中寻找依据。《公约》第 33 条指出了沿海国在毗连区能够行使的案件管辖权的内容:以预防、惩罚、处理在领陆或领海范围内触犯海关、财政、移民、卫生的法律法规的活动为目的而采取管理措施的权利。值得一提的是沿海国需要进一步将以上事项以国内立法的方式进行明确与固定,落实对毗连区内的纠纷的案件管辖权。就我国而言,为了更好地落实对毗连区中纠纷的案件管辖权,我国制定并通过了《领海及毗连区法》,借助这部法律将《公约》赋予主权国家的权利转化为切实的案件管辖权。

以管辖的对象为标准进行划分,管辖权大致包括属地管辖权、属人管辖权、保护性管辖权、普遍管辖权这几类,那么主权国家对毗连区发生的纠纷主张的案件管辖权可以说是一类与地域性质有关的管辖权。我国是否还对毗连区中出现的纠纷具有其他种类的案件管辖权,答案是肯定的。国家享有主权,对其他任何国家起到完全的排除效力。国家通过属地原则,强调了对国家归属地域的权利。此外,国家还可以通过国籍强调基于属人原则而取得的权利。我国的《中华人民共和国刑法》(以下简称《刑法》)在第 7 条强调了这类管辖依据,同时以约束性规定避免出现与他国管辖权矛盾的情形。为了与国内法保持一致,我国在毗连区水域发生的犯罪活动进行规制时采用的主要也为属人管辖权。国际社会还普遍主张保护性与普遍性两类管辖权，因此，我国在保护国家海洋权益与人民利益时能够对毗连区中的纠纷进行管辖。

完备、详细、准确、精密的法律是沿海国对毗连区案件主张管辖权的良好基础，更是保障沿海国对毗连区水域主张海洋权益的有力保障。我国目前规制毗连区内事务的核心法律为《领海及毗连区法》，我国当前就发生于毗连区的纠纷行使管辖权的法律依据并不充分，其中有碍于我国行使管辖权的主要方面有：

法律的文本内容可操作性不强，措辞更多是体现原则性。从我国需要履行的国际公约来看，《公约》第 33 条明确指出了沿海国对毗连区内的活动具有预防、惩罚、治理的权利，但是《公约》的内容中并未详细地描述为了落实这一权利可以采用的措施、方法、途径、程序等。从我国国内海洋立法来看，关于毗连区制度的核心法律为《领海及毗连区法》，与其他法律相比，里面的内容相对来说高度凝练，关于毗连区的事项体现在其中三条，尽管我国的这部法律内容不够饱满，但是仍旧最大限度地与《公约》的精神和宗旨保持了高度的一致，展现我国作为《公约》的缔约方将国际法切实转换成国内立法的努力态度。我国的《领海及毗连区法》不但为我国在毗连区开展管辖活动提供了依据，更向国际社会严正宣告了我国对毗连区海域具有不容否认的权利。关于沿海主权国家对毗连区水域发生的矛盾进行管辖的方面，我国在《领海及毗连区法》这部文件中总结概括了我国可以对这一水域发生的争端进行管辖的五大情形，但是其中对如何保障我国充分地行使对毗连区案件的管辖权、应当采用的方法、依照的程序、能够辅助的措施、具体落实的方法等数项问题并没有详细的阐述，这部分文本内容对实践的指导作用显得似乎较为模糊。另外，《领海及毗连区法》文本中第 16 条阐述了中华人民共和国政府依照该法的内容制定翔实、具体的规定，遗憾的是目前尚未形成具体的规定，这有待我国立法部门的进一步努力。

某些规范性法律文件的内容使用的措辞较为含糊，不易于形成直观的理解。我国政府出台的《公安机关海上执法工作规定》是一部保障我国海上执法权正确行使,良好、有力地管辖诉诸国内法院的海洋纠纷,切实地保障国家的海洋环境和谐、安全,维持海洋区域环境稳定、有序的规定。这部文件的出台,结束了我国长久以来强调有权在海洋事务方面执法的部门云集但海洋纠纷的处置却不够妥善的局面。尽管这项部门规章具有较强的积极意义,但是里面仍然存在一些问题,诸如这一部门规章的条文使用的措辞没有达到周密、详备、严格、谨慎的程度,这样易于导致理解上的偏差与某些部门擅自扩张权力的后果。究其原因,是因为制定这项部门规章的机构对立法技术的掌握存在欠缺,某些相关部门在行使权力的过程中出现了扩张权力的趋势。研读《公安机关海上执法工作规定》这一部门规章,例如,第4条指明了我国在海洋事务方面,以《专属经济区和大陆架法》《领海及毗连区法》等法律为基础,对不同法律地位的海域行使国家权利,这些海域的分类与《公约》的内容保持一致。由国家在不同海域享有的权利衍生出国家在各类区域分别能够行使的管辖权问题。基于属地管辖权,我国法院能够管辖出现在内水、领海、毗连区、专属经济区领域的争端,但是行使的程度存在区别。我国法院对发生在内水或领海的纠纷能够享有完全的属地管辖权,对出现在毗连区或者专属经济区的矛盾只能进行受到限制的、以属地为基础的管辖。《公安机关海上执法工作规定》第4条没有将公安、海警、边防的管辖范围划定清晰的界限,这样模糊、笼统的规定导致在遇到海上发生治安管理案件或刑事犯罪案件时,究竟哪一个部门能够管辖,管辖的范围有多大,是易于出现争议的问题。《公安机关海上执法工作规定》第4条可以被称作"准用性规则"。[14] 由于这一条款没有清晰地阐释我国在相关海域行使管辖权的详细事项,因此我国的海洋执法部门无法清楚地了解自身的执法范围与权限,由于模糊的

〔14〕 徐显明主编:《法理学》,中国政法大学出版社2007年版,第29页。

规定易于导致海洋执法部门过度适用管辖权的情形，管辖权扩张必然引发一系列的矛盾。2009 年 6 月 11 日，“康顺 9 号”船员盗窃案在浙江省台州市椒江区人民法院开庭审理，这是一起涉嫌人数较多，影响力较大的涉海刑事案件，又被称作“海上盗捞第一案”。涉嫌盗窃的 16 名被扣船员的辩护律师认为这一案件涉及了内国法院对毗连区发生的纠纷进行管辖的问题，并对台州市椒江区人民法院进行管辖表示异议。公诉方浙江省台州市椒江区人民检察院反驳辩护律师的依据仅仅是《公安机关海上执法工作规定》第 4 条的内容，没有提供其他的法律法规作为管辖活动的有力支持。导致社会上更多的声音指出浙江省台州市椒江区人民检察院的目的为借助《公安机关海上执法工作规定》第 4 条内容上的模糊性以扩张我国公安、海警、边防部门对毗连区水域发生的争端的管辖范围与权限。

我国在毗连区纠纷的管辖问题方面欠缺确定详细地进行管辖的主体。当前我国对毗连区的规制主要依据《领海及毗连区法》，这部法律当中指明了对毗连区中发生的矛盾有权进行管辖的主体是国家，但是并未进一步阐释我国的哪一机构或部门能够代表国家进行相关的活动。在使用的措辞中，诸如“有关主管机关”“有关主管部门”这样的表述似乎过于含糊。法律制定者尚且没有清晰的界定，那么遵守与执行法律者更是常常容易产生困惑或发生争执。能够代表我国对毗连区中各类争议进行管辖的行政主体是哪些部门或者哪一部门，是亟待明确的关键问题。如果主张能够进行管辖的行政主体数量不止一个，那么这些机构可能在争相管辖或者推诿管辖的过程中出现乱作为、不作为的问题。无论是争相管辖抑或推诿管辖，只会造成对国家司法、行政等资源的浪费，各类机构针对同一起出现在毗连区中的矛盾进行多重管辖、多头执法会导致案件相关人员无所适从，我国政府无法树立司法权威。当毗连区中出现一些较为复杂、棘手的争端，曾经主张管辖的机构可能为了躲避所谓的麻烦，而逃避管辖职责，这样就形成了复杂案件无人管辖、无人执法的局面，公然违背了法律的权威，出现有法却不依的现象。《领海及毗连区法》作为一部重要的法律，向世界宣布了我国政府对领海与毗连区水域进行管理的最大限度与范围。这部法律展现出的疏漏或者不当必然有损我国的国家尊严，侵损了我国的法律权威，削弱了我国政府机构的执行力，降低了我国政府部门的公信力，这些不利影响需要通过未来立法机关对这部法律的修订来弥补与挽回。因此我国应当尽快对毗连区中发生的争议的管辖部门进行明确授权，及时结束长久以来毗连区纠纷管辖的不利局面。在我国关于毗连区的管辖问题中，非常值得关注的问题之一为我国未清晰地对这一权力进行界定。与毗连区纠纷管辖有关的法律条款主要是《领海及毗连区法》中的第 13 条，该条文指出在毗连区水域，我国可以行使管制权的状况有五类。这样的描述，让人不免对此处的国家管制权与国家管辖权是怎样的关系产生疑问。通过前文对国家对毗连区案件进行管辖的分析，可以推断我国在毗连区的管制权，应当是一种受到限制的、以属地原则为基础的管辖权。属地原则是国际法中非常鲜明、突出的原则，同时也是历史最为久远的基本原则。属地原则是主权国家进行管辖时优先考虑以确定管辖权的因素，但是并非绝无仅有的确定管辖权的媒介。对于发生的涉外纠纷，一个主权国家并非仅仅依照属地原则就完全地进行管辖，这是因为对于那些享有国际特权或者具备豁免条件的他国国籍的人，这个主权国家没有权利进行管辖。另外，如果国际纠纷涉及的财产虽然地处境内，但是所有权归属于他国，或者是属于他国的国家行为，那么这个主权国家依旧不能以属地原则为由进行管辖。国际法在诸多方面对属地管辖进行了一些限制，当纠纷发生地的主权国家以属地管辖权进行裁决，而涉及案件的他国人的国籍国也同时主张属人管辖权时，主张属地管辖的国家需要给予主张属人管辖的国家充分的尊重与让位。当一个主权国家以对领海享有的排他的主权为由对发生在这一海域的纠纷进行管辖时，不能对他国船舶的内部事项造成侵扰，应当充分尊重他国船舶的无害通过权，当被批准入境的他国军用航空器飞越或者船舶航行经过相关水域时，倘若发生了纠纷，他国的军用航空器或者船舶是可以拒绝批准其入境的主权国家行使属地管辖权的。类似的主权国家的属地管辖权让位于其他权力的情形还有很多，因此属地管辖权并非绝对的、最有说服力的管辖依据。就毗连区中出现的矛盾而提起诉讼的案件，我国对此具有不完整的属地管辖权，同时由于不同情形与性质的纠纷的出现，我国行使的管辖权也存在区别。诸如具有我国国籍的自然人在毗连区水域实施了触犯刑法的行为，那么即便是我国不能依据五大类不完整的属地管辖权对这一案件进行处理，但是仍旧能够以属人原则为基础，以《刑法》第 7 条为准则对案件进行管辖。但是，遗憾的是《领海及毗连区法》并未完备地囊括所有可能行使的管辖权，在欠缺对规定作出必要补充、完善和充分许可的情况下，只会易于导致我国原本可以进行管辖的情形受到忽略或者被排除，这对我国充分行使管辖权，展现我国良好的司法形象造成了一定的阻碍。

在毗连区案件的立法与研究方面，无论是法律条文抑或科研成果，更多的是关注国家的刑事管辖权，非常欠缺对民事管辖权的阐述。通常情况下，人们普遍认为毗连区与国家行使民事管辖权可以说是没有关系。出于对这一问题的深入研究，这里需要从毗连区与专属经济区的关系入手。毗连区被国际社会创设的初衷是为保障沿海的主权国家预防、惩罚与治理诸如海关、财政、卫生、移民等事项的违反相关法律法规的行为因而创设的一类具有特殊法律地位的区域。毗连区当然区别于领海的法律地位，这也意味着毗连区并非传统的国际法意义上的沿海主权国家领土不可分割的重要组成部分。而确立了毗连区的沿海主权国家，并不当然会创设专属经济区，因此需要分为不同的情形予以阐述。倘若沿海主权国家没有对外宣称专属经济区，那么就毗连区中出现的纠纷沿海的主权国家一方面可以行使前文所述的管制权，另一方面此时毗连区的法律地位相当于公海，因此沿海主权国家可以行使国际法中公海制度赋予的管辖权。

倘若沿海主权国家对外宣称了专属经济区，那么毗连区便与专属经济区出现了重叠的区域，通常情况下，12 海里的毗连区部分重叠适用两类制度，此外的 188 海里为专属经济区，以“窄领海”制度为例外。[15] 此时沿海主权国家一方面能够以前文所述的管制权进行管辖，另一方面可以基于专属经济区的制度开展管辖活动。沿海主权国家对外宣称专属经济区的同时必须明确这一水域的宽度范围，如果仅仅向世界宣布存在专属经济区而没有声明宽度，国际社会有权认为这些海域属于公海。

为了更充分地行使管辖权，我国需要从立法环节进行查漏补缺，逐一完善，夯实对毗连区案件开展管辖活动的法律基础。重点需要对《领海及毗连区法》制定一系列配套的行政法规与部门规章等，对当前具有效力的有关毗连区的规范性法律文件进行汇总与梳理，发现其中存在的问题，确定并以法律的形式规定我国就毗连区出现的争端进行管辖的主体范围，针对毗连区水域可能出现的纠纷涉及的管辖问题作出梳理、归类与区分，分别进行界定。

当前我国正在适用的《领海及毗连区法》在书面内容方面显得较为原则化，这样容易导致对实践的指导性不够充分，具体的操作步骤有待细化与明确，否则随着当前国际社会在领海与毗连区进行活动的不断变化发展，当我国进行管辖时只会更加容易出现在适用法律方面的矛盾与争议，进而严重影响《领海及毗连区法》的指导与实施的成效。例如，《领海及毗连区法》在紧追权方面的规定并没有达到国际法要求的程度。国际法中严格、详细地阐释了沿海主权国家对他国船只的紧追权，对行使紧追权的主体所实施的行为要求必须严格依照法律的内容、指明的程序、步骤，并由适格主体执行。[16] 而

---

〔15〕 邹立刚：《国家海洋维权执法的巡航权》，载《湖湘论坛》2016 年第 3 期，第 112 页。

〔16〕 薛桂芳：《〈联合国海洋法公约〉与国家实践》，海洋出版社 2011 年版，第 291 页。

《领海及毗连区法》这部文件中尽管明确了我国在处理毗连区发生的纠纷时可以运用紧追行动去捍卫国家权益,但是仅仅相对简单地指出了进行紧追行为的依据、紧追开始的地点等,缺乏详细、完整、具体、可操作性强的步骤内容。一方面相关法律的文本内容不够详细,另一方面缺少指导贯彻落实法律的配套条例以及具体实施方案,所以几乎不可能顺利有效地将这部法律落到实处。为了应对这些问题,国务院和与此相关的职能部门需要以权力范围与职责大小为依据,尽快制定翔实的规范性法律文件,作为《领海及毗连区法》良好实施与精准落实到位的重要保障。

我国应当对当前正在实施的所有关于毗连区的法律、规范性文件进行汇总与梳理。当前尽管较为欠缺与《领海及毗连区法》相配套的实施方案或行政法规,但是在各类立法主体对各自管辖海域的行为规范中,分别制定了一些行政法规、部门规章。颁行的这些行政法规、部门规章几乎都未对不同法律地位的水域进行分类,有时会出现个别条文和《领海及毗连区法》以及《专属经济区和大陆架法》矛盾的情形。为了更好地规范对毗连区案件的规制,我国首先应当汇总与梳理众多的规范性文件,修改出现矛盾的条款,去除由于社会发展而失去存在意义的条款,补充当前形势下应当加入的内容。诸如就我国对毗连区水域产生的纠纷进行管辖所依据的文件而言,《公安机关海上执法工作规定》中的第4条内容就亟待修改与完善,既要避免出现各权力机关对管辖权产生争议的问题,又要以精确的语言限制各类执法机构有意扩张管辖权的行为。

对我国哪些部门能够代表国家管辖发生于毗连区的争议应予以明确。《领海及毗连区法》形成与颁行于20世纪90年代,当时的国家海洋局局长提交给全国人大常委会的报告中阐述了立法草案里没有确定我国统一的毗连区执法部门的原因。主要是因为这一时期我国对所有管辖的水域分别划分给海关、海监、海事以及渔政部门,但是各类权力部门的单独力量相对较弱,采取的措施非常有限,倘若单独让某一部门落实海上执法任务，可能无法良好地实现，所以造成了《领海及毗连区法》这部文件有所不足。随着我国经济的数年快速发展，我国努力对各类海洋执法力量进行调整与合并，组建了中国海警这一重要的海洋综合维权执法力量。其执法能力、管理水平、管制制度等有了较大的改善，因此当前足以对《领海及毗连区法》创设之初的遗留问题进行消除，明确我国对毗连区中产生的纠纷的管辖权主体。

当前正在适用的《领海及毗连区法》中欠缺对各类纠纷的梳理与分类，我国需要从立法层面上就毗连区水域发生的纠纷的管辖问题进行分类与分别确定。例如，对于《领海及毗连区法》第 13 条内容中的“管制权”一词，可以根据《刑法》第 6 条至第 9 条的内容进行修改，调整为“属地管辖权”，但是值得注意的是，这里的属地管辖权并不是充分、完整的，而是特殊的、有限的管辖权类型。因此倘若将《领海及毗连区法》第 13 条内容中的“管制权”一词变更为“管辖权”，那么同时还需要进行解释，即不同于通常意义上的属地管辖权，因为对在毗连区出现的案件进行管辖所依赖的文件、可以采用的措施等诸多方面存在差异。沿海主权国家就某一纠纷行使管辖的权利主要可以划分为民事管辖权、刑事管辖权、行政管辖权。但是国际海洋法中的毗连区制度中，毗连区的法律地位与管辖事项因沿海国是否主张专属经济区而存在差异，沿海主权国家长期以来较多主张关税区、移民区等，联系《领海及毗连区法》中对沿海主权国家行使管辖权阐述的五大类情形可知，不同情况下，沿海的主权国家在毗连区案件管辖的过程中需要依据的刑事类法律、行政类法律以及某些情况下需要依据的民事类法律、法规不同。那么在修改、调整法律法规时也需要分别酌情进行明确。为了实现我国对毗连区刑事纠纷方面的有效管辖，应当增加条款阐述这一方面的内容：对于未违背《领海及毗连区法》第 13 条的内容，但是其活动的性质决定了我国应当进行管辖的情形，我国可以以《刑法》为基础对这些活动或行为进行属人管辖、保护管辖或者普遍管辖。调整、修改、补充现有的毗连区方面的国内法律法规，能够加强我国人民对毗连区这一水域的认知与了解，提高对毗连区海洋维权的关注程度，展现我国政府审时度势，根据世界海洋形势及时进行规范、完善的良好大国形象。同时在海洋利益争夺的时代背景下，充分向世界各国宣示我国对毗连区的各项权利，体现我国有能力从立法、执法方面全方位地捍卫国家海洋权益。

调整、规范以及加强对毗连区的立法是提高我国海洋职能部门工作的重要前提与坚实基础。历史上海洋利益主要由经济实力雄厚、航行技术先进的发达国家掌握，随着世界经济的不断发展，无论是沿海主权国家抑或内陆主权国家都在为争夺海洋利益而努力。我国在这样的时代背景下同样也在为建设海洋强国，努力提升海洋事业而孜孜不倦地探索与努力，在这一过程中逐渐创设出一支适合当前国际形势的我国海洋综合管理执法力量，但是这对于海洋维权来说还是远远不够的，尤其对于在国际海洋法中具有重要法律地位的毗连区来说，我国尚未充分地予以重视与利用，相关的法律体系与管辖权的探索显得较为落后，立法是司法与执法的坚实根基，无论是对不同类型的司法管辖权的研究抑或执法的研究，都是不可分割的一个整体。我国对毗连区进行管辖的各项制度的完善需要借助于对国际海洋实践的总结，理论界与实务界进行良好的沟通与配合，将研究与在实践中探索搜寻解决办法同步推进。我国领土上有众多的人口依海而生，我国经济的发展也在向海而兴，海洋有我国人民赖以生存的重要的各类资源，被我们亲切地称作“蓝色粮仓”。而我国的海洋面积大致占陆地面积的三分之一，我国人民早在远久的古代便产生了海洋意识，现在我国人民对海洋的关心程度日益加深，开发海洋、经略海洋，积极管理这片蓝色经济空间中的各类争端，突破我国对海洋管辖的原有认知水平，采取有力措施保护海洋的生态环境，加强我国对管辖海域的石油、天然气资源的开发，把其他国家恶意占夺的我国的海洋权益努力进行恢复。毗连区是《公约》赋予沿海主权国家的重要权利区域,落实《公约》要求,拓展蓝色经济空间,加强对毗连区出现的争端的管辖,转变对国家层面上的海洋维权民事管辖权的认知,是坚持陆海统筹,维护海洋权益的重要一步。既要让毗连区的功能与作用充分展现,更要向世界展现我国有足够的实力更好地行使对毗连区中发生的矛盾的管辖权。

(三)我国毗连区海底文物案件的民事管辖权

长期以来,学者们对保护海底文物案件几乎完全着眼于刑事管辖权方面,可以说至今尚未出现对国家海洋维权民事管辖权的研究。当把沿海国对海底文物的保护限定至毗连区这一水域时,我国的海洋维权是否只能从刑事方面着手,对于未触犯我国《刑法》,并且与对海底文物的贩卖与运输无关,但是又确实会导致破坏海底文物的行为应该怎样规制,这是对毗连区国家海洋维权民事管辖权进行研究的原因之一。对毗连区中涉及海底文物案件的管辖需要从刑事管辖方面谈起,这是人们对保护毗连区中海底文物最为直接的认知。

海底文物指的是海洋水域下方所有能够挪移或者不能挪移的历史文化遗产,这些文化遗产对于考古工作、历史研究、艺术欣赏、科学探索、技术钻研、社会发展等多方面具有极为关键的作用。通常人们意识中的具有重要价值的海底文物代表是历史性沉船,以及历史上某些航行运载过程中沉入海底的货物。在地球发展的过程中,陆地与海洋出现了更替,一些历史上的其他生物存在的地区,或者人类生活的城镇、村落、海洋港口等随着地质地貌的改变而沉入海底,这些古代生物存在的遗址、遗迹都是当前世界普遍认为的重要海底文物。成百上千年来,这些文物由于潜入海底而免于遭受陆地文明发展过程中战火的破坏,或者陆地自然原因、人为原因的损毁,因而保存得相对完好。海底文物作为人类历史文化遗产的关键组成部分,代表了地球不同演变时期，各个种群、国家、地区、民族的智慧文明程度与生产创造能力。海底文物提供给人类更多地了解地球过去的途径，对于增强人类对历史的认知，对人类文明发展史的了解与对国家和民族的热爱与荣誉感密不可分。

毗连区是国际社会创设的位于沿海主权国家的领海之外的区域，设置的目的是良好地管制与沿海主权国家的海关、财政、移民、卫生各类活动息息相关的方面，为保护国家安全起到缓冲的作用。依照《公约》第33条第2款的内容可知毗连区的起算点为领海基线，宽度距离小于或者等于24海里。就所处的地理位置而言，毗连区与陆域相隔不远，是海岸线附近生活的人们的主要活动区域之一，历史上由于海洋航行技术的限制，人类的许多海洋活动往往发生于毗连区这一水域，而至今发现的海底文物有相当大的部分地处各个沿海主权国家的毗连区海底。[17] 就全世界地质地貌而言，绝大多数沿海国家的毗连区都属于浅海部分，与深海的海洋气候条件、环境复杂程度相比，人们更倾向于去浅海打捞海底文物，因此各沿海国毗连区内的海底文物被破坏的情况时有发生。沿海的主权国家出于对海底文物的保护而着眼于对打捞与运输海底文物的行为进行管辖，但是管辖权的基础是否恰当与扎实是非常关键的问题。尽管毗连区与沿海主权国家的领海相邻，但是其法律地位与领海存在显著的差别，沿海主权国家对领海行使主权，而对毗连区的管制事项受限于《公约》的内容。国际法中对沿海国在毗连区中行使的权利进行了相对严格的限制，因此沿海国如果要保护毗连区海域的海底文物，如何行使对类似纠纷的管辖，是立法、司法与执法各类职能部门需要共同面对的崭新而棘手的问题。对于国际海洋法领域中涉及的对毗连区海底文物纠

---

〔17〕 Anthony Clark Arend, "Archaeological and Historical Objects: The International Legal Implications of UNCLOS Ⅲ", *Virginia Journal of International Law*, Vol. 22 No. 4, 1982, p. 801.

纷的管辖，当前还没有形成统一的国际规则与标准，因而无法做到一致的调整或者能够遵照统一的依据。根据目前已有的规范涉及海底文物的行为活动的国际条约，各国已经进行立法或司法实践，对这一问题逐步进行剖析。

人类第二次世界大战之后，世界的科学技术发展水平不断发展，科技革命为人类进行海洋活动创造了更多的可能，人类在勘探开发海洋资源、海洋潜水、海底物品的打捞、海洋的搜救等方面均得到一定的发展，因而海洋考古学这门学科应运而生。科学技术的进步在带给人类有益方面的同时，也掀起了掠夺海底文物资源的高潮，一些区域的海盗利用先进的科技打捞技术或装备掠夺了原本属于全人类的遗产并进行贩卖，一些海洋寻宝者将目光锁定在浅海水域的海底文物，开始进行长期的，大肆地发掘活动。此时开始出现了一些海洋宝物打捞公司，对海底文物进行疯狂的掠夺。对海底文物的破坏并非仅仅源于直接的大肆打捞行为，还有人类在依赖海洋、利用海洋的过程中的一系列行为，诸如搭建海上石油钻井平台钻取海底石油，开发海底的天然气资源，采集海底的矿产资源，建设海底隧道，在海底建造电缆，铺建海底石油运输管道，建设人工岛屿、设施或各类结构，渔民在海上拖曳渔网捕捞鱼类等海洋生物，这些已经广泛出现的看似普遍的海洋活动也会对海底文物的完好保护带来威胁。当人类开始注意到这一问题，国际社会便开始呼吁以国际立法的形成挽救对海底文物的破坏，防止与避免继续出现损毁海底文物的情形，一些国家更是立即开始为保护海底文物而努力。20 世纪 70 年代初，希腊籍的代表将一份文件呈递给联合国海底委员会，这是世界上首次将海底文物的保护问题置于国际海洋法层面，希腊籍代表希望能够将国家管辖范围外的海床或海洋底土中的涉及考古与具有珍贵历史价值的文物的保护问题列入第三次海洋法会议的重点讨论项目清单中。人类海洋发展历史上具有里程碑意义的第三次海洋法会议在 1973 年年底揭开了帷幕，一些代表针对国家管辖外区域的海床、海洋底土中的文物打捞与挖掘问题发表了看法，之后代表们针对国家管辖范围内的海洋水域或底土中的文物打捞与挖掘问题也展开了辩论。基于对世界各地区海底文物的散布状况与人类目前掌握的技术对海底文物的打捞可能性的综合考量，对散布于毗连区、专属经济区以及大陆架海底的文物进行保护比深海更加迫在眉睫。20 世纪 70 年代末，在第三次联合国海洋法会议进入第八期会议的过程中，诸如佛得角、希腊、马耳他、南斯拉夫、意大利以及葡萄牙等数个国家共同呈递给联合国海底委员会一份提议，希望沿海的主权国家能够基于对海底文物的探究、保护、打捞与在合适的时间、地点面向世人进行展览等初衷，而将地处大陆架上方和下方的仅涉及考古探索性质与历史研究性质的一切物品纳入主权权利的范围进行管理。但是这些国家的声音受到美国的驳斥与否定。20 世纪 80 年代初，在春季举行的联合国第三次海洋法会议第九期会议中，之前曾经呈递提议的数个国家的代表再次呈递了一份提案，与之前在第八期会议中提交的文件略有不同，将原先的“主权权利”替换成“管辖权”，且为沿海的主权国家设置了需要履行的义务，即对可以确定的物品所有权人给予充分的尊重与肯定。在这数个国家进行较大修改与让步的情况下，美国代表团依旧予以激烈驳斥，美国代表团指出，倘若赋予沿海的主权国家能够对地处大陆架上方或下方的海底文物进行管辖的权利，那么接下来各国代表必然还需要打破原有已通过的关于大陆架的合意再次开展谈判辩论会议。美国自然不情愿接受这样的提议。美国代表团成员指出，倘若对这数个国家的提议予以支持，那么原有的已经达成合意的大陆架事项方面的部分将又要进行变动，这对沿海主权国家的权利与义务以及世界其他国家的权利与义务问题造成一种侵扰，并且会打破原有的保持良好的平衡，当微妙的平衡变成失衡，后续会引发更多的冲突与难以调和的矛盾。美国代表团成员还指出，这数个国家呈递的提议在内容上显得措辞含糊，语焉不详，倘若在这样的状态下同意通过，那么之后由此导致的一系列国家之间的冲突将变得无法妥善处理。美国代表团就秉承的态度进行进一步的阐述,并向联合国海底委员会呈递了美国的提议,其内容主要为:对于在海洋环境中探索发现的有一定考古价值与历史研究价值的物品,世界各个国家均有义务给予这些物品充分的保护,当出现将原来处于海底的文物打捞至水面并运输离开文物所有权国家的海域进行买卖、展览、研究等处理情形时,打捞并进行运输、买卖、展览、研究等一系列活动的国家需要充分考虑诸如这些文物原先占有的国家、所有权归属的国家、在世界历史发展长河中文物所代表的某类文明起源的国家、世界历史中或者考古过程中获取文物来源的国家等相关国家的利益。从美国代表团成员向联合国海底委员会呈递的文本内容中可以发现,这份建议稿的使用措辞不再是之前使用的"大陆架"这一表述,取而代之的是较为含糊的"海洋环境"一词,其目的是避免出现这样的情形,即沿海的主权国家一方面就大陆架的相关事项享有主权权利,另一方面又就大陆架区域的海底文物的相关事项享有主权权利或者管辖权。然而联合国第三次海洋法会议的第九期会议没有商谈与讨论美国呈递的提议。20 世纪 80 年代初,在夏季进行的联合国第三次海洋法会议第九期会议的复会中,希腊代表团的成员再次就这一问题呈递了一份文本草案,这次将沿海主权国家对海底文物行使权利的内容修改为可以就沿海主权国家周边 200 海里海域范围中的海底文物进行管辖,且是一种具有排他性的管辖。就这份文本草案的表述来说,沿海主权国家周边 200 海里的海域范围既涵盖了大陆架区域,又包含了专属经济区水域。对于希腊代表团呈递的文本草案的内容,美国代表团指出这样的表述实际上是一类延伸的管辖,更是一种任意对沿海国的海洋权利进行进一步扩张的行为,所以应当给予严厉的驳斥与否定。

由此,关于沿海主权国家对海底文物权利的争论出现了僵持不下的局面,在长时间的数轮辩论中迟迟没有达成统一的意见。在历经数年的争辩后各国最终的妥协结果为 1982 年公布实施的《公约》

中第303条的内容，关于海底文物的权利问题，沿海的主权国家对主权范围外的海域的海底文物的管辖范围被限定在毗连区水域。世界各国具有保护海洋中发掘的具有考古性质与历史研究性质的文物的义务，同时可以将此作为目标开展合作活动。沿海的主权国家出于防止贩卖运输海底文物情形的目的，可以根据《公约》第33条的推定内容，在没有取得沿海的主权国家同意的情况下就将海底文物转移出其原先所在的海底区域，这些活动违反了沿海国主权国家保护海底文物方面的法律与规章。第33条的内容不会对打捞出的海底文物的可以识别的所有权人权利造成侵犯，不会对打捞相关的海事法律法规造成影响，同时不会对出于世界文化交流目的而制定的规定与传统惯例产生干扰，且不对有关保护海底的具有考古价值或者历史研究价值的文物的国际协定与国际法规则造成干扰与妨碍。1982年颁行的《公约》中与海底文物息息相关的第303条是佛得角、希腊、马耳他、南斯拉夫、意大利以及葡萄牙这数个国家反复努力争取，与美国积极对抗斗争的结果。美国始终秉持对沿海的主权国家的权利进行严格限制的态度，且不加入《公约》，而佛得角、希腊、马耳他、南斯拉夫、意大利以及葡萄牙这几个国家一直在努力争取世界的沿海国家能够对大陆架或者陆地周边200海里的海洋区域中的海底文物拥有更大的权利。从结果来看，佛得角、希腊、马耳他、南斯拉夫、意大利以及葡萄牙这数个国家的初衷距离完全实现还存在较大的距离，但是由于他们孜孜不倦地与美国抗衡，在世界海洋法发展历史上首次将关于毗连区水域海底文物的问题置于谈判的会议桌上辩论，并最终实现了在素有世界海洋宪章之称的《公约》中融入关于毗连区水域的海底文物事项的规定，这是具有重大历史意义的进步，这数个国家的不懈努力使沿海主权国家在对海底文物相关事项进行管辖时具有了正式的国际法依据，同时更是打开了在领海水域之外的海域中对海底文物相关活动进行规范的国际制度的先河。尽管这一结果的正面、积极的效果非常显著，但是不容否认的是其中还存在一些问题，《公约》第303条内容中对涉及毗连区水域海底文物的某些重要法律方面的问题没有进行阐述，诸如沿海的主权国家对毗连区水域中的海底文物进行管辖行为的性质应当怎样定位等，这些被《公约》回避而未加阐述或模糊带过的问题需要随着海洋法的发展与世界各国的努力予以明确。

沿海的主权国家就毗连区水域存在的海底文物进行管辖需要以相应的国际法依据作为基础。国际法中的主权原则赋予了世界各沿海主权国家就领土区域内的事项进行调整、规制并进行管辖的权利。而一个主权国家倘若想对领土区域以外的事项进行管辖，则需要具备充分的国际法依据。如果缺乏充分的国际法依据作为行动正当的有利支持，那么将不能得到其他主权国家的承认或国际社会的公认。毗连区在目前的国际海洋法中被明确规定为不属于沿海国的主权覆盖区域，因此沿海主权国家在毗连区开展的活动需要遵照国际法赋予的权利范围来开展。沿海的主权国家就毗连区水域的海底文物相关活动进行规制时，同样首先需要寻找足够充分的国际海洋法的支持。

人们对毗连区的权利意识并非出现在20世纪50年代，而是在200多年前便已经产生了一些毗连区的规则或法律制度，并以国际习惯法的形式被世界各国实际遵循与践行。然而当时囿于海洋科学技术的发展水平有限，在海洋的勘探与开发、海底文物的打捞等方面的活动进展相对缓慢，无论是技术方面抑或设备的精准程度方面均给海底文物的发掘带来了限制性因素。正是在这样的情形下，沿海的主权国家并没有将海底文物相关事项置于对毗连区的管制范围之中，可以说没有更多地着眼于这一方面的事务。直至1958年，《领海和毗连区公约》中首次把毗连区的相关内容置于国际公约当中，正式以条约国际法的形式确定了毗连区的法律地位。《领海和毗连区公约》第24条指出，沿海主权国家可以在与领海紧邻的公海水域对一些事项采取管制措施，这些事项包括为了避免在沿海主权国家的领陆、领海中出现违背海关、财政、移民、卫生等方面规章的活动，惩罚与治理在沿海主权国家的领陆、领海的区域中进行的违背海关、财政、移民、卫生等方面规章的行为。毗连区的确定方式以领海基线为起点，且宽度小于或等于 12 海里。《领海和毗连区公约》中没有融入关于海底文物的规范措施。对于出现的有关海底文物的事项，可以根据这部《公约》第 24 条的内容予以推定，倘若外国船只进入他国毗连区开展了挖掘、打捞、运输、贩卖此水域范围内的海底文物的活动，那么就将违背沿海国就领陆、领海区域的海关与财政方面的规章，沿海主权国家就有权采取必要的管制手段。至于沿海主权国家具有的管制权的性质，《领海和毗连区公约》没有给出明确的界定。

一些国际法学者将沿海国在毗连区的管制权进行狭义的界定。曾经担任联合国国际法委员会委员的格莱尔德·菲茨毛瑞斯指出，沿海国就毗连区中的数类事项进行的“管制”不同于“管辖”。“管制”这类权力指的是警察具有的权力而非法官、检察官或者行政官员代表国家行使的权力。[18] 格莱尔德·菲茨毛瑞斯的观点为：毗连区归属于公海，毗连区与领海的法律地位存在较大差异，沿海国可以就领海区域行使主权、统治权以及一般意义上的管辖权。沿海国对领陆、领海区域颁行与实施的法律并不当然的以同样的方式适用于毗连区水域。所以他提出非常重要的结论，即在沿海国毗连区航行经过或者暂时停留的外国船只几乎不会为沿海国所管辖，也没有必要遵守类似于在领海区域需要遵守的规定或者必须履行的义务。从原则上来说不同于领海区域，处于沿海国毗连区水域的外国船只没有当然地听从沿海国主管机构管制的义务，国际海洋法实践中，沿海

---

〔18〕 Sir Garald Fitzmaurice, “Some Results of the Geneva Gonference on the Law of the Sea”, *The International and Comparative Law Quarterly*, Vol. 8, part 1 - 4, 1959, p. 113.

国出于避免出现违反领陆或领海中使用的法律的行为活动的目的，而对毗连区中的事务进行一定程度上的管制，这更可能是出于对沿海国行为的默认。[19] 格莱尔德·菲茨毛瑞斯的这种观点忽视了国际社会就毗连区范围内的此前200多年的国际实践活动。如果按照其观点，沿海国就无法根据《领海和毗连区公约》就发生于领陆、领海中的违背海关、财政、移民、卫生等方面规章的活动，实现预防、惩罚与治理的效果。

国际法学者对格莱尔德·菲茨毛瑞斯的观点进行了驳斥。国际法委员会的委员弗朗索斯认为：国际法委员会的绝大部分与会者否定了格莱尔德·菲茨毛瑞斯的说法，绝大部分的成员指出沿海的主权国家在领海或者毗连区水域具有的权利并不存在本质上的不同。外国船只在进入沿海国的这些水域时，应当尊重沿海国的这些权利，并确实地履行相应的义务。[20] 国际法院的法官小田滋的观点为：格莱尔德·菲茨毛瑞斯的看法，不论从国际原则的角度抑或国际实践的角度来看，均与国际海洋法中的海洋制度曾经的发展历程不相吻合。正像关于毗连区的现行规定一样，沿海主权国家可以在毗连区事项方面行使类似于在领海行使的权利，虽然在某种程度上被限制在数类事项范围内。[21] 弗朗索斯委员与小田滋法官的态度是一致的，均认为沿海国可以于毗连区水域中的某些事项进行管辖，包括立法方面、司法方面、执法方面的管辖权。从立法方面来看，沿海国有权创设与颁行法律，以此来预防、惩罚与治理发生于其领陆、领海区域中的有悖海关、财政、卫生与移民等方面的法律法规的活动。曾经

---

〔19〕 Sir Garald Fitzmaurice: "Some Results of the Geneva Gonference on the Law of the Sea", *The International and Comparative Law Quarterly*, Vol. 8, part 1 - 4, 1959, p. 112.

〔20〕 A/ CN 4/ 97, para. 32 - 34, I. L. C. Yearbook, 1956 - Ⅱ, p. 6.

〔21〕 Shigeru Oda, "The Concept of the Contiguous Zone", *The International and Comparative Law Quarterly* 11, 1962, p. 153.

担任首次联合国海洋法会议的美国代表阿瑟·H. 德安指出：依照《领海和毗连区公约》中的首款首项的内容，沿海国有权利以制定法律的方式对发生在毗连区中的某些活动予以禁止，以防止出现在领陆或领海区域出现有悖《公约》保障的利益的活动。[22] 从司法的方面来看，沿海国可以将紧追追拿的违反规定的他国船只或船员推向审判法庭。从执法方面来看，沿海国的主管机构或部门应当对发生在毗连区中的有违沿海国的海关、财政、卫生、移民等方面的法律规章的行为进行规制，可以采取的措施多样化，主要包括登临外国船只、检查外国船只上承载的人员或搭载的货物、对外国船只进行罚款、扣押外国船只、追拿违反这数类事项方面法律法规的人员等。

需要强调的是沿海国在毗连区水域进行的管辖行为不同于领海。沿海国在毗连区进行的管辖活动针对的事项特定、具体化，首先在目的方面，沿海国进行管辖的初衷是预防、惩罚和治理出现于沿海国领陆、领海中的为法律法规所不容的行为，其次在标准方面，沿海国需要遵守《公约》中确定的海关、财政、卫生、移民这数类情形，行使管辖的效力区域被《公约》限制在毗连区的海洋水面。沿海国对领海的管辖是行使的主权，它的效力空间范围非常广泛，不但涵盖了领海的水面，还包括领海的水体、海床、底土、海水水面的上方空间。一些国家通过立法或者国际实践表达了认同沿海国对毗连区中一些事项方面的管制权与对某类事项的管辖权是一个概念。一些国家采用国内立法的方式确认了对毗连区中某些事项的管制等同于对领陆的管辖，在效力方面保持一致。多米尼加共和国在 20 世纪 60 年代颁布实行了《多米尼加共和国领海、毗连区和大陆架法》，这一文本内容中第 3 条阐述了多米尼加共和国有权对毗连区中发生的违反内国有关公共卫生、公共税收、海关、渔业或其他海洋资源的法律的行为进行控制与管辖。马耳他在 20 世纪 70 年代初创设了毗连区的法

---

〔22〕 倪征日奥：《国际法中的司法管辖问题》，世界知识出版社 1985 年版，第 37 页。

律制度,并在《马耳他领水和毗连区法》的第4条中指出马耳他具有国际法认同的,沿海国在毗连区可以行使的管辖权等权力。印度在1976年颁行了《印度领水、大陆架、专属经济区和其他海洋区域法》,这部法律中第5条指出印度政府能够把涉及移民、卫生、海关与财政等方面的一切国内的法律的适用范围扩张到毗连区水域,并且能够创设与前述内容相关的、有利于充分保障权利实施的规定,这些法律的效力能够扩张到毗连区水域,印度政府将毗连区水域视同于领土。同年,巴基斯坦制定与实施了《巴基斯坦领水和海洋区域法》,这一条文中的第4条也阐述了类似于《印度领水、大陆架、专属经济区和其他海洋区域法》第5条的权利。根据现有的关于毗连区的司法判例,意大利最高刑事法院指出《领海和毗连区公约》第24条的内容不能成为沿海主权国家在规制毗连区中出现的犯罪活动的障碍。20世纪50年代末,意大利最高刑事法院曾经在某一判决中阐述了若沿海国发现他国船只在毗连区进行了有违沿海国法律法规的活动,且有充分的证据支持,那么沿海国主管机构可以对他国船只进行逮捕,这一行为不属于有悖国际法。[23]

通过以上对国际法理论与国际海洋法实践的分析与梳理,可以发现虽然国际社会对毗连区中沿海国行使的权利的性质存在争议,然而这并不会影响沿海国依照《公约》的内容对毗连区中违反相关事项的行为采取管制手段,同时也可以基于某种目的而进行管辖,以期能够维护沿海国在移民、海关、卫生、财政等方面的重要权益。沿海国在毗连区水域在前述数个方面对外国船只的管制并非只属于警察拥有的职权,而是涵盖了立法、司法与执法全方位的管辖权。这样的情形有助于控制国际社会出现的在沿海国毗连区进行侵犯沿海国利益的活动,降低对海底文物的擅自打捞、运输、贩卖的发生率。需

---

〔23〕 D. P. O Connell, *The International Law of the Sea Vol.* Ⅱ, Clarendon Press, 1984, p. 1059.

要指出的是，沿海国就发生于毗连区中的走私、贩卖、运输海底文物的管辖权只是一项源于推定的权利。20 世纪 50 年代后期的《领海和毗连区公约》中并没有明确的界定这类权利的性质。另外，对沿海国拥有这类权利的推定牵涉的事项是有违海关、财政方面且与走私、贩卖、运输文物有关的行为，但是并没有涵盖关于毗连区水域的海床以及底土中的海底文物。倘若外国船只在毗连区进行的活动为勘察、打捞海洋底土、海床中的文物，并且没有进行经过毗连区水面的走私、运输、贩卖活动，那么沿海国无法基于国际法进行管辖。

20 世纪 80 年代，国际海洋法发展史上具有里程碑意义的《公约》诞生。在 1982 年举行的第三次联合国海洋法会议中代表们达成了对《公约》第 33 条的妥协，这一条款的内容和之前《领海和毗连区公约》的第 24 条大致相同。关于对毗连区中海底文物事项进行规制的关键进步体现在《公约》第 303 条，依照这一条文的第 2 款内容，可以将没有经过沿海国同意就擅自将毗连区海底文物挪移离开海床的行为等同于对沿海国的领陆、领海的海关、财政等方面的法律法规的违背，因此沿海国可以基于《公约》第 33 条开展管辖活动。《公约》第 303 条与第 33 条的相互指引，形成了沿海国规制毗连区海底文物活动可以参照的准用性规定，拥有的权利源于国际法上的类推。值得注意的是，《公约》并没有界定与明确沿海国对处于毗连区的海底文物进行管辖的性质，从第 303 条阐述的沿海国拥有的对毗连区水域海底文物的相关权利来看，《公约》在毗连区海底文物方面赋予沿海国的权利明显超过了第 33 条涵盖的数项内容。

《领海和毗连区公约》第 24 条指明沿海国在毗连区的水面可以进行管辖，《公约》第 33 条依旧沿袭了这种态度。《公约》第 303 条把沿海国于毗连区的管辖范围由海面扩张至毗连区海床与底土的文物方面，依照此条的内容，沿海国能够管辖的事项增加了他国将毗连区的海底文物挪移离开海床的活动。

《公约》第 303 条第 2 款确认了对于毗连区中的海底文物，沿海国可以进行管辖。此时并不以存在发生于领陆、领海的违法活动为前提，那些没有得到沿海国批准，擅自将毗连区海床中的文物挪移出的行为都是等同于发生在沿海国领陆、领海的有悖海关、卫生、财政、移民等方面的法律法规的行为，这时的规制没有强调违法活动在沿海国的领陆、领海中切实实施。在这一条件下，沿海国对毗连区中涉及海底文物的管辖对比参照海关、财政、卫生、移民等方面的法律法规进行调整与处理。由此可知，沿海国在毗连区海底文物事项方面的权利基础源于国际公约。

《公约》第 303 条第 2 款中使用的措辞包括“未取得沿海国同意”，这意味着他国船只的活动需要得到沿海国的首肯，当然代表了与沿海国的法律不相冲突。那么，沿海国的管辖范围不只局限于与海底文物存在关联的海关、财政、卫生、移民数个方面，还包括沿海国可以制定与颁布阐明在哪些情形下可以准予他国船只对沿海国毗连区的海底文物进行挪移，以及应当采取何种方式进行挪移方面的法律法规。尽管国际法学者先前对沿海国在毗连区的海关、财政、卫生、移民等方面的权利的性质存在争议，但是《公约》第 303 条第 2 款的内容清晰地指明了沿海国就毗连区的海底文物问题具有立法等方面的管辖权。外国船只进入他国毗连区从事了有悖《公约》的活动，在没有得到沿海国同意的前提下就擅自将毗连区海床的文物挪移出，这样的行为是沿海国的法律或规章禁止的行为，沿海国的国内法院可以对此进行管辖。此时，倘若外国船只不服从沿海国的管辖并做出了逃跑的举动，沿海国依照 1958 年颁行的《日内瓦公海公约》第 23 条与 1982 年公布的《公约》第 111 条进行紧追，将捕获的船只与扣押的人员押解至沿海国港口地法院予以交付，外国船只擅自在沿海国毗连区打捞、运输、贩卖海底文物的活动，触犯了《公约》肯定的沿海国对毗连区的保护权利。

《公约》第 303 条第 2 款扩大了沿海国在毗连区海底文物事项方

面的管辖范围，让沿海国的管辖权不再受到“领陆、领海”这类地域的限制，更不受到“海洋水面”这一空间范围的约束，由此沿海国可以对处于毗连区海洋水面下方的针对海底文物的相关活动进行规范。与《领海和毗连区公约》第24条与《公约》第33条对沿海国权利的限制情形相比，《公约》第303条第2款可以说是对沿海国原有权限进行了突破，这一条款为进一步形成对毗连区海底文物的保护打下了坚实的基础。虽然《公约》第303条第2款具有举足轻重的意义，但是其中仍旧存在诸多不够合理与完善之处，具体表现为以下数个方面：

起草者创设这一条款的初衷仿佛只是出于对海底文物贩卖或运输活动的预防，那么对于海底文物的保护，不能只将关注点局限于防止与管控他国船只运输、贩卖海底文物方面，更不能仅仅限制在通过刑事管辖权进行规制方面。对海底文物可能造成破坏与侵损的情形远非运输或贩卖行为，一些看似普通常见的合法活动也可能导致对海底文物的破坏。比如渔民在毗连区的撒网捕鱼或其他海洋生物的活动、建设海底石油钻井平台、海洋采矿、在海底铺设电缆或安放管道等，当其他国家实施的活动并非违反了我国的刑事法律，但是我国出于海洋维权的考量也亟待管辖时，我国应当通过国家海洋维权民事管辖权予以保障。

这一条文包含的只是沿海国能够就他国船只将毗连区中的海底文物挪移出毗连区的情形进行管辖，但是没有涉及将毗连区的海底文物进行挪移的情形，诸如在水底对文物进行拍摄、开展科学探测研究、进行勘探测量、考察与剖析等活动，对这些行为的预防与惩治同样不能局限于我国的刑事方面的法律，还要以发展的眼光，从国家海洋民事维权的方面进行完善。

这一文本内容阐述了他国船只在没有取得沿海国同意的前提下，擅自把毗连区中的海底文物搬离所处的毗连区海床范围的行为触犯了沿海国在《公约》第33条所涉及的数类情形的法律法规，但具体指的是哪些方面的法律法规,《公约》没有做出明确的解释,联系到预防与禁止文物流失海外的法律法规可以发现,应当为海关或税收财政方面的法律法规。但是我国在这两类法律法规中非常欠缺与毗连区的海底文物方面相关的内容,那么针对出现的具体情形,法官应当如何选取法律进行参照适用,是当前亟待处理的问题。为了对毗连区的海底文物进行更好的保护,也为了能够有效地实施《公约》,我国需要修改海关、财政方面的法律法规,融入关于海底文物相关活动的规制内容,切实让《公约》第33条指引的法律和规章有处可寻,有处可引,更要注重的是需要着眼于民事法律对毗连区中海底文物事项的规定,转变传统仅利用刑事管辖权处理的观念,从国家海洋维权的民事途径增强对毗连区中海底文物的保护,梳理民事管辖中如何对毗连区中他国进行的海底文物相关活动涉及的财产性法律关系进行调整的内容。

《公约》实际上肯定了沿海国就毗连区中的海底文物事项能够行使管辖权,但是却没有以明确的方式进行阐述,因此关于此项权利的性质仍旧继续保持模糊化。我国不是《保护水下文化遗产公约》的签署国,因此就在争议的水域中我国就海洋文化遗产的维权存在困难。20世纪80年代末,我国颁布实行了《中华人民共和国水下文物保护管理条例》(以下简称《水下文物保护管理条例》),但是由于文本内容相对笼统,随着国际海洋法的发展,已经无法良好地起到保护我国海洋文化遗产的作用。根据我国的《水下文物保护管理条例》的内容,我国能够对领海水域之外的,起源于我国的或者无法确认起源国的海底文物进行管辖,但是欠缺对专属经济区或大陆架区域隶属于他国的海洋文物的规范内容。这样的内容将会导致他国以海底文物非起源于我国为由对我国管辖海域的海底文物进行大肆地发掘与开发,这对我国海洋区域中的海底文物的保护造成了严重的威胁,更是给我国对各类海域行使管辖带来了困扰。我国对毗连区海底文物的保护采取的途径众多,尤其是以就地保护作为原则,《公约》中强调的是将毗连区海床的海底文物移出毗连区的行为是破坏海底文物的行为，但是这是表述不恰当的，首先挪移的行为不必然导致对海底文物的破坏，其次非挪移的行为也可能造成对海底文物的破坏，例如，一些盗捞海底文物者进入几乎没有经济价值的古沉船进行探索，且没有挪移的行为，沿海国有意进行管辖但却欠缺有力的法律依据，因此这里的措辞存在片面性，不益于对沿海国毗连区等水域海底文物的保护。

第三次联合国海洋法会议将毗连区中海底文物的保护问题推向了谈判桌，在佛得角、希腊、马耳他、南斯拉夫、意大利以及葡萄牙数个国家反复努力争取的情况下终于取得了进展。我国作为《公约》的成员方，同时又是世界上具有悠久文明历史的沿海国，在我国1.8万公里的海岸线附近存在丰富的海洋资源与人类历史文化遗产，千百年来，我国劳动人民的生产、生活与海洋息息相关，我国人民孜孜不倦地进行海洋探索等航海活动，随着海洋科学技术的不断进步，我国在辽宁、山东、浙江、福建、广东等沿海区域发现了众多珍贵的海底文物。之前我国囿于海洋科技的落后，对海洋的考古活动几乎为零，与具有不同法律地位的海域相关的法律体系没有形成，没有对海洋文物的专门法律，因此导致近年来大量珍贵的海底文物遭受破坏，尤其是外国公司趁着我国法律疏漏的机会，擅自在我国的海洋区域发掘、挪走海底文物，导致我国的海底文物遭受难以估量的损失，因此我国一方面需要修改、补充与完善当前的法律法规，另一方面需要转变传统的以刑事手段进行海洋维权的观念，创设国家海洋民事维权法律体系，从国家维权的角度规制一些可能有损我国相关海域海底文物的行为，增强我国各类管辖权与文化主权。

第二节　国家在专属经济区的海洋维权民事管辖权

一、专属经济区的基本概念

《公约》中新定义了一类海域，即专属经济区（exclusive economic zone）。这一类海域的位置与领海相邻，在范围上为自领海基线起小于或等于200海里的水域。对确立专属经济区制度的迫切需求，源于拉丁美洲等世界上的发展中国家长期以来为捍卫海洋权益而孜孜不倦的努力。智利总统在1947年对外作出的声明中说道："智利对海洋的主权范围包括与智利海岸相邻的所有大陆架和环绕在海岸线周边并延伸向海洋的200海里的一系列平行线中间的水域。这一海域的设置是为了保存、保护、保全、开发海洋资源，且不会干扰其他国家在公海的航行自由权利。"〔24〕1952年发布的《圣地亚哥宣言》中对专属经济区的所作的描述为"设置专属经济区的目的是维护与充分利用海岸线附近的海洋资源，这一区域的宽度为等于或大于200海里的水域，其中包括水体中的海床与底土"，在这一文件中，智利、秘鲁、厄瓜多尔三个国家明确了对专属经济区的主权与管辖权，同时允许一切其他国家的船舶无害通过专属经济区。截至1970年3月，除了为数不多的3个沿海国〔25〕，几乎所有地处南美洲的沿海国家均通过多种方式对外宣称拥有200海里的专属经济区。1970年5月生效的《关于海洋法的蒙得维迪亚宣言》〔26〕中指出"依照海洋法的基本原则，沿海国有权管理与控制海岸线附近海域的各类海

---

〔24〕 智利总统在1947年6月23日发布声明。秘鲁总统在1947年8月1日对外发布了第781号总统法令，其中具有相似的规定。

〔25〕 哥伦比亚、委内瑞拉、圭那亚。

〔26〕《关于海洋法的蒙得维迪亚宣言》的签署国有9个，分别是智利、秘鲁、厄瓜多尔、萨尔瓦多、尼加拉瓜、阿根廷、巴拿马、乌拉圭、巴西。

洋资源，这是赋予沿海国的主权或者管辖的权利”。此后，拉丁美洲与加勒比海周边的10个国家在1972年6月9日共同对外公布了《圣多明各宣言》，在这部文件当中首次出现了“承袭海”(Patrimonial Sea)这一词汇，并将其解释为沿海国的主权权利范围包括这类海域中的水体、海床、底土里存在的可更新与不能更新的资源，这些国家坚决捍卫200海里的海洋权益，沿海国能够对这200海里水域中的科研与环保事项行使管辖权，同时履行保障其他国家在承袭海水域的航行、飞越、铺设海底电缆与管道自由的义务。此时，17个非洲国家召开了非洲国家海洋法问题的地区性会议，并达成了非洲国家能够在领海外侧邻接的水域创设经济区的协议，会议形成了关于这类经济区的法律制度。肯尼亚在1972年8月向联合国海底委员会呈递了《关于专属经济区的概念的条文草案》，其中存在关于专属经济区的详细制度安排。拉丁美洲与非洲的发展中国家发起的捍卫海洋权益的活动，很快发展成为全世界发展中国家共同为维护200海里海洋权益而蓬勃展开的运动。

拉丁美洲与非洲的发展中国家，以及部分发达国家都强烈要求沿海国的主权及于200海里水域。第三次海洋法会议自1973年12月3日起召开，在经历了11期16次激烈的讨论后，终于在1982年12月10日达成了妥协的方案，形成了目前在国际法上具有重要影响的《公约》。第三次海洋法会议第1期会议中，除了美国与苏联等极少数发达国家不同意创设专属经济区制度外，大约110个国家赞成沿海国将领海外侧，自领海基线起算小于或等于200海里的水域设置为专属经济区。历经激烈且耗时较久的辩论，与会各国做出了让步，最终决定在《公约》的第五部分详细阐释专属经济区制度。1974年，孟加拉国成为首个创设专属经济区的沿海国，之后又有100多个国家相继宣称设立专属经济区，在这样积极建立专属经济区的形势下，全球大约1/3的海洋区域归属某个沿海国管辖。而目前，专属经济区制度早已是国际习惯法的重要部分。

世界地貌纷繁复杂，然而沿海国或群岛国纷纷主张200海里的专属经济区海域，那么地理位置相邻的沿海国或群岛国，或者海岸相向的沿海国或岛国之间的专属经济区必然会出现冲突的情形。从地球上各类潜在的海洋边界来说，目前已经发现的大约为近400条，其中被完全确定或者其中一部分得以确定的大概占总数的1/3。因此诉诸国际法院或国际海洋法法庭的海洋边界纠纷层出不穷，并且在数量上明显超出其他类别的争端。国际法院受理的关于海域划界的典型案例包括：1984年加拿大与美国就缅因湾地区的边界线问题引发的争端，[27]几内亚比绍就1989年7月31日的仲裁裁决而在1991年向塞内加尔提起的边界争议案，[28]萨尔瓦多与洪都拉斯在1992年出现的关于陆地、岛屿和海洋数个边界划分的争端，[29]丹麦就格陵兰和扬马延之间边界的问题于1993年将挪威起诉至国际法院的纷争，[30]卡尔塔就陆地领土与海洋界限冲突而在2001年对巴林提起诉讼的纠纷，[31]喀麦隆与尼日利亚在2002年就陆域和海域界限问题出现的争端，[32]尼加拉瓜与洪都拉斯两国在2007年对加勒比

[27] See the ICJ, Delimitation of the Maritime Boundary in the Gulf of Maine Area (Canada/United States of America), Judgment of 12 October 1984, pp. 1 – 109.

[28] See the ICJ, Arbitral Award of 31 July 1989 (Guinea ~ Bissau v. Senegal), Judgment of 12 November 1991, pp. 1 – 27.

[29] See the ICJ, Land, Island and Maritime Frontier Dispute (El Salvador/Honduras: Nicaragua intervening), Judgment of 13 September 1990, pp. 1 – 48.

[30] See the ICJ, Maritime Delimitation in the Area between Greenland and Jan Mayen (Denmark v. Norway), Judgment of 14 June 1993, pp. 1 – 47.

[31] See the ICJ, Maritime Delimitation and Territorial Questions between Qatar and Bahrain (Qatar v. Bahrain), Judgment of 1 July 1994, pp. 1 – 20.

[32] See the ICJ, Land and Maritime Boundary between Cameroon and Nigeria (Cameroon v. Nigeria: Equatorial Guinea intervening), Judgment of 11 June 1998, pp. 1 – 56.

海域附近陆地与海洋的确定分割线案,[33]罗马尼亚就黑海的水域边界问题在2009年与乌克兰发生的纠纷[34]。海域划界的争端除了出现在国际法院之外,还出现在仲裁法庭。《公约》中第十五部分为仲裁法庭解决海域边界争端行使管辖权提供了充分的国际法依据,但是非常欠缺指引划界的具体操作方案,只是笼统模糊地强调法庭应当采取公平的方式处理纠纷,因此可能导致这类案件在审理上的延迟。《公约》第74条第1项将海域划界的操作办法指引向参照《国际法院规约》第38条,希望各国遵循国际法的基本原则形成合意,努力让此类问题得到公平公正的妥善处理。争端各方之间形成合意不是一蹴而就的,在形成合意之前,需要相互谅解与充分合作,竭尽全力达成具备可操作性的临时安排,在努力协商的漫长过渡时段中,各国都不能做出危害或者妨碍达成合意的行为,即使形成了临时安排,也不能有碍于形成最终边界线的协议。

二、专属经济区的法律制度

专属经济区在地理位置上与领海的外侧边沿相接,在水域范围上以领海基线为起算点,宽度小于或者等于200海里。因此从水域宽度范围上来说,专属经济区的宽度不超过188海里。对于专属经济区中适用的法律问题,根据一般国际法规则,《公约》第58条、第88~115条等,各国颁行的法律法规只要符合以上规定的精神,在内容上无冲突且保持一致,那么都可以作为专属经济区适用的制度,由此可以发现,公海的一些制度也同时可以适用在专属经济区水域。专属经济区不属于沿海国的领海,也不属于全球的公海,它是有别于

---

〔33〕 See the ICJ, Territorial and Maritime Dispute between Nicaragua and Honduras in the Caribbean Sea (Nicaragua v. Honduras), Judgment of 8 October 2007, pp. 1 – 109.

〔34〕 See the ICJ, Maritime Delimitation in the Black Sea (Romania v. Ukraine), Judgment of 3 February 2009, pp. 1 – 77.

这些种类水域的一类区域。对于沿海国创设的专属经济区中发生的活动,沿海国对开发海洋资源、涉及经济的行为有权行使主权权利与管辖权,外国船只等在此水域具有某些权利,能够享受一定程度的自由。

(一)专属经济区内沿海国的权利与义务

1. 沿海国在专属经济区内对一些事项享有主权权利(sovereign rights),例如,勘探、开采、管理、养护海洋的底土、海床与这一水体中的生物与非生物资源,另外沿海国还可进行将海水、潮汐、海风等转化成其他能源的经济性活动。进行这些活动的权利归属于沿海国,他国如果希望开展以上活动,必须经过沿海国的许可。对于专属经济区水域中的养护与资源利用问题,沿海国需要检测并保证其中的生物资源没有遭受因人类过度攫取资源活动而导致的危害,同时需要确保该水域的生物数量稳定在最高繁殖程度,如果生物曾经遭受侵害,那么需要确保生物数量恢复至最高产值水平,这类要求主要针对的是鱼类,所以沿海国需要测算与掌握专属经济区中可供捕捞的生物资源的总量。对海洋生物资源的捕捞活动尽管属于沿海国专属管辖范围内的事项,但是为了保障生物资源最充分合理的利用,沿海国应当首先判断自己的捕捞水平与能力,当自身条件不足以实现对专属经济区中的生物资源进行充分、合理、有效地利用时,可以考虑与其他国家签署协定,将捕捞的部分权利转让给其他国家,在转让捕捞权利时应当考虑照顾到地理不利国与内陆位置的国家,将海洋利益也分享给这些国家。

2. 沿海国的管辖事项范围包括:建设与使用专属经济区当中的人工岛屿,对海洋资源展开科学研究,保护与保全海洋生态环境等。沿海国可以在专属经济区范围内自己建设或将建设的权利转让给其他机构并管理建设的设施,使用这些建造好的人工岛屿、海上设施,可以设定海关、财政、卫生、安全、移民等方面的法律法规,并依照这些规定对专属经济区水域中的活动行使专属管辖。在出现必要的状况时，在人工岛屿，人工建造的其他设施、设备周边500米的水域内，沿海国可以设置合理安全地带。国际法中认为，人工建造的岛屿、设施与设备在法律地位上与天然形成的岛屿不同，它不具备《公约》中赋予岛屿的法律地位，当然也不存在自己的领海等。同时，在专属经济区中人工建造的岛屿设施等不可选址在有碍国际通航的水域，这些国际通航的水域应当是世界公认的重要的交通运输海道。沿海国在行使上述权利的同时，也存在相应的义务，诸如需要妥善告知外界建设人工岛屿、设施、结构等的事实，且设置与保持各类永久性警告。当沿海国认为某个已经建造的人工岛屿、设施、结构没有利用价值而不再使用时，需要将放弃使用的事实公布，且拆除这些部分以保障海洋的航行通畅与安全。《公约》第十三章中阐释了沿海国具有依据《公约》的款项，对针对专属经济区水域的海洋资源的科学研究活动进行规范、许可且提供保障的义务。他国倘若希望在沿海国的专属经济区中实施科学研究需要事先征得沿海国的许可。为了保障全人类共同的利益，对于秉承《公约》的精神与宗旨而来的主管国际组织或者他国，沿海国在强调海洋科研需要符合和平目的的同时，还应当同意它们进行对海洋生物与非生物资源的科学探索活动。为了避免、减少、管控各类恶意向专属经济区水域倾倒垃圾、有害物质等导致的，或者船舶带来的，抑或人类在海底的开发活动造成的海洋污染，沿海国可以在遵照国际规章与通行标准的前提下创设适用于这一水域的规章。

3. 沿海国在专属经济区中的所有行为必须符合已被广为认可的国际规章与规则，无论在专属经济区中行使权利抑或履行义务，均需对他国的权利与义务做到适当顾及。为了保障对海洋资源进行勘采、开发、管控、保护等活动行使主权权利，沿海国可以采取法律法规允许的各类必要方式，例如，对违反法律法规的船舶进行登临检查，对违反法律法规的船只或人员进行逮捕，让实施法律法规禁止性行为的人员进入沿海国的司法程序。对于因违反沿海国在专属经济区内实行的法律法规而被逮捕的船只或者人员，如果他们缴纳了合理的保证金或者提供了另外方式的担保，那么沿海国应当对其迅速释放。当专属经济区中发生了有违渔业法律法规的活动，沿海国不能对相关渔民进行抓捕、监禁或者进行任何类型的体罚。

（二）专属经济区内他国的权利与义务

依照《公约》中第58条的内容，在沿海国的专属经济区范围内，世界其他各类国家在《公约》许可的范围内，可以自由地航行或飞越穿过这一区域，能够自由地在海底铺设电缆、管道等设施，有权自由地开展其他符合国际法规定使用海洋的活动，如辅助船舶航行、飞机飞行、海底电缆与管道的正常使用等。尽管专属经济区的适用制度与公海的适用制度不尽相同，但是那些与专属经济区适用的制度不存在冲突的公海制度，同样可以在专属经济区适用。同时，适当顾及是相互的，他国在沿海国的专属经济区行使权利的时候，也需要适当地照顾到沿海国的权利与义务，且需要保障相关行为活动符合沿海国在此海域实施的法律法规。

（三）专属经济区内的剩余权利

联合国第三次海洋法会议达成了创设专属经济区的合意，然而在这一海域，沿海国与他国的权利存在交汇重叠的部分，并且无法如领海、毗连区等水域能够清晰地区分权利的归属问题，由此出现了对剩余权利的探讨。《公约》第59条阐释了对剩余权利的妥善解决方法，当《公约》未能明晰地给予专属经济区中某类权利与管辖权的归属问题以答案时，如果沿海国和其他一个或多个国家在专属经济区的海洋利益问题发生矛盾，那么需要参照国际法的判例且采用公平的原则，综合衡量相关利益在国际上占据的重要地位与对各个国家来说所代表的重要意义并进行适当处理。

(四)民事管辖权受到严格限制

《公约》第55条指出,在《公约》内容搭建的框架下,沿海国所具有的权利与能够管辖的事项和其他国家在相关水域能够主张的权利与能够享受的自由都要严格依照《公约》的规定,《公约》的条款对世界各国的行为、活动起到支配与调整的作用,由此可知,沿海国就行驶于专属经济区水域的他国船只等如果想进行民事管辖,则需要遵循《公约》的严格约束。《公约》第56条指出,沿海国在专属经济区水域的自然资源,包括生物与非生物资源都具有主权权利,并且可以对建设的人工岛屿、人工设施、固定形式等各种类型的结构、海洋环境保护与保全等事项进行管辖。沿海国就其具有的各类权利分别在某种程度、某一特定的范围下具体行使民事管辖权。

就生物与非生物海洋资源而言,沿海国的主权权利包括的范围较为广泛,具体包含与勘探海洋资源、开发海洋各类能源、养护水域中的鱼类等生物、管理专属经济区水域内捕鱼等活动有关的一切必要的各种权利。[35] 因为海洋的水体处于不断的流动当中,由此使处于海水当中的各种生物与非生物资源也出现了流动性,海洋资源的分布区域面积非常庞大,沿海国在专属经济区或者大陆架覆盖的海域具有的经济性权利与各类管辖权的范围可以说相当宽泛。沿海国在专属经济区水域或者大陆架区域可以行使的权利代表了最高形式的权利,是独立行使的权利,这是对海洋水体中各类生物或者非生物资源具体支配的权利,还是对于这些水域当中的各类行为、活动进行管辖的权利,可以说几乎已经完全具备了对领土行使主权的一切特征,[36] 所以这样的权利形式被认为是受到一定限制的主权。[37] 沿

---

〔35〕 张海文主编:《〈联合国海洋法公约〉释义集》,海洋出版社2006年版,第102页。

〔36〕 赵建文:《公约对国家管辖权的界定和发展》,载《中国法学》1996年第2期,第25页。

〔37〕 张乃根:《国际法原理》(第2版),复旦大学出版社2012年版,第239页。

海国在专属经济区范围中发生的关于勘察、开发石油、天然气等海洋非生物资源，养护与管理鱼类、哺乳类等海洋生物资源等的民事类纠纷具有必然的权利，包括立法、司法和执法管辖的权力。对海洋事务的管辖具有较强的专属的性质，同时由于海洋与陆地是两种不同的地貌，因此还具备特殊的属地的性质。《公约》第 73 条的首款内容指出，当沿海国对专属经济区行使主权权利的时候，为了充分保障该地域为具体落实《公约》而制定的法律法规被良好、有序地遵守，因此能够采取一切必要的措施与程序，诸如登临船只进行检查，逮捕违反法律法规的人员，让船舶所有权人、船员等进入司法程序等。第 73 条第 2 款与第 4 款同时又指明了沿海国需要严加注意的事项，即如果沿海国对行驶经过专属经济区水域的外国船只和船员进行逮捕，那么在船旗国对船舶与船员进行了书面保证或者诸如财政等其他类型的担保之后，扣留船只和船员的沿海国需要对其进行迅速释放，这也是《公约》为扣留国设定的一项义务。如果沿海国对行驶通过专属经济区且违反了这一水域范围内的法律法规的船只或船员进行逮捕或者扣留，沿海国需要借助恰当的方式，把逮捕或者扣留船只与船员的情况以及后续对其进行何种处罚的详细状况迅速地告知船旗国。

就人工建造的岛屿、人工设施、固定形式等各种类型的结构而言，沿海国可以在专属经济区的水域中规划、建造、修缮人工岛屿，搭建各类设施，修建各种海洋结构，同时可以把这些属于沿海国的专属性质的权利转让给其他国家，并对操作活动进行监督和管理。参照《公约》第 60 条第 2 款内容的限定，沿海国在专属经济区水域所能行使的专属管辖权包括 5 种类别，即海关、财政、卫生、移民、安全方面的事项。综上分析，沿海国在专属经济区水域进行民事管辖时也需要在《公约》第 60 条第 2 款的框架下进行，不可逾越了《公约》锁定的范围。

就对海洋环境的保护与水域生态环境的保全而言，《公约》第

211条第5项指出沿海国能够对专属经济区中的相关事项进行立法调整，目的是预防、降低、管控过往该水域的船只对海洋环境造成破坏与污染，当然沿海国制定的相关法律法规需要符合主管国际组织与通常状况下国际外交会议形成的文件的一般性标准。在司法管辖和行政管辖方面，《公约》第220条指出，通常情形中沿海国有权利进行了违反法律法规活动的外国船只呈交必要的情报，同时可以登临外国船只开展检查，沿海国对行驶经过专属经济区的外国船只或船员采取拘留等司法程序需要达到一定的标准，这些条件主要包括：(1)外国船只航行通过沿海国的领海或者专属经济区水域。(2)对外国船只或船员进行违反沿海国法律法规活动有显著证明力的客观证据已经被沿海国掌握。(3)外国船只或船员的违法违规行为严重威胁到，或者已经严重侵害了沿海国在领海或专属经济区水域的生物或者非生物资源方面的海洋利益，或者业已侵害了沿海国海岸等具有关联性的利益。(4)他国船只是出于自主意愿停靠在沿海国的港口，或者处于沿海国海岸之外的某类设施附近。除了上述限制之外，沿海国的管辖权还需要受到《公约》第220条第7款、第223条、第231条等内容的限制，具体体现在：(1)在主管国际组织的指导下或者在存在的其他的协议里形成了合理且可适用的程序，以保障船旗国提交的书面保证或者各类财政担保的内容得到切实执行，倘若沿海国的管辖权被约束在这些范围内，那么需要立即将扣留的外国船只以及船员予以释放。(2)沿海国应当选取各种措施以期保障此程序的顺利进行。(3)沿海国在对过往的外国船只进行了司法程序之后需要采用有利于尽快通知到船旗国等存在利益关联的其他国家的方式，另外需要把已经形成的正式报告转递给船旗国。

三、专属经济区的海洋维权民事管辖权

1982年由联合国颁行了具有历史性意义的国际法——《公约》，相隔十余年后，中国在1996年批准通过了这部《公约》，同时作出了

声明，即根据《公约》的内容，对200海里的专属经济区，中华人民共和国可以行使主权与管辖权。出于捍卫我国海洋权益，加强我国对专属经济区与大陆架区域主权权利与管辖权行使的目的，第九届全国人大常委会第三次会议于1998年6月颁行了《专属经济区和大陆架法》，这部法律不但确定了中华人民共和国的专属经济区的宽度，还明确了当中华人民共和国的专属经济区或大陆架与他国的主张相冲突时，应当依据的基本解决方法。与世界上大多数沿海国的主张一致，我国主张的专属经济区在地理位置上与领海外侧相邻，在宽度上以领海基线作为起算线，向海洋一侧延伸到200海里。对于我国对外宣称的专属经济区或大陆架的范围和地理相向或相邻国产生矛盾时，我国秉承国际法中的一般原则，即公平原则与他国进行沟通协商，以期妥善解决冲突问题。依照《公约》这部国际法文件，沿海国在专属经济区主要具有两类主权权利与三类管辖权等。

（一）我国在专属经济区中的主要权利

我国在专属经济区中具有的主要权利包括以下数个方面：

对专属经济区中的水体、海床、底土中的自然资源进行勘探、开采、开发、保护、管理等经济性开发活动具有主权权利。为了避免过度开发对海洋生态环境的破坏，我国的相关主管部门可以对这一区域的各类海洋资源进行养护、管理等。当国际组织、他国组织或个人有意愿到我国的专属经济区海域开展渔业活动时，需要事先向我国政府主管机关递交申请，在获得许可后方可从事渔业活动，且任何活动都需遵守我国和他国达成的协定或条约，同时不可违反我国的法律法规。

对专属经济区海域的海洋科学研究活动，海洋环境的保护与资源的保全，建设与使用人工岛屿、海洋设施或结构具有管辖的权利。我国在专属经济区中行使专属管辖权的事项包括与修建人工岛屿、设施与结构等相关的活动，并且我国具有将专属经济区或大陆架的人工修建的岛屿等的周边外侧一定区域列为安全地带的权利，在这一水域，我国有权利通过采取各种安全措施来保障船只等的交通畅通与航行安全，且保障人工修建的岛屿、设施等不被损害。倘若他国的个人、组织、国际性组织有意于在我国专属经济区水域中开展对海洋各类资源的探究活动，需要先报请我国政府主管部门批准，在获得允许之后方可在严格遵守我国法律法规的前提下进行各类活动。我国的行政主管机关应当积极利用各种方法预防、降低与管控有害海洋生态环境的情况发生，对专属经济区与大陆架水域的环境进行严密的监测与充分的管护。

我国对专属经济区中各类资源的勘探、开采、管护、保全等具有主权权利，出于对专属经济区中各类活动合法有序开展的保障，我国应当采用诸如登临船只，检查船上搭载的人员或装载的物品，逮捕进行违反我国法律法规活动的人员，对船只或人员通过司法程序等方式，严格追究违反我国法律法规的船只或人员的法律责任，当违法船有逃脱法律法规制裁的行为时，我国应当行使紧追权。一语以概之，我国应当采用多种办法，适用各类措施，维护专属经济区水域的和平、稳定、有序。

我国在签署《公约》的同时，强调这部《公约》的内容，不对我国对相关海域主张历史性权利造成任何影响。在我国专属经济区中，任何他国均需在国际法、我国法律法规认可的范围内开展活动，他国具有各类船只自由航行，飞机等自由飞越，在海底铺设电缆与管道等类似的合理、合法的充分利用海洋的便利与自由。其中铺设海底电缆与海底管道的路线走向，他国相关机构需要报经我国主管部门许可，方可实行。对于上述我国在专属经济区具有的主权权利与管辖权在受到他国侵害时，可以采用民事方法与民事诉讼的方法予以维护。

适用于公海的一些制度同样也可以在专属经济区实行，但是本章节不再赘述，留待公海相关制度中进行详细的阐释与分析。

（二）对专属经济区自然资源的管辖

沿海国可以对遭受他国损害的、专属经济区中的自然资源、可再生能源行使国家海洋维权民事管辖权。当前全球面临着能源危机的困境，如何协调好环境保护与经济的可持续发展，开发并充分利用可再生能源是世界各国普遍关注的问题。中国曾经经历过能源供需危机，在选择能源发展战略方面，关注的焦点应该放在加大开发新能源的力度方面，而海洋可再生能源便是最佳的选择之一，这类能源的特征为零排放的清洁能源，就日常普遍使用的化石能源来说，海洋可再生能源具有充分的替代性，可以大幅度降低二氧化碳、二氧化硫等污染物质的排放。我国在地质构造方面具有广阔的海域空间，其中蕴藏有大量的海洋可再生能源，因此我国可以通过充分开发这类能源，来缓解沿海地区与近海岛礁上出现的能源短缺问题，有助于推动我国环境友好型社会的进步。充分利用海洋可再生能源能够为相关地区带来很多的经济效益，在我国财政部与国家海洋局的共同努力下，2010 年 6 月正式实施了《海洋可再生能源专项资金管理暂行办法》，这对当前海洋可再生能源事业的推动具有关键性意义，弥补了此前我国在海洋可再生能源方面的法律空白，但是仅仅依靠这一文件作为规范依据是远远不够的，还需要出台很多相关的法律法规。《公约》中明确列举了专属经济区领域中沿海国与其他国家的权利。与海洋可再生能源问题相关的规定主要包括沿海国以勘探与开发自然资源作为目的，在海流等经济性开发与勘探方面的主权权利，建造并使用人工岛屿、设施、结构的专属权与管辖权，保护与保全海洋区域环境方面的管辖权。沿海国之外的他国能够在沿海国专属经济区享有航行与飞跃自由的权利，铺设海底电缆、管道的自由等相关合法利用海洋的权利。沿海国需要适当顾及其他国家享有的权利。沿海国在海洋可再生能源发展方面，亟待出台这些法律：(1)有关规范发掘海洋可再生能源的人工岛屿、设施问题的法律，例如，沿海国有义务清晰公布建造的人工岛屿、设施、结构的情况，为了保证航行安全应及时撤除已经丧失使用效能的设施、结构，倘若未完全撤除则需要公布相关设施、结构的地理位置、面积、深度等。为了确保海洋航行的安全，沿海国根据具体情形决定是否为人工岛屿、设施、结构创建安全区域，且适用积极措施保障航行安全与海洋建造物的安全，在确定安全区域的范围时应该充分考虑国际通行标准，设定的范围应当公布。所有船舶应当对沿海国创设的安全地区给予尊重，遵守这一区域的国际规范。沿海国创设的安全区域应避开国际航道，且应避免对国际航行畅通造成干扰。人工岛屿、设施、结构与岛屿不同，不会产生国际海洋法中的领海，且这些构造的存在对沿海国领海、专属经济区、大陆架区域的界定不会造成影响。（2）有关大陆架区域海底电缆与管道的铺设方面的法律，《公约》赋予了沿海国之外的国家在沿海国大陆架铺设海底电缆与管道的权利，但是应当遵守一些事项：铺设路线需要获得沿海国的允许；铺设活动不可对沿海国以勘探开发大陆架资源、经营人工岛屿为目的构建并使用海底电缆、管道而行使的管辖权造成干扰，不可侵犯沿海国为他国在此区域铺设电缆、管道而设定约束条件的权利，且需要适当顾及该地域业已存在的电缆、管道。

（三）对专属经济区人工岛屿等的管辖

人工岛屿、设施或结构产生的法律问题通常来说主要存在这四个方面：如何确认属性，如何认定建设与管辖权的归属，如何保障航行与飞越自由，如何进行对海洋环境的保护。对这些方面的处理可能出现法律风险问题，所以需要我国政府进行高度重视，在处理具体问题时必须要进行全面、翔实的论证。在这样的前提下，我国应当逐步提升在海洋区域的人工岛屿等设施的建设方面对法律风险做出预判与妥善应对的能力。我国应当积极提倡、引导与周边海域其他国家的合作，与其他国家共同对风险进行评估并发布通知，各国相互保持对海洋权益的尊重。关于专属经济区中的人工岛屿、设施与结构涉及的法律方面的问题需要结合国际法，尤其是《公约》进行分析，从中发现这些问题形成与出现的机理，寻找合适的应对方法，为我国就专属经济区中的人工岛屿、设施或结构的管辖问题提供关键的理论基础。

如何认定人工岛屿、设施与结构的属性，最为重要的是厘清一些国际法中的基础概念。尽管《公约》中反复提到了人工岛屿、设施与结构这类术语，然而并没有给出明确的定义，在《公约》中与此相关的最详细的条款为第60条。该条款从段落上将人工岛屿和人工设施与结构分别进行阐述，因此这几个词语的蕴意就不同了，虽然从《公约》的内容来看，这数类概念的法律地位是等同的。

人工岛屿的具体含义目前在国际法中还没有形成统一、固定的答案，荷兰籍的国际法学者埃菲尔德指出人工岛屿是人工设施的一种，构成物质主要包括沙土、砂砾、石头等天然物质，经由人工进行整合堆放制成。[38] 英国籍的学者布澈斯、伽内克与詹宁斯指出：人工岛屿指的是人工建造的结构或者一片陆地形式的版块，其周围被水环绕，和海床以自然的形式相互连接，当海水进入涨潮时期，即使在高潮的情形下也高于海平面，并且倘若对这一区域进行挪移，那么会导致让这一区域丧失同一的性能。[39] 美国籍的学者沃克指出：人工岛屿的建造材料源于从海底挖掘出的泥沙与岩石，它并不是天然形成的区域，而是经过人类的加工，这一构造附着于海床并具有永久

---

〔38〕 A. H. A. Soons, *Artificial Islands and Installations in International Law*. Law of the Sea Institute. University of Rhode Island 1974：2.

〔39〕 P. Peters et al. , Removal of Installations in the Exclusive Economic Zone [R]. Report of the Committee of the I. L. A. Netherlands Branch, in International Law Association. Report of the Sixty – First Conference, held in Paris, 1984 (London, 1985), p. 235.

性，其构造的周边被水体环绕，它始终保持在海平面上方。[40] 可以说国际法学界并没有对人工岛屿这一术语的内涵形成统一的观点，从各类看法中能够发现，国际法学家均表示认同的关于人工岛屿所具备的特征为：这一构造的创制过程包含了人工的因素；这一构造的周围被水环绕，即使在海洋涨潮至最高时，仍旧高于水平面；这一构造的组成要素为砂砾、石头等天然形成的物质，在整体上符合陆地的特征；构造的存在时间具备永久性。[41]

需要指明的是，国际法中的人工岛屿和人工固岛并非同一概念，其内涵也当然不同。人工固岛指的是通过人工给岛屿添加一些固定材料，加强岛屿的稳固性，维护与恢复岛屿遭受的海浪的侵蚀与海风的损害。随着全球气候变化导致海平面变化与人类科技的不断发展，多重因素共同影响下将会出现更多样化的加固岛屿的方法。而人工岛屿经过人为因素而延伸向海洋的部分应当具有怎样的法律地位，从国际习惯法或者条约法的角度来看国际法学者的态度产生了分歧。通常情况下，以人为建造的延伸进海洋的部分所附着的天然形成的高地的状况决定了人工岛屿被认为增添而延伸入海洋部分的法律地位。[42] 由于此处主要着眼于研究人工岛屿、设施与结构的法律方面的问题，所以不对人工岛屿和人工固岛进行更加深入的探析。

人工设施与结构不同于船舶这一概念，相比而言，人工设施与结构的范围更加宽泛，且包含的种类多样化，诸如海上石油钻井平台，离岸的装置、设施等，而海上石油钻井平台以移动性为依据可以分成

---

〔40〕 Craig W. Walker, "Jurisdictional problems Created by Artificial Islands". *San Diego L. Rev* 10, 1972 – 1973, p. 638.

〔41〕 范健、梁泽宇：《人工岛屿国际法地位的历史嬗变》，载《亚太安全与海洋研究》2016 年第 2 期，第 12 页。

〔42〕 谈中正：《科技发展与法律因应：人工固岛的国际法分析》，载《武大国际法评论》2016 年第 2 期，第 23 页。

固定式与移动式,其中移动式海上石油钻井平台可以分成半潜式与自升式。与海洋水域的人工设施与结构类似的物体是船舶,个别国际公约出于避免海洋水域出现的污染范围持续扩张的目的,把一些人工设施与结构视作符合船舶的概念,这类公约主要有 1962 年修订的《防止海洋石油污染的国际公约》:"在海洋航行的一切船舶或者诸如浮动装置等其他装置,或者这类装置具有航行的功能,或者由其他船舶进行拖动而在水上航行,都视作船舶。"

然而《公约》的定义不同于《防止海洋石油污染的国际公约》的内容。《公约》在首项条款内容中对"倾倒"一词的描述为:"(一)从船只、飞机、平台或其他人造海上结构故意处置废物或其他物质的行为"。由此可知,《公约》没有更多地对与船只类似的物体进行区分,而仅仅对诸如平台的人工设施与结构和船舶做出了划分。

船舶、人工岛屿、人工设施和结构的主要区别为:人工设施和结构并不当然地具备在海洋上方漂浮的功能,那些虽然具备了漂浮功能的人工设施和结构,却并没有自行开展远洋航行的作用或者没有用作航行的目的;人工岛屿、人工设施通常是较为长期、稳定地处于某一海洋区域,其目的为发展经济、开展科研、进行环保活动,不包括进行运输。

《公约》第 60 条与第 80 条的内容指明了专属经济区、大陆架这些不同性质的区域里存在的人工岛屿、设施、结构的法律地位相似。沿海主权国家可以依据专属的权利在专属经济区水域自行建设或者授权其他国家建设,并对建设活动进行管理,使用建设形成的人工岛屿,与第 56 条蕴含的目的相吻合的设施、结构,管理那些有可能影响沿海国行使权利的设施、结构。《公约》当中的第 60 条与《大陆架公约》的第 5 条存在关联,《大陆架公约》第 5 条第 2 款指出:在没有超出第 5 条第 1 项至第 6 项的范围的情形下,沿海国可以在大陆架区域建造、维持、使用一些装置,这些设置是与对大陆架开展测量活动、开发大陆架水域的自然资源相关的必要设置或装置。沿海国还能够在前述设置或装置的四周创设安全区域，或者在安全区域中创设保护性的装置等其他措施。这两类情形的差别为，《公约》指出沿海国享有的相关权利对专属经济区或者大陆架区域中建造的人工岛屿起到约束的效果，对于各种形式、形状的人工岛屿，并不因其覆盖面积的大小或者创建目的的不同而存在差异，均在沿海国专属权利的范围之中。而对于在沿海国的专属经济区或者大陆架区域搭建的设施、结构必须满足《公约》第56条、第60条、第80条所阐述的目的与情形。那么也就意味着，那些建造目的并非经济意义的设施、结构，与会侵扰沿海国在专属经济区范围中行使权利的设施、结构并非归为《公约》第60条与第80条规制的内容。[43]

关于管辖权的归属问题，由于专属经济区、大陆架两类区域中存在的人工岛屿、设施、结构存在相似之处，所以《公约》当中第60条第2款所提到的人工岛屿、设施、结构的管辖权事项可以比照大陆架的相关规范。在这一条款中指出沿海国可能对人工岛屿、设施、结构开展专属管辖活动，这涉及了海关、财政、卫生、安全等方面的法律规章的管辖事项。对这一条款的理解与分析需要注意“包括”与“专属”这两个词语，条款起草者的本意非常的清晰，从立法采取的形式来说，采用的为概括与举例说明的阐述形式，这样的构造非常的明确化。《公约》第60条第2款中所使用的“专属”一词，代表了沿海国在人工岛屿、人工设施和结构方面具有排他性的权利，其中的“包括”这一措辞代表的含义为海关、财政、卫生、安全与移民是一类描

〔43〕［斐济］撒切雅·南丹、［以］沙卜泰·罗森主编：《1982年〈联合国海洋法公约〉评注》（第2卷），吕文正、毛彬译，海洋出版社2014年版，第534页。

述性的用语，并非完全的举例说明。[44] 所以沿海国对于地处本国的专属经济区或者大陆架区域的人工岛屿、人工设施和结构，所具有的是管辖权，且具有排他的性质，它囊括的范围超出了《公约》第60条中举例阐明的清单内容。

关于人工岛屿、人工设施和结构的国际责任，需要对责任如何分配予以关注。国际法上的责任出现最根本的原因是源于一个国家针对另一个国家采取了不符合国际法的举动，此时责任便产生了。一个国家针对另一个国家采取了不符合国际法的举动意味着违反了国际法规定的义务，因而随之对应出现了赔偿责任的问题。[45] 所以，人工岛屿，人工设施和结构所处的水域位置并不是影响国际法责任的原因，而仅需在人工岛屿、人工设施和结构本身或者在它们区域中发生了自然人、法人、其他组织做出侵损其他国家权益或者全人类共同利益的举动，那么就存在了需要承担国际法领域相应责任的问题。对于国际责任的承担，从国家的视角分析，产生于与人工岛礁、人工设施和结构相关的活动而出现的国际法责任，需要承担责任的主体是国家，因为国家对各类海域中的人工岛礁、人工设施和结构拥有管辖的权利，同时国家对在人工岛礁、人工设施和结构区域中做出不符合国际法举动的自然人、法人、其他组织依照属人原则具有管辖权，对自然人、法人及其他组织做出的举动依照属地原则可以进行管辖。综上所述，沿海国由于对周边不同法律地位的海域中的人工岛屿、人工设施和结构具有专属管辖权，而需要履行一些职责，诸如严格禁止

---

〔44〕 Tsaitas, et al., Arificial Islands and Structures as a Mean of Safeguarding State Sovereignty Against Sea Level Rise. A Law of the Sea perspective [A] (October 26, 2010). 6th ABLOS Conference "Contentious Issues in UNCLOS - Surely Not?", International Hydrographic Bureau, Monaco, 25 - 27 October 2010. [EB/OL]. http://www. iho. Int/ mtg_docs/ com_wg/ ABLOS/ ABLOS_Conf6/ S2p3 - p. pdf, 2018 - 6 - 20.

〔45〕 Malcolm N. Shaw, *International Law* (6th ed.). Cambridge University Press. Cambridge, 2008, p. 778.

在人工岛屿、人工设施和结构上的自然人、法人或者其他组织进行侵损其他国家利益的举动，并且进行监管，倘若由于沿海国没有尽到足够的监管职责而出现了不符合国际法的事件，那么沿海国需要对自己的疏忽承担对自身不利的后果。从地处人工岛礁、人工设施和结构区域中的自然人、法人和其他组织的角度来说，这些主体的行为违反了国际法的规定，那么这些主体本身也需要对做出的损害行为承担对自身不利的国际法后果。

人工岛屿、人工设施和结构地处沿海国周边的各种不同法律地位的海域，海洋是船舶航行的区域，海洋上方的空间更是各类飞行器飞越的重要航道。国际海洋法中所有不同法律地位的水域，均对航行的便利与自由，飞行的通畅与自由做出了努力的保障，而这些海域中有的属于船只或飞行器的国际航线，对国际交通与运输安全和通畅的保障，是国际海洋法非常关注的问题，因此各类海域制度中均存在相关方面的内容。而一些原本不存在某一制度的水域，由于海洋法中特殊的原因，因而具备了某些方面的制度。例如，对于原先并非内水的区域，根据《公约》第 8 条的内容而被视作内水的区域以及领海，他国船只可以行使无害通过权。而沿海国需要承担相应的保障他国船舶无害通过其前述内水与领海的义务，这一内容体现在《公约》第 24 条。

人工岛屿、人工设施和结构被修建在处于国际海洋法中不同法律地位的水域当中，因此极其可能对这一区域的海上航行甚至飞行造成一定的障碍，因此《公约》以充分保障海上航行的安全为出发点，在第 60 条第 4 款内容中指出，沿海的主权国家能够自行创设一些海上安全地带将人工岛屿、人工设施和结构的四周环绕起来，其目的一方面是为了保证海上船只的航行通畅与自由，另一方面是为了保障人工岛屿、人工设施和结构的构造稳定，设施安全。通常情况下，人工岛屿、人工设施和结构以及为其创设的安全区域，均不能选址于国际社会公认的国际航道区域，不能对国际航行的通畅造成侵扰。正是出于这样的考量,《公约》在第60条第7款中进一步申明了相关态度,坚持将充分保障航行自由与顺畅作为起草法律时优先考量的方面。《公约》第261条阐述的内容是关于海洋科学研究方面的,对于有关为了开展海洋科研而建造与布置在海上的装备或者设施,不能够成为国际社会已经确定的海洋航线自由畅通的障碍,《公约》第261条和前面的第22条、第24条与第60条的内容前后呼应,相互印证,说明了海上修建的一切人工岛屿,人工设施和结构都不能侵扰国际航线的交通,都需要履行不干扰国际航行的义务。除了履行不干扰国际航行的义务之外,还需要履行对相关信息进行妥善、详细公开宣布的义务。沿海国需要把处于领海当中,可能对船只的航行造成危险的一切已经掌握的情形进行详细地公开宣布,《公约》在第24条第2款阐述的这些应当进行妥善、详细地公开宣布的要求与国际海洋法中对海洋地图的地理坐标图表、领海当中的海洋通道、领海中沿海国设置的分道通航的规定、国家航道中频繁出现的海盗情形与为了躲避海盗而设置的海上路线的相关情况相互印证。与此同时,对于正在筹建、尚在建造或者处于拆除过程中的人工岛屿,人工设施和结构以及在其周边创设的安全区域的具体情况,沿海国均需要妥善地予以公开并对外宣布。

具有重要意义的、真正在近代将妥善对外公布的义务融入国际审判的标志性事件为20世纪40年代末期国际法院审理的著名的科孚海峡案,争端起始于1946年10月,科孚海峡地处阿尔巴尼亚的领海附近,当一支英国舰队穿越该海峡的北部水域时,遭受到海中水雷的侵袭,死伤状况严重,舰队遭受重大的侵损。在这起严重事件出现之后,英国政府立即向阿尔巴尼亚政府发出通知,表达了准备去科孚海峡水域进行扫雷的态度。阿尔巴尼亚政府在获得英国政府的这一通知之后表示强烈的反对。然而英国政府未对阿尔巴尼亚的反对做出回应,直接在11月派出了英方的一支海军舰队进入阿尔巴尼亚领海附近的科孚海峡区域开展扫雷活动。通过这次扫雷,英方舰队发现了德国制造的水雷,总数为22个。英国政府指出,1946年10月航行穿越科孚海峡的英国军舰被水雷侵扰所遭受的严重损失应当由阿尔巴尼亚政府作出赔偿,所以向联合国提交了这一案件,且在1947年将阿尔巴尼亚政府起诉至国际法院。国际法院经过审理认为沿海区域的领土主权国家应当承担适当注意的义务,在具体的不利航行的情形存在的条件下,应当采取应对的措施,同时需要履行避免自己的领土被第三方利用而开展侵害他国行为的义务,这里所说的义务均为作为的义务。沿海的主权国家由于不作为而导致重大事故,因而需要承担国际法上的责任。基于这样的考量,国际法院针对科孚海峡案指出,阿尔巴尼亚政府对其领海附近的科孚海峡上部署水雷的情形不可能完全不了解,所以为了保障这一国际通行航道的安全与自由畅通,阿尔巴尼亚政府需要保障过往船只航行的利益而将领海区域的危险情形对外宣布,在英国舰队驶入之前告知其前方海域中可能存在的危险情形。该案中,阿尔巴尼亚政府存在充足的时间与便利的途径向英国舰队做出说明、发出警告,然而阿尔巴尼亚政府没有采用这些简单的方法让英国舰队有效避免遭受重大灾难,更没有采取其他一切可能利用的措施。所以阿尔巴尼亚政府的行为构成了国际法上严重的不作为,需要就发生的后果承担责任,在这起冲突中阿尔巴尼亚政府需要向英方遭受的重大损失作出相应的赔偿。〔46〕此后,国际海洋法领域的两部极其重要的文件诞生,在1958年签署并实行的《领海和毗连区公约》与1982年颁布实施的《公约》中,均存在对沿海国设置此项义务的内容,标志着对该项义务的重视与承认。

由于这些情形的存在,倘若出现了对于海洋中的人工岛屿、人工设施和结构对航行造成重大妨碍的事项没有妥善对外公布的情形,那么人工岛屿、人工设施和结构的归属国需要承担国际法中的不利责任。通常情况下,沿海的主权国家对于建造的人工岛屿、人工设施

〔46〕 Corfu Channel case (United Kingdom v. Albania), I. C. J. Reports, 1949: 4, 22.

和结构需要妥善、详细对外公布的事项主要包含了这些方面：首先，人工岛屿、人工设施和结构的归属国需要对外发出通知的对象是其他国家的政府、当局、某些实体，或者个人及其他组织等。其次，沿海主权国家需要妥善、详细地对外公布的内容为自己当前已经掌握的基于人工岛屿、人工设施和结构发生的、可能造成该区域的航行危险或者增加飞越过程中的风险的相关方面。最后，人工岛屿、人工设施和结构的归属国履行妥善、详细地对外告知的义务需要达到一定的标准，需要保证相关信息确实传入应当被告知的国家、当局、实体以及个人和其他组织等，在这样的情形下，告知的义务才认为确实履行并生效。[47]

人工岛屿、人工设施和结构的归属国需要履行撤除的义务，这项义务体现在《公约》第 60 条第 3 款。这一条款的创设初衷同样是为了保障海洋区域的航行安全与通畅。当一些人工岛屿，人工设施和结构失去了使用价值而被搁置或者放弃时，其归属国有义务将其撤除。当归属国在进行撤除事项时，需要考虑起草相关文件的国际组织所制定的所有与通常世界公认的国际标准相关的事项，另外还需要考虑到与打捞海洋鱼类等有关的事项，以及对海洋环境进行保护等方面的国家权利义务事项。当废弃不用但尚未完成撤除的人工岛屿、人工设施与结构，归属国需要妥善、详细地对外公布这些人工岛屿、人工设施与结构所处的具体海域，其在海洋下方的深度位置，设施的面积、大小、形状等。

基于《公约》第 60 条创设的初衷，国际海事组织在 20 世纪 80 年代末期制定与颁行了《大陆架和专属经济区内海上设施和构筑物撤除的准则和标准》，这一文件对海上的人工岛屿、人工设施与结构等

[47] Implications of the United Nations Convention on the Law of the Sea, 1982, for the International Maritime Organization. LEG/ MISC/ 1（1986 年，油印），第 130 段。转载在《荷兰海洋法研究所年鉴》（第 3 卷）（1987 年），第 340 页、第 390 页。

在通常情况下撤除需要遵照的标准、必须满足的准则、应当具备的要求等方方面面的内容进行了细化,形成了较为详细具体的标准。《大陆架和专属经济区内海上设施和构筑物撤除的准则和标准》这部法律文件由国际海事组织制定并实施,从性质上来说属于一部软法。这也意味着一般来说无法以法律约束的形式对某类事项加以规范,在缺乏法律约束的条件下,需要由《公约》等对某些事项进行授权,方可实现法律效力。成员方对位于国家周边海域的人工岛屿,人工设施与结构决定予以废除使用并进行撤除时,首先应当遵照《大陆架和专属经济区内海上设施和构筑物撤除的准则和标准》中所指出的具体要求,规范自身的撤除行为与活动。[48]

(四)对专属经济区环保事项的管辖

沿海国可以就专属经济区中与海洋环境相关的事项进行海洋维权民事管辖。《公约》起草者的主要目标之一为加强对海洋水域中的生物资源的养护,对非生物资源进行保护与保全,并开展对生物或非生物资源的海洋科研活动。《公约》一方面将海洋资源的开发、利用方面的管辖权利授权给沿海国,并且这类权利具有专属性。另一方面要求沿海国对海洋环境进行保护,这类内容在《公约》第 57 条、第 77 条、第 193 条等处多次出现,相互印证。与此同时,沿海国对海洋污染状况最大限度地减少需要承担相关的责任。沿海国需要尽最大可能地努力,降低在海上勘测,石油的开发,对海床或者底土中的资源的开掘,修建人工岛屿、人工设施与结构等过程中造成的海洋污染状况的概率。为了更有利地保障海上安全,沿海国需要采取多方面的措施避免出现意外事件或者紧急情形,严格规范海上作业,在建

---

〔48〕 国际海事组织 A. 672(16)号决议,大陆架和专属经济区内海上设施和构筑物撤除的准则和标准。转载在[斐济]撒切尔·南丹、[以]沙卜泰·罗森主编:《1982 年〈联合国海洋法公约〉评注》(第 2 卷),吕文正、毛彬译,海洋出版社 2014 年版,第 538~541 页。

造人工岛屿,人工设施和结构的过程中需要在设计、操作、装备以及对工作人员的配备等方面活动。为了更好地保护与保全海洋环境,国家之间、国家与地区之间需要进行密切的配合与合作,共同商讨统一的标准、程序、应对方案等相关制度,通过多种措施防止人工岛屿,人工设施和结构造成海洋环境的污染,对已经造成的污染状况尽最大力量予以控制,这在《公约》第194条第1款、第208条第5款进行了反复的强调。世界各国需要在海洋环境的保护方面预留充足的经费,以便预防海洋污染活动的发生,以及对已经出现的海洋污染进行及时、充分的挽救与补偿。国际海洋法领域有一项极其重要的原则,即预防性原则,这一原则的起源可以追溯到马来西亚和新加坡之间相驳多年的柔佛海峡案,两国历经数年在意见上相持不下,最终诉诸国际海洋法法庭,这起争议最终在2003年画上了句号,国际海洋法法庭在最终裁决中指出当沿海国建造海上人工岛屿、人工设施与结构时,应当放在首位考量的因素为预防性原则。因而预防性原则在国际海洋法中占据着举足轻重的位置,这体现在对海洋环境的保护与保全,对海洋中的各类资源的勘探、开发以及利用等诸多方面。

柔佛海峡案的产生、发展与最终的裁决非常值得认真地研究,这与国际海洋法中的海洋环保问题具有密不可分的联系。案件的具体情况为:新加坡从1965年开始在柔佛海峡附近进行围海造地,以期将领域的面积扩大100多平方公里,新加坡经过数十年的填海造地,在2000年6月继续对地处柔佛海峡西侧的区域进行大规模的填海活动。2000年11月,新加坡将填海工程的范围扩大至柔佛海峡的东侧区域,并在该区域的德光岛周边海域进行填海活动。新加坡大肆填海造地的举动必然导致周边国家的不满与抗议,控诉新加坡的大肆填海造地活动对周边海域海洋环境构成严重威胁,导致海洋污染等不可逆转的危害,造成难以弥补的经济损失。为了阻止新加坡的填海造地行为,马来西亚在2003年7月4日向新加坡发出即将申请仲裁的通知。马来西亚将《通知和声明》递交给仲裁机构,对新加坡侵害马来西亚海域权利的行径进行了控诉。马来西亚认为新加坡的填海造陆行动将会造成难以弥补的损害,因此要求新加坡立即改变填海造陆计划,尽最大努力降低对海洋环境的破坏。马来西亚详细地阐释了新加坡填海造陆活动所导致的海洋污染形式。马来西亚于9月5日请求法庭采取临时措施,并声称应当享有的权利包括:填海工程项目设计方案的知情权,就该工程对海洋环境的影响状况的评估权,就相关事项与被诉方的商讨权。法庭在审理该案后对被诉方发布了禁令,禁止被诉方继续侵害起诉方的权利与从事影响环境的活动,法庭认为海洋工程建设使用活动需要遵守《公约》等国际法的评估、通知等程序。所建造的海洋工程对海洋环境造成的负面影响情况需要进行评估,且将评估结果公布,让相关国家获悉。法庭阐述了防止海洋环境污染的根本措施是合作,所以诉讼双方应当建立信息交换制度与开展评估活动,一同研究落实当地海洋环保的政策。法庭对诉讼双方提出了一同创设独立专家委员会的要求,该委员会的设计目的是对填海造陆活动产生的环境危害进行评估,作为诉讼双方共同保护海洋环境的现实基础。该起案件体现了预防性原则,这一原则蕴含了任何国家、组织、个人不能以欠缺科学必然性作为推脱责任的缘由来避免就海洋污染承担相应责任。沿海国自身或者授权给其他国家开展建设人工岛屿、设施、结构的活动之始,必须对建设与运营活动可能造成的海洋污染状况进行系统评估与全面预判。沿海国开展此类活动必须满足国际规则与标准,应当在有足够证据证明自身具备经济和技术条件的前提下开展相关活动,倘若沿海国授权他国开展此类活动,但未达到预防性的要求,则授权行为不具有效力。[49]

---

〔49〕 See the ITLOS, Case No. 12th Case concerning Land Reclamation by Singapore in and around the Straits of Johor (Malaysia v. Singapore), provisional Measures, Order of 8 October 2003, pp. 1 – 23.

就南海范围内的人工岛屿、设施、结构而言，区域内国家需要增进地区合作。南海作为全球最辽阔的半闭海，周边分布着中国、越南等7个国家。为了使闭海、半闭海周边国家能够和平开发利用海洋资源，保障海洋资源的可持续发展，《公约》对沿海国提出了直接对话、合作、借助区域性组织协调等方式开展利用海洋生物资源，保护海洋环境，进行海洋科考等活动。而南海相关活动面临的困境是周边各国开展创建人工岛屿、结构、设施的活动非常欠缺商讨与协调。针对这样的不利局面，对南海周边国家提出如下建议：第一，南海周边各国应当就南海区域中的人工岛屿、设施、结构的搭建进行有效的沟通与合作，南海周边各国有必要组建进行海洋搜救、调节海洋纷争、主持海洋污染损害赔偿活动的专门区域性海事组织和对有关事项给予意见并发布权威调查报告的专家委员会。第二，沿海国必须遵循预防性规则，系统而全面地就搭建的人工岛屿、设施、结构对海域航行飞越自由，保护环境等诸多方面可能带来的阻碍进行评估预判，评估活动需充分顾及区域内其他沿海国家的意见与国际标准，公开所取得的数据资料信息。第三，在人工岛屿、设施、结构事项的管辖问题上，沿海国家均应以国际公约、条约、习惯，约束自身行为，对他国长期以来所享有的历史性权利给予充分的尊重，例如，中国对南海区域内的岛屿具有毫无疑问的主权，在南海断续线范围内从事渔业活动、航行活动、海洋资源勘采活动是完全符合国际法的，这是中国的历史性权利。由于南海存在的人工岛屿、设施、结构关乎众多国家的利益，因此应当以积极友好沟通协调的方式，公正有序地展开活动，以《公约》构建的框架为基础，充分地商讨谈判，可以达成一些双边或多边协议。

海洋可再生能源是一种清洁能源，本身是没有污染的一类能源，然而在开展该项目的活动过程中难免会排放污染性物质，因而涉及对污染性物质的处理，倘若处理措施或方法不当，则易于产生环境污染的后果。另外，海洋可再生能源项目具有庞杂性，当某一区域的海洋生态环境遭受损害时，还会造成对海洋生物多样性的破坏。

2003 年 9 月 1 日，我国出台了一部以防控建设项目污染环境为目的的《中华人民共和国环境影响评价法》，这部法律与其他国家的此类法律相比，具有一些亟待完善的方面，诸如规范内容相对简略，相关法规在责任承担方面的内容不全面，可操作性有欠缺，由此给行政行为的任意性制造了可能，降低了环境影响评价制度的落实。另外，配套的司法救济程序相对滞后，实践中鲜有司法机构的参加与司法部门制约行政部门的状况，由此极大地制约了环境影响评价制度效果的发挥。我国的环境影响评价制度需要加大公众的参与程度，当前公众参与环境影响评价活动的方式限制了公众广泛充分地阐述观点，公众参与活动仅涉及调查环节，且无法于报告书形成以后阐述观点，无参加项目终审环节并作出决策的机会。环境影响评价的主管部门与相应的审批机构欠缺对公众态度的足够重视。这些均为急需补充并完善的关键之处。在立法方面，我国应当充分参照国际法的内容，做好国内法与国际法的良好衔接，海洋可再生能源产业是一种崭新的产业形式，我国在此方面的实践尚处于起步阶段，如何实现国内法与国际法的顺畅接轨是此项工作的重中之重。我国的海洋可再生能源产业应当以环境友好型为基本特征，每一个环节都需要严格规范，在先后报批环节需要公开透明，扩大公众参与程度，吸收具备相关专业的技术人才、与该活动密切相关的沿海居民、社团组织等，让这些力量共同推进海洋可再生能源产业的发展。海洋可再生能源产业与海洋环境、国家能源安全、社会就业等息息相关。政府推进这项产业发展的方式包括灵活的经济手段、有效的激励机制等。一方面，我们应看到海洋可再生能源产业给我们带来了新的希望；另一方面，也要注意到这是一个高投资、高风险的产业，因此政府亟待解决的是如何制定出良好的产业政策，加大资本与技术的投入。参照全球国家的实践活动，就推动海洋可再生能源事项，各国政府采用了多种经济手段与财政措施，如税收优惠、投资激励措施、配额制度等,这些手段与措施以单独或者叠加的形式予以落实,均起到了良好的成效。根据以上对关于海洋区域可再生能源的国际海洋法律制度的阐释,不难发现与海洋相关的生态环境的保护、海底管道的铺设、海洋船舶航行自由与安全的保障等法律保障规定涉及的不仅是某一沿海国国内的法律,还亟须国际法的补充调整。因而我国需要努力补充、调整与完善这些领域的法律,对他国的立法予以参照、借鉴、去芜存菁,遵循国际法的指引方向,制定与颁布一部符合我国特色国情与人民长远利益的海洋基本法。[50]我国应当认真研究与借鉴日本的海洋立法模式,[51]创设诸如海洋事务方面的咨询会议。[52]在海权斗争日益激烈的今天,我国随时可能被卷入一场纠纷。[53]为了更好地维护我国的海洋权益,我国不但需要加强海域管辖权,而且亟待从海洋科学研究权、海洋空间利用权、海洋污染管辖权等数个方面着手,全方位推进海洋强国建设进程。

---

〔50〕 李志文、马金星:《论我国海洋法立法》,载《社会科学》2014 年第 7 期,第 95 页。

〔51〕 郁志荣、全永波:《中国制定〈海洋基本法〉可借鉴日本模式》,载《中国海商法研究》2017 年第 1 期,第 71 页。

〔52〕 郁志荣、全永波:《中国制定〈海洋基本法〉可借鉴日本模式》,载《中国海商法研究》2017 年第 1 期,第 74 页。

〔53〕 郁志荣:《日本〈海洋基本计划〉特点分析及其启示》,载《亚太安全与海洋研究》2018 年第 4 期,第 19 页。

第六章　国家在其他相关海域的海洋维权民事管辖权

前几章对国家在领海、毗连区和专属经济区的民事管辖权作了阐述，本章将对国家在大陆架尤其是外大陆架、国际海底区域、公海的民事管辖权进行分析。[1]

第一节　国家在大陆架的海洋维权民事管辖权

由于各国大陆架的长度、深度和构成迥异，国际法对大陆架的外部界限做了限制。根据《公约》第76条的规定，如果大陆架自然延伸不足200海里则大陆架以200海里为界[2]；如果超出200海里，大陆架的界限则不应超过从测算领海宽度的基线量起350海里，或不应超过连接2500公尺深度各点的2500公尺等深线100海里[3]。据此，一般大陆架分为200海里内大陆架（以下简称内大陆架）和200海里外大陆架。

---

〔1〕本章如无特别强调，"管辖权"即指"民事管辖权"。

〔2〕《公约》第六部分第76条第1款。

〔3〕《公约》第六部分第76条第5款。

根据现有国际法，国家对大陆架的定居种（sedentary species）、非生物资源、人工岛屿与设施和科学研究具有管辖权。就上述权利而言，内大陆架和外大陆架并没有分别。但是，二者上覆水域的性质和适用的法律制度不同。200海里内大陆架上述水域是专属经济区，而200海里外大陆架上述水域是公海。在200海里内国家对资源享有绝对的主权权利，专属经济区和大陆架的权利由国家通过国内立法进行协调；而200海里之外的大陆架，国家行使大陆架主权权利时，要适当顾及其他国家享有的公海自由和权利，如捕鱼自由、科研自由、航行自由等。[4] 另外，国家对国际社会承担的义务不同。沿海国若勘探其外大陆架的矿产资源还需向国际海底管理局缴纳一定比例的实物或者费用。此外，沿海国还承担着保护大陆架环境的义务。

由于前一章已经对专属经济区的问题做了探讨，即200百海里内沿海国对海底、底土和其上覆水域的资源享有绝对的主权权利，因而本部分将着重分析国家在外大陆架享有的民事管辖权。根据现行国际法，沿海国主要对外大陆架的定居物种、非生物资源、人工构造[5]、生物勘探、科学研究具有管辖权，并承担保护环境的义务。

一、对定居物种的管辖权

从1958年《大陆架公约》与1982年《公约》对“定居种”的定义来看似乎非常清晰。且二者关于“定着类之有生机体”的表述并无二致。大陆架定居物种均指“可予采捕时期，在海床上下固定不动，或非与海床或底土在形体上经常接触即不能移动之有机体”。[6]该概念有三个核心要素：第一，必须是有机物；第二，附着在大陆架，即

〔4〕 1958年《大陆架公约》第5条，《公约》第六部分第78条。

〔5〕 本章“人工构造”与人工岛屿、设施和结构同义。

〔6〕 1958年《大陆架公约》第2条第4款，1982年《公约》第六部分第77条第4款。

在大陆架的海床上固定活动或者与海床或底土保持接触才可移动；第三，仅在可采集捕捞时期具备上述特征即可，即不要求其整个生命周期都与大陆架的海床或者底土有接触。但实践中，在定居种的管辖问题上和对定居种的界定的问题上存在争议。即国际社会对什么是“定居种”，什么不是“定居种”存在争议。

（一）管辖权的困境

在20世纪50年代之前，大陆架上有商业价值的定居物种主要是牡蛎。从关联性和管理的角度考虑，国际社会将定居种的管辖权授予沿海国。在当时的情况下，这样规定具有合理性。但是，随着科学技术的发展以及人类对大陆架生态系统了解的深入，发现定居物种的基因价值更具有广阔的商业前景。同时，国际社会对保护海洋生物多样性的意识不断增强，保护大陆架生物资源多样性的问题也越加突出。而且实践中，人们很难根据上述这种人为的界定对200海里以外生物资源是定居物种或是非定居种进行区分。因为，很多定居种在其生命周期中的大部分时间生存于大陆架上覆水域即公海中。但根据现行国际法，200海里外大陆架上和其上覆水域适用不同的法律制度。这两个因素对外大陆架生物资源的管理和保护造成困难。详言之，在200海里内，由于国家对大陆架和专属经济区的资源具有专属管辖权，沿海国国家可以单方面根据国内法决定200海里以内生物资源的利用和保护方式。但是，在200海里以外，大陆架上的生物资源虽然归沿海国专属管辖，而其上覆水域公海的资源适用公海自由原则，主要由船旗国和有关国际组织管辖。即沿海国对外大陆架生物资源的管辖很可能与其他国家对公海生物资源的利用发生冲突。而且，海洋生态系统和环境是一个整体，开发利用定居物种难免对上覆水域及其生物资源产生影响，反之亦然，其他国家在公海进行捕鱼的同时，不可避免地会对沿海国外大陆架的定居物种产生影响。例如，拖网捕鱼往往对沿海国外大陆架的海底环境和定居物种造成损害。因此,外大陆架生物资源的开发和利用问题成为目前国际社会关注的特点问题。这就需要沿海国在养护与利用定居物种的同时,与有关国家、国际组织就相关事宜进行协调与合作。

(二)区分“定居种”与“非定居种”的问题

理论上,在外大陆架,其上覆水域适用公海自由制度,也就是说,船旗国可以自由进行捕鱼或者科学研究等活动;而海床和底土适用大陆架制度,由沿海国专属管辖。如果某种生物属于外大陆架上的“定居种”,则由沿海国进行管辖;如果属于“非定居种”,则由船旗国或者国际组织进行管辖。

实践中,对于一些生物属于“定居种”一般没有争议,如管虫与软体动物。但是,对于另外一些生物是否为“定居种”,不同国家因利益不同而所持的观点也不同。另外,由于海底生物资源的基因价值受到人类关注,生命周期中部分时间在公海中部分时间在某国外大陆架上的生物资源的管辖权问题凸显。虽然 1958 年《大陆架公约》与 1982 年《公约》对于“定居种”作了界定,“即在可捕捞阶段在海床上或海床下不能移动或其躯体须与海床或底土保持接触才能移动的生物”。[7] 但是,实践中对于“定居种”的两个特征“可捕捞阶段”“移动方式”具体含义不易确定,而《公约》又未对此进行解释。有的学者主张以生物是否成熟来判断是否属于“可捕捞阶段”。有的学者主张根据其“移动方式”确定其是否位于可捕捞阶段。这种主张即只要附着在大陆架上不能移动或者需与大陆架保持接触才能移动的生物就是“定居种”。[8] 持前者观点的学者认为“可捕捞阶段”即意味着该生物成熟,基本特征不再发生变化。只要成熟时位

---

〔7〕《公约》第六部分第 77 条第 4 款。

〔8〕CH Allen, “Protecting the Oceanic Gardens of Eden: International Law Issues in Deep - Sea Vent Resource Conservation and Management”, *Georgetown Environmental Law Review*, 2001 (Spring), 13, p. 626.

于一国的大陆架上，这种生物就由沿海国管辖。传统上，这种界定有合理性。但是随着生物技术的发展，生物资源并非成熟才具有价值，未成熟前也具有基因价值。因此，从生物遗传资源的角度来看这种界定就不妥当。或者说对于沿海国不利。例如，以牡蛎为例，其未成熟之前对其进行捕捞也具有基因价值。往往这种遗传基因价值大于可食用的渔业价值。第二种观点适合判断刚发现的而且人类对其了解比较少的生物。[9] 这种判断方法，事实上也对沿海国不利。因为，如果采取上述判断方式，那么非沿海国就可以合法收集一些未成熟的定居种在公海中的卵或者幼虫。沿海国丧失对其生物基因资源的管辖权。而且，这种判断方式不适用于对"热液喷口生态"的生物种类的区分。还有一种方法判断某种生物是否为"定居种"，那就是对生物进行深入研究确定其是否为"定居种"。但是，这样的方法需要漫长的时间才能确定某种生物是否为"定居种"。

国际法对"定居种"的具体判断标准不明确，实践中也尚未形成普遍公认的判断"定居种"的方法。建议我国进行外大陆架立法时，应根据《公约》的规定，结合我国外大陆架的情况，明确界定何种生物为"定居种"。可以采取"成熟"和"移动性"双重标准规定我国对"定居种"享有专属管辖权，即成熟期在大陆架上附着的生物或者具有遗传基因价值的生物不论处于其生命周期的任何阶段只要附着在大陆架就属于我国管辖。另外，对于有争议的物种，规定有关国家采集或者捕捞时应与我国协商或者采取对等待遇处理。这样既可避免不必要的纠纷，又能尽可能多地保证我国对海洋生物的管辖权。

（三）基因资源惠益分享机制

随着生物科技的发展以及人类对深海了解的深入，基因资源的

---

〔9〕 Joanna Mossop, "Protecting Marine Biodiversity on the Continental Shelf Beyond 200 Nautical Miles", *Ocean Development & International Law*, 2007, Vol. 38, No. 3, p. 292.

价值已备受国际社会关注并且逐渐走向商业化。沿海国由于受技术、资金以及生物资源本身移动性特点的影响，需要解决相关国家之间的利益分享问题。目前，与外大陆架基因资源惠益分享之相关的国际法规则主要体现在《联合国生物多样性公约》（以下简称《生物多样性公约》）及其议定书以及其缔约国大会制定的各种准则和指南中。

虽然《生物多样性公约》未特别指出其适用于沿海国的大陆架，其只一般地规定适用于国家管辖的海域，但是它当然适用于沿海国管辖下的外大陆架。《生物多样性公约》确认了各国对其自然资源拥有的主权权利，即在遗传资源的获取上有决定权〔10〕；承认“原产国”有权与“提取国”公平合理地分享遗传资源的商业利益和进行其他形式利用的权利。《生物多样性公约》的目标之一即“公平合理分享因利用遗传资源而产生的惠益”。〔11〕《生物多样性公约》第1条规定即顾及了发展中国家的利益。该条规定只要是来源于发展中国家的基因资源，不管由谁提取加工并获得收益，作为“原产国”（country of origin）的发展中国家有权与“提取国”（provider state）或者“使用国”（user state）分享这种资源所产生的利益。该公约的意义在于在国际法上确立遗传资源获取与惠益分享（Access to and Benefit - Sharing，ABS）原则，有助于发展中国家和发达国家之间利益的平衡，能够为生物多样性的保护及其组成部分的可持续利用创设重要的激励机制；避免发展中国家受技术和经济因素限制，任由发达国家或者跨国生物公司无偿或者低价获取蕴含商业价值的遗传资源，在一定程度上改善了“望洋生叹”的不公平、不公正的局面，保障了发展中国家能够分享海底基因资源带来的经济、科技、粮食、医疗、环境等各种利益；强调“原产国”对大陆架基因资源的主权权利，避

〔10〕《生物多样性公约》第15条第1款。
〔11〕《生物多样性公约》第1条。

免因是否应属于定居物种发生争议而导致沿海国丧失对部分生物资源的管辖权。

但该公约的瑕疵在于其规定多采用“尽可能酌情”这样不确定的词语，而且只是一般地规定公平合理分享遗传资源惠益，其具体的分享规则、程序和机制并未确立。鉴于此，公约生效后，其缔约国大会致力于建立确定且具体的遗传资源公平合理分享的法律机制（international regimes relevant to access and benefit - sharing of genetic resources）。[12]

首先，在 2002 年缔约国大会通过了《关于获取遗传资源并公平和合理分享其利用所产生惠益的波恩准则》（Bonn Guidelines on Access to Genetic Resources and Fair and Equitable Sharing of the Benefits Arising out of Their Utilization，以下简称《波恩准则》）。《波恩准则》建议遗传资源的“使用国”和“提取国”事先应该征得原产国的同意，并且上述国家应就遗传资源的获取和分享遗传资源的方式达成共识。需要注意的是，《波恩准则》仅仅是没有法律约束力的建议，而且对于相关概念和程序没有明确。

其次，值得大书特书的就是《生物多样性公约关于获取遗传资源和公正和公平分享其利用所产生惠益的名古屋议定书》（The Nagoya Protocol on Access to Genetic Resources and the Fair and Equitable Sharing of Benefits Arising from their Utilization to the Convention on Biological Diversity，以下简称《名古屋议定书》，即 The Nagoya Protocol）。该议定书于 2010 年 10 月 29 日在日本名古屋通过，并于 2014 年 10 月 12 日生效。该议定书为有效落实《生物多样性公约》的三大目标之一，即公平合理地分享利用遗传资源所产生

〔12〕 EC Kamau, B. Fedder, G. Winter, “The Nagoya protocol on Access to Genetic Resources and Benefit Sharing: What is New and What are the Implications for provider and User Countries and the Scientific Community?”, *Law & Development Journal*, Vol. 6, No. 3, 2010, pp. 248 - 263.

的惠益,提供了明确的法律框架。它通过以下方式提高了遗传资源提供者和使用者的法律确定性和透明度,为遗传资源的获取设立了较为明确的条件,明确了惠益分享机制。《名古屋议定书》规定其缔约方的核心义务在于就遗传资源的获取、惠益分享和合规问题采取措施。其中,关于遗传资源获取方面的义务而要求国家层面采取的措施旨在:建立法律确定性、明确性和透明性,并为其提供公平、非任意性的规则和程序,还为事先知情同意和共同商定的条件设立规则和程序。例如,它要求缔约国在获取经批准后签发的许可证或同等证照后创造条件以促进和鼓励有助于生物多样性保护和可持续利用的研究,并充分重视目前面临或即将发生的威胁人类、动物或植物健康的紧急情况,且考虑粮食和农业遗传资源对于粮食安全的重要性。关于遗传资源惠益分享义务要求国家层面采取的惠益分享措施旨在:促进使用或者利用国与提供遗传资源的缔约方公平合理地分享利用遗传资源所产生的惠益。《名古屋议定书》规定"利用"包括对遗传资源的遗传或生化构成的研究和开发,以及随后的应用和商业化。同时,它规定分享应按照共同商定的条件进行。它还明确指出"惠益"可能是经济形式的,也可能是非经济形式的。例如,缔约之间的惠益分享除了"权益费"的分享,还包括研究结果的分享。关于合规方面的义务,《名古屋议定书》规定其他国家需要符合提供遗传资源的缔约方的国家立法或法规要求提供支持方面的具体义务,以及共同商定的条件中体现的合同义务。上述规定是《名古屋议定书》的重大创新。例如,缔约方对在其管辖范围内利用的遗传资源经事先知情同意后获取,并且在共同议定的条件已经确立的情况下,按照另一缔约方的要求采取措施。再如,在被指违反另一缔约方要求的情况下给予配合,鼓励在共同商定的条件中加入有关解决争端的合同条款以确保在就共同商定的条件发生争端时有机会依照其法律制度进行追索,在司法援助方面采取措施。还如,采取措施监控遗产资源在离开某个国家之后的利用情况,包括在价值链的任何阶段——研究、开发、创新、预商业化或商业化——指定有效的检查点。

除了核心义务规定了需要采取的措施外,《名古屋议定书》还规定了辅助实施工具和机制。《名古屋议定书》要取得成功,必须在国家层面得以有效实施。《名古屋议定书》提供的一系列工具和机制辅助缔约方履约。这些工具和机制包括:设立国家联络点和国家主管部门以提供信息、批准获取或就合规问题开展合作;设立获取和惠益分享信息交换所以分享信息,包括获取和惠益分享有关国家法规要求或有关国家联络点和国家主管部门的信息;建立能力建设机制,以便在实施的主要方面提供支持。基于国家对本国需求和优先事项的自我评估,能力建设主要包括以下方面:制定有关获取和惠益分享的国家法律以实施《名古屋议定书》,商谈发展国内研究能力和机构以提高认识,促进技术转让,还规定通过《名古屋议定书》的财务机制——全球环境基金(环境基金),为能力建设和发展计划提供定向资金支持。

《名古屋议定书》所规定的遗传资源非常广泛,涉及了从病毒到真菌,从植物到动物的广泛领域。其核心是如何分享遗传资源带来的惠益,尤其是那些千百年来保护和管理某种遗传资源的社区和国家如何分享利益的问题。该议定书是对获取遗传资源并分享其惠益的一个具有法律约束力的议定书,是对现有的遗传资源惠益分享机制的突破。它将使制药公司、化妆品公司和农业公司以同样的规则从遗传资源丰富的国家或地区,如刚果盆地、亚马逊盆地以及印度、菲律宾或哥伦比亚这些发展中国家获取遗传资源,同时与这些遗传资源的拥有者分享利用该资源产生的利益,这些遗传资源的拥有者包括亚马逊的土著人、刚果盆地的地方社区以及这些国家的政府。它为遗传资源的拥有者提供了一种保护资源的激励机制。这种激励机制的价值不仅在于资金,更在于能力建设和机构建设。它让发展中国家的贫穷人口能够看到遗传资源的利益,并从他们的遗传资源商业化的过程中获益。它创造了一种新的经济秩序,一种南北之间、公司之间和人与人之间的新关系,而这一切都是围绕着尊重原产国和可持续地利用遗传资源展开的。

尽管《名古屋议定书》对现有的遗传资源惠益分享机制做出了突破和创新,但并不意味着它是完美无瑕的。它最主要的缺陷就是普遍性的问题。例如,作为遗传基因最具发言权的美国,因为它是少数尚未加入《生物多样性公约》的国家之一,因此它也不是这项议定书的缔约国。另外,绿色和平组织对这些新确定的目标依然表示失望。该组织认为它保护或者说适用于的海域范围太小,占整体海洋面积的比例太低。

但无论如何,不可否认它是历史上通过多边合作在联合国体制内达成的在环境领域最重要的法律文书之一。它对于可持续发展、对于千年发展目标、对于《生物多样性公约》都是一个重大进展。这一议定书有助于《生物多样性公约》得到全面执行。正如一些绿色和平组织对其的评价,《名古屋议定书》的20点计划虽然不如所期望的那样雄心勃勃,但是大部分内容还是值得庆祝的。它朝着全球采取联合行动解决生物多样性问题和提高人们对这些课题的意识的目标,迈出历史性的一步。

未来我国可通过国内立法界定何为"定居种",尽可能扩大对该种生物资源尤其是具有遗传资源的生物资源的管辖权。同时,明确"获取国"和"使用国"与我国作为资源"来源国"的分享机制。另外,我国还应通过立法促进深海基因资源开发技术的发展,鼓励和推动有关公司和组织开发别国的生物资源。

二、对非生物资源的管辖权

沿海国对大陆架非生物资源尤其是油气资源的渴望是推动大陆架制度产生的主要动因。这里主要涉及两个问题:第一,《公约》规定,沿海国开采其外大陆架的非生物资源需向国际海底管理局(以下简称“管理局”, the international seabed authority)缴费〔13〕;第二,外大陆架矿藏属于多个沿海国缴费的问题。

(一)缴费的一般问题

目前,虽未有在外大陆架开采矿产资源的实践,但一些国家(如加拿大、美国、新西兰、挪威等国)已经授权有关主体开采其外大陆架的矿产资源。而且随着我国深海探矿技术的发展,这也是我国面对的现实问题。此外,对此问题的澄清也有利于鼓励石油公司开采深海资源。

根据《公约》第 82 条,对 200 海里以外的大陆架非生物资源的开发,沿海国需向管理局按规定缴纳费用(payments)和(或)实物(contributions)。一般来讲,在外大陆架某一矿址开发的头 5 年无须缴费,从第 6 年开始缴付费用或实物的比率应为该矿址产值或产量的 1%,此后直到第 12 年所缴纳的费率每年增加 1%,从第 13 年开始以后每年缴纳的费率都固定为 7%。但如果开发大陆架资源的沿海国是发展中国家,且其开采的矿产资源百分之百依赖进口,那么可以不承担这项义务。这些国家缴纳的实物和费用由管理局按公平分享的标准将其分配给本《公约》各缔约国,同时考虑发展中国家的利益和需要,特别是其中最不发达国家和内陆国的利益和需要。该规定看似明确,但在执行的过程中存在不确定性。例如,缴费的种类(实物还是货币)、由谁(沿海国还是管理局)来决定或者计算应缴费用总额、费用由谁负担(沿海国还是石油公司)、谁来确定哪些国家属于免于承担义务的国家等问题。目前已经授权开采外大陆架资源的国家未提及如何履行上述义务。首先,缴费额确定的问题。根据国际法协会的报告,第 82 条第 2 款提到的“产值或产量”应为“总产值或

〔13〕 特别强调以下缴费包括费用和(或)实物。

者总产量”。[14] 如果是石化资源，一般按每口井产油价值（wellhead value）或者每桶油的市场价格计算。但是，其他矿产及资源的计算方法并没有统一的确定标准。有的学者主张，沿海国在确定缴费额时应征求管理局的意见，并与其达成共识。但是从第82条的规定来看，没有此规定。从该条制定的背景和规定来看，第82条是对沿海国和国际社会利益的平衡。它一方面承认沿海国对外大陆架非生物资源的主权权利，另一方面要求沿海国通过管理局与国际社会进行利益共享。也就是说，沿海国在相关事务上有决策权，而管理局负责将外大陆架矿产资源的受益公平分配给沿海国和其他国际社会成员。国际法协会指出沿海国有权决定缴纳的时间、方法、方式，但是管理局也可以就缴纳时间、方式等提出自己的意见。[15] 笔者赞同乔安娜·莫索普（Joanna Mossop）的观点，即沿海国可对《公约》第82条执行过程中产生的问题进行阐述和界定，但是由于缴费额与管理局有关，最好双方达成具体协议。[16] 这样既有利于《公约》规定得到履行，也能避免在履行第82条过程中产生的不必要的纠纷。其次，缴费类型的问题。所谓缴费类型的问题，主要是指以实物或者货币方式缴纳，还是以二者综合的方式缴纳。从管理局的角度看，如果沿海国采取货币的形式履行义务，对管理局的管理来说应该更为简单便利。因为这样，管理局就无须为保管沿海国提交的实物付出额外的精力。而如果从沿海国的角度来看，任由沿海国自由决定采取一种或者综合的方式履行其义务似乎更便利其履行义务。虽然第82条第1款用的是“或（or）”，似乎沿海国只能选择一种方式履行其

---

〔14〕 International Law Association, Report on Article 82 of the 1982 UN Convention on the Law of the Sea, 2008, para. 2.8.

〔15〕 International Law Association, Report on Article 82 of the 1982 UN Convention on the Law of the Sea, 2008, conclusion 6.

〔16〕 Joanna Mossop, *The Continental Shelf Beyond* 200 *Nautical Miles Rights and Responsibilities*, Oxford University Press, 2016, p. 112.

义务。但《公约》并未禁止沿海国采取综合的方式履行义务，如果沿海国采取综合的方式履行义务也不违背《公约》的目的和宗旨。从《公约》便利缔约国履行其义务的意图来看，管理局似乎也无权拒绝沿海国采取综合的方式履行其义务。因此，沿海国履行该条规定时，根据自身情况既可以采取一种形式履行其义务（或者实物或者货币的形式），也可以采取综合的方式。再次，缴费标准的问题。这里的问题是，如果沿海国决定用货币缴纳，在实践中的问题是用本国货币就好还是需要用国际上自由流通的国际货币；如果以实物缴纳，以开采出的矿产资源缴纳即可，还是可以任何替代资源缴纳均可？第 82 条未提及此问题。如果沿海国缴纳实物，管理局不仅要对其进行保管还需将其兑换成可以分配的价值然后按照公平合理的原则对其进行分配。这显然已经超出管理局现有的能力。根据 2012 在北京召开的一次国际研讨会讨论的结果来看，学者认为缴纳货币是值得推荐的履行《公约》义务的方式。[17] 另外，根据第 82 条第 1 款的规定从第 6 年开始，应该每年缴纳费用。由于每年的物价和通货膨胀率不同，相关国家如能预先明确固定的计算缴纳额的计划，这样更便于沿海国履行义务，也有利于管理局对其进行监督和管理。此外，由于各国货币不同价值也不同。无论按实物还是按货币缴纳，计算标准最好按照在国际市场可以自由兑换的货币的汇率来计算沿海国到底要缴纳多少实物或者货币。最后，免除缴纳义务国家的识别。根据第 82 条第 3 款的规定，只要同时符合以下两个标准缔约国就可以不承担缴费的义务：第一，该国是发展中国家。就国际实践来看，何为“发展中国家”没有统一的标准。例如，世贸组织和世界银行认定发展中国家的标准就不同。另外，谁来决定一个国家是否为发展中国

---

〔17〕 Outcomes of the International Workshop on Further Consideration of the Implementation of Article 82 of the United Nations Convention on the Law of the Sea, Report of the Secretary General, 6 May 2013, ISBN/19/A, para. 4(a).

家？换言之，是否是一个发展中国家应该由国家本身来决定还是由管理局来认定？从第82条的规定来看，沿海国在缴纳方式和类型上有决定权，但是其身份的问题该条未明确国家本身是否有决定权。那么管理局有权决定吗？目前，从其职能来看也不确定。未来需要确定由谁来认定一国是否为发展中国家。第二，根据上述条款的规定，这个国家还需是其大陆架上所生产的某种矿物资源的纯输入者。这款规定与该条第1款的规定不一致。第1款规定沿海国对外大陆架上的“非生物资源”的开发，应缴付费用或实物。该款适用的对象是外大陆架上包括矿产资源在内的非生物资源。而从第3款的规定看似乎只有一国在外大陆架开采矿产资源且其是该资源纯进口国，才能免除缴费的义务。该条款似乎可以这样解读，如果一国在外大陆架开发油气资源，即使其是该种资源的纯进口国，也需向管理局缴费。采取这样严格字面解释，明显不符合该条的意图和《公约》的宗旨，而且对于非生物资源依赖进口的发展中国家也不公平合理。根据《维也纳条约法公约》第31条第1款，对第82条第3款的解释除了按其用语结合上下文外，还参照《公约》的目的及宗旨，作出通常意义的善意解释。此外，国际法协会和管理局第4号研究报告都指出该款的规定与该条的目的存在差异。[18] 二者都指出该款应该适用包括矿产资源（mineral resources）在内的一切非生物资源（non-living resoureces）。

综上所述，根据《公约》第82条的规定，沿海国承担缴费的义务但是有权决定缴费的方式和类型以及计算方式，并为此制定原则、实体与程序规则；但是沿海国最好事前与管理局进行沟通，避免发生不必要的纠纷。而管理局有义务对各国缴纳的费用进行收集、对其进

---

〔18〕 See International Law Association, Report on Article 82 of the 1982 UN Convention on the Law of the Sea, 2008, para. 2.20; See also ISA, Technical Study No. 4, p.36.

行公平合理的分配，并为此制定原则，以及实体和程序规则。另外，免除缴纳义务的国家应为非生物资源纯依赖进口的发展中国家。怎么确定国家是否符合上述标准以及上文提到的其他执行第82条存在的问题，还有待各国在实践过程中通过缔约国大会或者管理局予以完善，以避免无谓的纠纷。

（二）跨界矿藏缴费的问题

由于资源的分布不可能完全位于一国管辖的外大陆架上，极可能位于两国或者两国以上的外大陆架上，也可能既分布于200海里大陆架内、200海里大陆架外，甚至国际海底区域。因此，产生跨界矿藏缴费的问题。具体而言，从资源所处海域位置来看，外大陆架跨界非生物资源的分布主要有以下两种可能：第一种，资源部分位于200海里内大陆架，部分位于200海里外大陆架；第二种，资源部分位于一国的外大陆架，部分位于国际海底区域。[19] 从是否属于国家管辖范围看，既可能位于一国管辖范围，也可能位于多国管辖区域，还可能位于国家管辖范围外。从是否划定外大陆架边界看，一般分为两类：已经划定海域边界的区域和尚未划定海域边界的区域，即跨界和争议外大陆架非生物资源矿藏。

当遇到跨界非生物资源的问题，第82条的执行就更加复杂。这里主要涉及两个问题：第一，确定有关各方缴纳额的问题；第二，第82条的规定是否是国际习惯法，即非缔约国是否需承担该项义务。

对于第一个问题，有关各方除了要解决合作开发的问题，还需要根据第82条的规定承担怎样的额外缴费义务。笔者认为，现有的国际法对此没有具体规定，在这种情况下可能参照现有的共同开发模式比较可行。详言之，有关各方需在借鉴现有共同开发实践的基础

---

〔19〕 See Joanna Mossop, *The Continental Shelf Beyond* 200 *Nautical Miles Rights and Responsibilities*, Oxford University Press, 2016, pp. 138 – 139.

上[20]，在确定开发区的范围、资源开发方式、管理方式、利润分配方式、法律适用争端解决等问题上达成共识外，还需确定各自应该向管理局缴纳费用额度的问题。现有的共同开发实践，对资源分配一般采取平均分配或者有利于一方的办法。至于在外大陆架出现跨界资源的问题，由于目前还未有相关的实践可以借鉴，所以可能的解决方式也是有关当事方协商解决。至于怎么确定缴费额，可能以下两种方案比较可行。第一种方案，有关当事各方确定各自外大陆架资源所占的比例，然后再根据第 82 条的规定进行，这首先需要有关各方就跨界资源的分配方式达成共识，然后确定缴费额、缴费方式。这种方案适用于已经划定了外大陆架边界的海域，尤其适用于固体的非生物资源，如多金属结核等资源。第二种方案，不考虑资源相关主体各自所管辖的资源占外大陆架资源的比例（因为类似石油等液体资源很难确定具体的比例），而是根据有关主体达成的资源和利益的具体分配比例（既可以平均分配，也可以按有利于一方的比例分配），再根据第 82 条确定应该缴纳的数额。这种方案适用于未划界的外大陆架海域，尤其是流动性的非生物资源，如石油和天然气等。鉴于外大陆架及资源的具体情况各不相同，很难得出一个普遍适用的方案，只能在具体问题中，有关各方密切合作，顺利解决该问题。

对于第二个问题，从现行国际法来看，关于第 82 条执行的问题，尤其是非《公约》缔约国执行的问题没有具体规定；从学者观点来看，第 82 条是否是国际习惯法也存在争议；从国际实践来看，现有的已达成的外大陆架共同开发协议中，有关主体都未提及如何履行第 82 条的问题，例如，塞舌尔毛里求斯共同开发案、美国墨西哥共同开发案。未来该问题的解决还需通过《公约》的缔约大会或管理局等有关国际组织对第 82 条的执行问题制定具体的规则或者对第 82 条

[20]　这里的共同开发是指广义上的共同开发，既指未划界外大陆架的共同开发，也包括划定外大陆架边界的共同开发。

的法律地位进行解读。

三、对人工岛屿、设施和结构的管辖权

根据1958年《大陆架公约》第6条和1982年《公约》第60条、第80条的规定,沿海国有权在大陆架上"建立、维持或使用"为"探测、开发"其天然资源所必要的设施和装置,并为保障其安全可在上述人工岛屿、设施和结构周围500公尺距离内设置安全区和采取相应措施。但是,这些设置和装置不得对公海航行、捕鱼或海中生物资源之养护造成不当之妨害,亦不得对于以公开发表为目的而进行的基本海洋学研究或其他科学研究有任何妨害。安全区范围从已建设施外缘各点起算之。各国船舶必须尊重此种安全区。该类设施不具有岛屿的法律地位,并不对划界产生任何影响。沿海国需对此项设置的建立妥为通告,并须常设警告。

上述提到的两公约,对于沿海国关于人工岛屿、设施和结构的管辖权的基本规定一致。但二者对于管辖权和撤除具体事项上的规定存在差异。《公约》在1958年《大陆架公约》的基础上明确了沿海国具体的管辖权,即沿海国不仅对人工构造享有管辖权,而且可以通过立法制定有关海关、财政、卫生、安全和移民等法律和规章适用于上述结构。在撤除事项上,1958年《大陆架公约》要求更为严格,要求沿海国对所有不再适用的或者废弃的结构必须全部撤除,而1982年《公约》则规定为了航行安全,应考虑主管国际组织,例如国际海事组织制订的一些准则或者建议,以及其他国际组织或者渔业组织为了保护渔业资源、海洋环境而制定的国际公认的权利和义务,对不再使用的或者闲置的任何设置应予以撤除。同时,还规定如果没有撤除的,应该对这种结构的深度、位置和大小妥为公布以保障航行安全。换言之,《公约》并不要求沿海国拆除全部废弃或者不再使用的人工岛屿、设施和结构。如果对航行安全不构成威胁,没有必要撤除的设施只要妥为公布即可。

实践中有两个问题。第一,关于安全区范围的问题。现代深海开采设备本身超出500公尺,如有些开发设备的底座远远超出500公尺。而按照《公约》安全区的范围一般不能超出此界限。那么这种情况应该以开采设备的外缘为限,还是在其最外缘再向外延伸500公尺作为安全区?《公约》第60条第5款还规定了例外情况,如果按一般可接受的国际标准或主管国际组织的建议允许可以超出500公尺以外,也是可以接受的。也就是说,安全区的范围一般不得超过沿海国为开发大陆架资源建造的人工岛屿、设施和结构最外缘起算500公尺,但是如果设备符合行业接受的国际标准或者是主管国际组织建议,那么也可以超出500公尺。第二,人工岛屿、设施和结构的安全问题。如海底石油开采或者输送往往需要通过海底管道完成,但是公海捕鱼活动或者过往船舶可能会对这些管道造成损害。例如,公海拖网捕鱼,大型超重的渔具极易对海底管道以及开采设施造成破坏。这种情况下,沿海国是否可以禁止其在开采海域上覆水域公海的拖网捕鱼活动或者类似极易对开采设施造成损害的活动?又如,行使公海自由的船舶抛锚或者起锚的过程中,可能对海底管道或者人工岛屿、设施和结构造成损害,沿海国是否可以划定一定范围禁止在特定海域内的航行活动?目前,无论国际实践还是理论学界都对此问题没有定论。虽然一些国家已经通过国内立法的方式规定,在其外大陆架指定航道或者制定航线系统,并建议有关国家避开或者特别关注这些指定的区域,例如英国〔21〕。再如,新西兰、加拿大和南非都立法对大陆架开采活动附近海域的航行活动进行管制,禁止某些船舶进入安全区内。〔22〕但是,这些国家的立法是否违反了公海自由原则,是否会被其他国家遵守?这还有待观察。笔者认为,

〔21〕 See http://www. hse. gov. uk/offshore/directive. htm.

〔22〕 See Section 101B and 101C, Crown Minerals Act 1991 (New zealand); See also Rule 43(a), Collision Regulations C. R. C., 1978, c. 1416 (Canada); Section 1 and 8B, Marine Traffic Act No. 2 of 1981 (South Afirca).

根据现行国际法最妥当的办法可能就是，沿海国根据国际海事组织的标准和程序申请其外大陆架的特定海域为“敏感海域”，这样沿海国才可以对公海捕鱼和航行活动采取适当的措施，以保护其海底开发活动不受严重干扰。

未来，我国也应借鉴上述国家实践，制定相关法规，对大陆架开采区域及其安全区内的捕鱼和航行活动进行规范，并可以通过与国际海事组织合作，设立“敏感海域”对制定区域采取特别措施。

四、对生物勘探及其他海洋科研的管辖权

根据现行国际法，沿海国对其管辖海域内的生物勘探（bio-prospecting）和科学研究具有管辖权。但是《公约》要求，其他国家在沿海国大陆架上从事上述活动需要经过沿海国同意。实践中，生物勘探和海洋科学研究易混淆。本部分着重探讨生物探勘与海洋科学研究的区别与联系。

（一）沿海国对二者的管辖权限不同

根据《公约》的规定，与公海不同，在大陆架无论是“生物探勘”还是海洋科学研究都需要经过沿海国的同意。之所以要对二者进行区分，主要是因为国际法对二者的规定和要求不同。换言之，沿海国对二者的管辖权不同。或者说现行国际法对沿海国是否同意进行上述活动的权限限制有所不同。根据《公约》规定，如果活动是与大陆架资源相关的生物勘探，沿海国可以拒绝。[23] 但是，如果是其他国家或国际组织根据《公约》的规定，专为和平目的，为了增进关于海洋环境的科学知识为全人类谋利益，沿海国则不能拒绝。[24] 简言之，对于生物勘探沿海国可以拒绝，而对于后者沿海国一般不能拒绝。

---

〔23〕《公约》第十三部分第246条第5款。

〔24〕《公约》第十三部分第246条第3款。

但是,这不意味着沿海国对海洋科学研究不具有管辖权。沿海国可以制定与研究相关的规则和程序。换言之,沿海国还是可以对这种研究进行管辖,只是不能拒绝或者故意延迟这种科研活动的正常进行。

根据《公约》规定,我国可以通过立法的形式规定,在大陆架上的科学研究需要向我国提交详细的研究计划,并且允许我国参与,同时还规定申请我国同意的程序、期限以及主管机关。例如,通过法律的形式要求科研活动的主体向我国提交研究的计划性质和目标;使用的方法和工具,包括船只的船名、吨位、类型和级别,以及关于科学装备的说明;进行计划的精确地理区域;研究船最初到达和最后离开的预定日期,或装备的部署和拆除的预定日期,视情况而定;主持机构的名称,主持人和计划负责人的姓名;以及允许我国参加或有关代表参与计划的程度。除了上述提到的与大陆架生物资源相关的研究外,发生下列情况我国可以拒绝:(1)涉及大陆架的钻探、炸药的使用或将有害物质引入海洋环境;(2)涉及该《公约》第80条所指的人工岛屿、设施和结构的建造、操作或使用;(3)提交给我国的信息与活动不相符,或者其他未履行我国法律法规的情形,以及其他对我国行使大陆架的主权权利和管辖权所进行的活动造成不当干扰的情况。

此外,根据国际法的规定,从事研究的国家或者国际组织还需遵守以下义务:(1)确保我国或者有关人员能够真正参与研究,该主体无须向我国及相关人员支付报酬但也不应该要求我国承担任何研究费用,除非我国自愿承担研究费用;(2)如果我国要求,相关研究主体在实际可行范围内应提供初步报告并于研究完成后提供所得的最后成果和结论,还应负责向我国提供研究所取得的一切资料和样品、可以复制的资料以及分开而不致有损其科学价值的样品,并提供相关的评价或者协助我国评价上述资料和样品;(3)非经我国同意,不得对研究方案进行任何重大改变;(4)除非另有协议,研究完成后立即拆除科学研究设施或装备；（5）除另有协议外，应将海洋科学研究计划通过官方途径及时通知我国。如果违反上述规定或者发生争端，我国有权要求研究活动暂停或停止。这里有几点特别值得注意：第一，如果相关研究主体调整其行为，符合上述规定我国应该及时允许其继续进行；第二，要顾及内陆国和地理不利国的权利；第三，任何科研活动不得对国际航道造成不当的干扰，并考虑国际海事组织所制定的规则和标准，研究设施上应标明其所属主体的标志以及适当的警告以确保海上安全和空中航行安全；第四，我国应给予正当的科学研究便利与协助；第五，如果为了保护海底环境和生物资源可以设立保护区或者安全地带，在上述区域内可以禁止任何科学研究。根据《公约》第263条的规定，如果有关研究活动违反国际法或者我国的规定，我国可以要求研究主体对该活动造成的损害进行补偿；如果造成环境污染，也可以要求其承担相应民事甚至刑事责任。

（二）对二者进行区分的问题

虽然根据《公约》规定沿海国可拒绝其他国家或者国际组织在其大陆架上进行"生物探勘"，但如果为了和平的目的以及增进对海洋了解而进行的科学研究则沿海国不能拒绝；但在实践中很难对二者进行明确的区分〔25〕。在国际实践中，国家往往依靠研究的目的

---

〔25〕 See Joanna Mossop, "Protecting Marine Biodiversity on the Continental Shelf Beyond 200 Nautical Miles", *Ocean Development & International Law*, 2007, Vol. 38, No. 3, pp. 283 - 304; Tullio Scovazz, Mining, "Protection of the Environment, Scientific Research and Bioprospecting: Some Considerations on the Role of the International Sea Bed Authority", *International Journal of Marine & Coastal Law*, 2004, Vol. 19, No. 4, pp. 383 - 410; CH Allen, "Protecting the Oceanic Gardens of Eden: International Law Issues in Deep - Sea Vent Resource Conservation and Management", *Georgetown Environmental Law Review*, 2001 (Spring), Vol. 13, pp. 563 - 660; David Leary, "Marine genetic resources: A review of scientific and commercial interest", *Marine Policy*, 2009, Vol. 33, No. 2, pp. 183 - 194.

是否具有商业性对二者进行区分。[26] 即对于具有商业目的的科学研究,沿海国可以拒绝;而对于不具有商业目的的科学研究沿海国不能拒绝。例如,菲律宾和澳大利亚的国内立法都具有类似规定。

未来,我国应该明确立法,对生物勘探和其他科学研究进行区分,在遵守国际法原则、规则尤其是《公约》规定的同时,依法保护和利用大陆架生物资源。

五、保护大陆架环境的义务

根据现行国际法,沿海国在外大陆架不仅承担保护海底环境的义务还承担着养护海底定居物种生物资源的义务。当前,国际社会普遍重视生物多样性保护的问题。随着人类对遗传资源价值认识的逐渐深入,大陆架定居物种的身价与日俱增。而相关的法律规则主要体现在多边条约、国际习惯法以及其他法律文件中。

(一)多边和区域公约

很多多边条约中都规定了国家有保护环境的义务。例如,《国际防止船舶造成污染公约》(International Convention for the Prevention of Pollution from Ships,一般简称为 MARPOL 73/78 公约)。还如,1972 年《防止倾倒废弃物及其他物质污染海洋的公约》(Convention on the Prevention of Marine Pollution by Dumping of Wastes and Other Matter,以下简称《1972 伦敦公约》, London Dumping Convention,LDC)。上述公约都与外大陆架环境保护有关,但是未对上述问题进行专门规定。而与保护外大陆架海洋生态和环境密切相关的多边公约主要有《公约》和《生物多样性公约》。下面将分别对上述两个公约进行介绍。

---

〔26〕 Joanna Mossop, *The Continental Shelf Beyond* 200 *Nautical Miles Rights and Responsibilities*, Oxford University Press, 2016, p. 112.

1.《公约》。尽管《公约》第六部分“大陆架”未提及沿海国有保护大陆架环境和生物资源的义务。但是,该《公约》中很多一般性条款都与保护海洋环境及其生物资源有关,均适用于大陆架。

《公约》关于“大陆架”的第六部分确实未像关于“专属经济区”的第五部分那样提及沿海国有管理和养护环境和生物资源的权利和义务。例如,该《公约》第56条规定沿海国在专属经济区内有以“勘探”和“开发”、“养护”和“管理”海床上覆水域和海床及其底土的自然资源(无论为生物或非生物资源)为目的的主权“权利”。而该《公约》第77条规定沿海国有为“勘探”大陆架和“开发”其自然资源的主权权利,未提及“管理”和“养护”。再如,该《公约》第61条要求沿海国根据可靠的科学证据,首先,决定在其专属经济区可供捕捞的生物资源的数量;其次,要求沿海国采取养护和管理措施,保证其专属经济区生物资源利用的可持续性,不遭到过度捕捞。而大陆架未见这样的规定。关于专属经济区的上述规定并不适用于大陆架。因为,《公约》第56条第3款明确规定“本条所载的关于海床和底土的权利,应按照第六部分的规定行使”,而且,第68条明确指出专属经济区的上述规定“不适用于第七十七条第4款所规定的定居种”。但并不能得出这样的结论,沿海国在大陆架尤其是外大陆架不承担保护环境和生物多样性的义务。如果结合制定《公约》立法背景也不会得出上面的结论。《公约》大陆架部分未出现关于保护环境和养护生态系统的规定主要有以下几方面原因:首先,该《公约》第六部分主要继承了1958年《大陆架公约》的主要规定,当时人们保护环境的意识不强,更多的是关注沿海国对于海洋资源享有怎样的权利。[27] 因此,未提及保护海洋环境和养护生物资源的义务。其次,《公约》谈判时,相对海底以牡蛎为代表的定居种资源,人们更关注

〔27〕 Donald R., Rothwell and Tim Stephens, *The International Law of the Sea*, Hart Publishing, 2010, p. 119.

海水中丰富的渔业资源。因此，在大陆架部分未规定沿海国有保护环境和生物资源的义务。再次，这是出于维护公海自由的考虑。当时，海洋强国极力主张公海自由的适用海域应尽量广阔，沿海国的管辖海域应尽量缩小。为了让更多的国家接受大陆架制度，仅强调沿海国享有开发和利用海底非生物资源的主权权利和部分以定居种为主的生物资源的主权权利，未提“管理”和“养护”等用语。[28]

虽然《公约》未明确规定沿海国有养护环境和生态的义务，但事实上《公约》暗含沿海国保护大陆架环境和养护大陆架资源的义务。

（1）“主权权利”即意味着一种绝对专属的权利，当然包括管理和养护的权利。[29] 因此，沿海国在大陆架需承担保护环境和养护生物资源的义务，并具备相应的管辖权。值得注意的是，这些权利仅限于勘探和开发大陆架的石油和天然气等矿产资源和定居物种。也就是说，沿海国在大陆架的管辖权仅限于以勘探开发这些资源为目的，且不能对公海自由或者其他国家的合法权益造成损害或者不当干扰[30]。

（2）虽然《公约》第十二部分关于“海洋环境的保护和保全”的主要目的是预防各种污染源对海洋环境造成污染[31]，但其与外大陆架的生物资源相关。首先，关于保护环境的一般性规定，约束所有缔约国，不论沿海国还是船旗国。[32] 这些部分事实上包括两个方面，积极的义务即保护和保全海洋环境；消极的义务即不损害海洋环境。而且，该部分有专门关于行使自然资源主权权利的同时要承担

---

〔28〕 FVW Penick, “The Legal Character of the Right to Explore and Exploit the Natural Resources of the Continental Shelf”, *San Diego Law Review*, Vol. 22 1985, pp. 765 – 768.

〔29〕 D. P. OConnel, *The International Law of the Sea*, Vol. I, edited by I. A. Shearer, Oxford University Press, 1982, p. 477.

〔30〕 《公约》第六部分第 78 条。

〔31〕 《公约》第十二部分第 194 条。

〔32〕 《公约》第十二部分第 192 条。

保护环境职责的规定。[33]这也意味着，沿海国行使所有主权权利都必须符合该《公约》第十二部分的规定。如果沿海国或者船旗国控制下的活动对环境造成损害，那么就构成对《公约》的违反。[34]同样，船旗国也需要遵守沿海国制定的保护和保全环境的法律和规章。因为，沿海国的法律制度是构成保护和保全海洋环境和资源制度的不可分割的一部分。沿海国可以出于保护海底环境和生物资源的目的制定相关法律规则并采取相关措施。其次，《公约》第 206 条是执行国际习惯法环境影响评价的法律依据。根据国际法院和国际海洋法法庭的实践，履行“环境评价义务”是国际习惯法。[35]《公约》第 206 条规定，只要各国有合理根据认为在其管辖或控制下的活动有可能对海洋环境造成重大污染或重大的有害变化，根据能力对这种活动可能对海洋环境造成的影响作出评价，并应依照第 205 条规定的方式提送这些评价结果的报告。虽然该条中所指的“评价”，并非现代环境管理制度中的“环境影响评价”（environmental impact assessment），但是它却是执行环境影响评价义务的法律依据。[36]最后，《公约》第 204 条规定检测污染的危险和影响。该条规定事实上对是习惯国际法“尽职义务”（the obligation of due diligence）的反映。尽职义务也要求各国检测可能的跨界损害。该条要求各国根据各自的具体情况和能力，直接或者与国际组织合作，用国际社会公认的方法，观察、测算、估计和分析海洋环境污染的危险或影响，并应持续地

[33] 《公约》第十二部分第 193 条规定：“各国有依据其环境政策和按照其保护和保全海洋环境的职责开发其自然资源的主权权利。”

[34] Donald R. Rothwell and Tim Stephens, *The International Law of the Sea*, Hart publishing, Oxford, 2010, pp. 950 – 975.

[35] Joanna Mossop, *The Continental Shelf Beyond* 200 *Nautical Miles Rights and Responsibilities*, Oxford University Press, 2016, p. 98.

[36] Lingjie Kong, “Environmental Impact Assessment under the United Nations Convention on the Law of the Sea”, *Chinese Journal of International Law*, 2011, Vol. 10, No. 3, pp. 651 – 669.

监视其所准许或从事的任何活动的影响，以便确定这些活动是否可能污染海洋环境。此外，根据《公约》第197条和第199条规定，沿海国还应根据能力，与国际海事组织合作，为了消除和减轻环境损害而制订污染的应急计划，以应付海洋环境的污染事故。

（3）从程序规则看，沿海国也承担相应的义务。首先，一旦发生污染事故，发现国有对影响国和国际海事组织等其他国家组织进行通知的义务。[37] 其次，可诉诸相关司法程序。虽然《公约》第220条仅规定沿海国可对发生在领海或者专属经济区内的污染制定法规制度并采取相关措施，但如果污染对沿海国大陆架海底定居物种或者海底环境造成损害，沿海国基于对其主权权利也可制定防止、减少和控制污染的法规制度，并要求污染者对损害进行赔偿，并可对船舶实施必要的检查、拘留等措施。可参照该《公约》第220条的规定制定国内法，特别要明确在船舶对沿海国造成重大环境影响且该船拒不提供情况，或所提供的情报存在虚假情况时，沿海国可以对船舶进行检查。同时，特别强调沿海国有明显客观证据证明在其大陆架上覆水域航行的船只的排放损害了沿海国大陆架生物资源、环境等其他合法利益，并造成了实际的重大损害或威胁，可在不违反该《公约》第十二部分第7节的限制下，按照该国法律对相关船舶提起司法诉讼，并对该船采取强制措施如扣押，还可以要求其提供担保。

概言之，沿海国可以根据各自的国情和大陆架的海域情况以及国际规则、标准和建议制定更为严苛的保护和保全海洋环境和生物资源的法规，还可以采取检查、拘留等措施，并提起司法程序。但是，沿海国采取措施防止、减少或控制海洋环境的污染时，也不应对其他国家的合法权益造成不当的干扰[38]。

综上所述，沿海国具体可以对以下事项制定法律规章和措施：其

---

〔37〕《公约》第十二部分第197条。

〔38〕《公约》第十二部分第194条第4款、第208条。

一,确保在沿海国管辖下或者控制下的活动不对他国或者他国管辖范围以外的区域的环境造成污染或者损害。其二,上述提到的活动主要包括各种可能形成污染源的活动,如来自陆地的、来自大气的、来自船舶的,有毒、有害或其他有碍健康的物质,尤其是那些不容易降解的物质。这里特别指船舶在正常航行中遇突发事件或者紧急情况,要遵守海上安全操作事项,防止故意和无意的排放造成的污染事故。沿海国可以对船只的设计、建造、装备、操作和人员提出要求,也可以提出在上述情况下可以采取的措施,类似制定上述法规或者采取措施防止因为开采海底自然资源而造成的污染事故,在海洋环境内操作其他设施和装置造成的污染事故,为保护和保全稀有或脆弱的生态系统,以及为保护衰竭、受威胁或有灭绝危险的物种和其他形式的海洋生物的生存环境而采取的措施。需要注意的是,沿海国制定的保全和养护海洋环境的法规措施,应高于或者至少等同于国际规则、标准和建议。由于海洋流动性的特定,沿海国最好与区域内相关国家和国际组织合作,就相互之间的规则、措施和机制进行协调。[39] 从程序规则看,沿海国可以依法对其起诉并采取强制措施。

由于《公约》是"一揽子"协议,在外大陆架和公海管辖权发生冲突的问题上主要是采取平衡船旗国和沿海国利益的做法。换言之,既承认沿海国在大陆架享有开发海床和底土的非生物资源和定居物种等自然资源的主权权利,也维护船旗国享有的公海自由。沿海国可以为了勘探和利用大陆架资源有制定相关法律规章的权利,也可以采取相应的措施,前提是不能不正当地干扰其他国家享有的合法权利和自由。也就是说,只要沿海国在合理的限度内出于保护大陆架环境和生物资源以及勘探开发其自然资源的目的,可以制定相关法规,并采取相关措施,还可以诉诸司法程序。

2.《生物多样性公约》(Convention on Biological Diversity)及其

〔39〕《公约》第十二部分第 208 条。

议定书[40]。该公约是由联合国环境规划署主导的保护生物资源的国际性公约,于1992年6月5日签署,1993年12月29日正式生效。中国是该公约的缔约国。[41]

《生物多样性公约》的规定并不挑战《公约》规定,而是对后者的细化和补充。首先,《生物多样性公约》适用于国家管辖的海域。[42]该公约要求缔约国制定国家或者部门战略、计划或方案达到保护和可持续利用生物资源等目的。[43] 也就是说,沿海国为了保护大陆架的生物资源,可以采取立法、行政或政策性等措施,并为保护生物多样性及其生态环境建立保护区对其进行管理和管制,但是这些不得影响缔约国或者其他国家依法享有的权利。[44] 也就是说,沿海国为了保护大陆架的环境和生物资源可以建立保护区,也可以立法并采取适当的措施对特定的区域进行管理和管制,但沿海国的立法及采

---

〔40〕《生物多样性公约》的议定书主要是《卡塔赫纳生物安全议定书》和《名古屋议定书》。《卡塔赫纳生物安全议定书》的目标是协助确保在安全转移、处理和使用凭借现代生物技术获得的、可能对生物多样性的保护和可持续使用产生不利影响的改性活生物体领域内采取充分的保护措施,同时顾及对人类健康所构成的风险并特别侧重越境转移问题。议定书于2000年1月29日通过,2003年9月11日生效。截至2016年6月底,共有170个缔约方。中国于2000年8月8日签署并于2005年4月27日核准该议定书。该议定书于2011年4月6日起适用于香港特区,暂不适用于澳门特区。《名古屋议定书》的目标是公正、公平地分享利用生物遗传资源所产生的惠益,包括通过适当获取遗传资源和适当转让相关技术,同时亦顾及对于这些资源和技术的所有权利,并提供适当的资金,从而对保护生物多样性和可持续地利用其组成部分做出贡献。议定书于2010年10月29日通过,2014年10月12日生效。截至2016年6月底,议定书共有73个缔约方。中国于2016年6月8日加入议定书。议定书于2016年9月6日起对中国生效,暂不适用于香港和澳门特别行政区。

〔41〕中国于1992年6月11日签署公约。公约于1993年12月29日对中国生效。公约适用于香港、澳门特区。

〔42〕《生物多样性公约》第4条。

〔43〕《生物多样性公约》第1条。

〔44〕《生物多样性公约》第22条。

取的任何措施不得对船旗国在公海享有的自由进行不当干扰。这完全符合《公约》的目的和宗旨。但是,国际上尚未形成普遍公认的确定保护区和进行环境评估的标准。未来,中国可根据具体管辖海域的生态环境和资源状况,借鉴现有的国家实践,确定保护区的标准。其次,《生物多样性公约》第 22 条明确其规定不对任何缔约国现有的国际条约下享有的权益造成影响或者改变,也不抵触各国通过海洋法所享有的任何权益。这条规定说明《生物多样性公约》不影响各国根据《公约》享有的权利和承担的义务,如果发生歧义,按照《公约》的规定来解释和适用。最后,《生物多样性公约》第 14 条要求缔约国对准备进行的项目做环境影响评价。该规定是对《公约》第 206 条的细化,鼓励公众参与、订立双边或者多边等区域安排、制定单独的或者联合的应急计划,以及发生危害时及时通知并采取措施等。

特别应该注意的是,《生物多样性公约》强调两项基本原则。其一,来源国主导原则。尊重各国对自然资源享有的主权权利,来源国依其国内法决定获取遗传资源的方式以及条件。而且,近年来大陆架定居物种蕴含的遗传资源受到重视。因此,我国应依据《生物多样性公约》立法,明确保护区的选定和认定、保护措施、管制手段等,以预防和减轻公海捕鱼、航行对可能对大陆架生态环境和生物资源造成的损害和可能造成的损害。这与《公约》第 77 条的规定相一致。其二,不损害原则。也就是说,凡是属于沿海国管辖或者控制下的活动,不得对其管辖以外的环境,即无论属于其他国家管辖还是不属于任何国家管辖的环境造成损害。这也与《公约》第 194 条第 2 款〔45〕的规定完全一致。

《生物多样性公约》还规定了解决争端的一系列方式。如果缔

〔45〕《公约》第十二部分第 194 条第 2 款规定:“各国应采取一切必要措施,确保在其管辖或控制下活动的进行不致使其他国家及其环境遭受污染的损害,并确保在其管辖或控制范围内的事件或活动所造成的污染不致扩大到其按照本公约行使主权权利的区域之外。”

约国之间就《生物多样性公约》的解释或适用发生争端，主张缔约国可以采取谈判、斡旋或调停等政治方式解决。如果上述方法未能解决争端，当事方既可以选择《生物多样性公约》的强制性办法（如提交仲裁厅或者国际法院裁决），也可以通过调解的方式解决争端。可见《生物多样性公约》解决争端的方式非常灵活。中国可以根据国情，规定解决争端的具体方式，也可以强调哪些争端归中国司法机构管辖。

除了《生物多样性公约》为保护生物多样性建立的规则外，很多区域渔业组织也采取措施保护海底生态环境，禁止拖网捕鱼，或者适用“避离”规则（“move on” rule）要求在公海捕鱼的船舶与脆弱的生态系统保持一定距离。例如，东北大西洋渔业委员会指出“避离”规则适用于新的和现有的捕鱼区。其他一些渔业组织也开始针对拖网捕鱼等破坏性的捕捞方式对大陆架生态环境和生物资源已经和可能造成的严重损害采取不同的措施。〔46〕

此外，沿海国还可以通过国际海事组织寻求保护外大陆架的特别措施，例如规定其大陆架某一脆弱生态系统为“特别敏感海区”（a particularly sensitive sea areas）。

综上所述，中国可依据《生物多样性公约》的规定制定保护外大陆架的生态环境和资源的法规，同时可单独或者与其他国家、国际组织合作采取包括司法手段在内的措施保护外大陆生物资源，还可以确定一块具体的区域对其进行管理和管制，如禁止拖网捕鱼，要求过往外国船舶遵守我国的相关法规并提交有关信息等。但是，这些法规和措施都要适当顾及其他国家的合法权利，不能对其行使权利造成不当的干扰。

---

〔46〕 See Joanna Mossop, *The Continental Shelf Beyond* 200 *Nautical Miles Rights and Responsibilities*, Oxford University Press, 2016, p. 100.

（二）国际习惯法

除了上述条约中关于保护海洋环境和养护生物资源的规定外，还有一些相关的国际习惯法适用于外大陆架。它们分别是“国家在其领土上行使主权时不得损害邻国的利益”和“国家应尽职遵守其承担的环境义务”。

1. 国家在其领土上行使主权时不得损害邻国的利益。该原则一方面是指在国家管辖或者控制下的活动不得对他国或者国家管辖外的海域造成损害，并应采取措施减轻、限制和控制有害活动。换言之，沿海国在勘探开发其大陆架资源时，不应对其上覆水域和国际海底区域的环境和生物造成严重损害。也就是说，国家在大陆架进行资源开发活动时应承担预防和不造成跨境损害的义务。这一项基本的国际习惯法规则在《公约》中有所体现。首先，《公约》强调沿海国对于开发其自然资源享有主权权利，例如《公约》第 77 条的规定〔47〕。其次，根据《公约》第 194 条第 2 款规定，〔48〕沿海国在外大陆架行使主权权利不得对公海船旗国或者国际海底区域造成损害；船旗国在公海活动或者有关国家在国际海底区域进行开采活动时也不得对沿海国外大陆架的环境和资源造成损害。换言之，如果公海或者国家海底区域的活动对我国外大陆架的环境或者资源造成严重的损害，那么我国为了保护大陆架的自然资源和环境，可以采取措施。此外，该原则还体现在 1972 年《联合国人类环境会议的宣言》（又称

---

〔47〕《公约》第六部分第 77 条第 1 款规定：“1. 沿海国为勘探大陆架和开发其自然资源的目的，对大陆架行使主权权利”。

〔48〕《公约》第十二部分第 194 条第 2 款规定：“2. 各国应采取一切必要措施，确保在其管辖或控制下的活动的进行不致使其他国家及其环境遭受污染的损害，并确保在其管辖或控制范围内的事件或活动所造成的污染不致扩大到其按照本公约行使主权权利的区域之外。”

《斯德哥尔摩宣言》)第21项原则[49]和1992年《里约热内卢环境与发展宣言》(Rio Declaration,以下简称《里约宣言》)第2项原则中[50]。同时,该原则还意味着“预防对环境损害的义务”。它常常与“不造成跨界损害的义务”相提并论。[51] 需要注意的是,该项义务同前一义务一样,不仅适用于国家管辖海域而且适用于国家控制和管辖下的活动。[52] 只有在有确定证据表明对环境的损害会发生时,该义务才产生。也即只有确定的证据表明损害发生或者可能发生,有关国家才承担义务。

上述法律文件虽然在表述上有所差异,但是本质内容相同。同

---

〔49〕《斯德哥尔摩宣言》第21项原则为:“按照联合国宪章和国际法原则,各国有根据自己的环境政策开发自己资源的主权;并且有责任保证在他们管辖或控制之内活动,不致损害其他国家的或在国家管辖范围以外地区的环境。”该宣言的全称是《联合国人类环境会议宣言》(Declaration of the United Nations Conference on the Human Environment)。1972年6月16日联合国人类环境会议全体会议于斯德哥尔摩通过。来自113个国家的政府代表和民间人士就世界当代环境问题以及保护全球环境战略等问题进行了研讨,制定了《联合国人类环境会议宣言》。呼吁各国政府和人民为维护和改善人类环境,造福全体人民,造福后代而共同努力。

〔50〕《里约宣言》第2项原则为:“各国根据联合国宪章和国际法原则有至高无上的权利按照它们自己的环境和发展政策开发它们自己的资源,并有责任保证在它们管辖或控制范围内的活动不对其他国家或不在其管辖范围内的地区的环境造成危害。”该宣言的全称为《里约环境与发展宣言》(Rio Declaration on Environment and Development)。该宣言重申了《斯德哥尔摩宣言》,以之为基础。其目标是通过在国家、社会重要部门和人民之间建立新水平的合作来建立一种新的和公平的全球伙伴关系,为签订尊重大家的利益和维护全球环境与发展体系完整的国际协定而努力,认识到我们的家园地球的大自然的完整性和互相依存性。

〔51〕2010年“乌拉圭河纸浆厂”案。See Case Concerning pulp Mills on the River Uruguay (Argentina v. Uruguay) (Judgment) [2010] ICJ Report 14, para. 101.

〔52〕See philippe Sands, *Principles of International Environmental Law*, Cambridge University Press 2012, p. 201; Joanna Mossop, *The Continental Shelf Beyond* 200 *Nautical Miles Rights and Responsibilities*, Oxford University Press, 2016, p. 102.

样的原则也存在于《公约》中。因此,建议我国在法律中明确其他国家需遵守我国的哪些规定以保护我国外大陆架的利益。另外,一旦发生损害的后果,我国也可以据此追究有关国家的责任。需要强调的是,只有造成或者可能造成严重的损害,我国才可依法对公海或者国际海底区域的活动进行必要管制,必要时诉诸司法程序。若仅造成损害但是后果并不“严重”,我国承担相关的义务与责任。[53]

2. 尽职的义务(the obligation of due diligence)。在国际司法实践中,国际法院或者仲裁庭在提及“不对环境造成损害的义务”的同时,往往会提及“尽职的义务”。在 2010 年“乌拉圭河纸浆厂”案中(Case Concerning Pulp Mills on the River Uruguay),国际法院的大部分裁决是依据这项国际习惯法做出的。同时指出“不对他国或者国家管辖范围外的区域造成损害与保护环境的义务”与该项规则密不可分。[54] 该规则并不要求国家避免一切环境损害,而是要求国家在其法律制度内采取适当的措施履行其应承担的保护环境和养护生物资源的义务。2011 年国际海洋法法庭在“关于区域活动担保国的责任与义务”咨询案(Responsibilities and Obligations of States Sponsoring Persons and Entities with Respect to Activities in the Area)中,也提及国家并不是在任何情况下都承担不对其他国家或者国家管辖范围以外区域造成损害以及预防的义务。但是,国家应该尽最大的努

---

〔53〕 Daniel Bodansky, Jutta Brunnee, Ellen Hey, *The Oxford Handbook of International Environmental Law*, Oxford University Press, 2007, pp. 531 – 549.

〔54〕 See Case Concerning pulp Mills on the River Uruguay (Argentina v. Uruguay) (Judgment) [2010] ICJ Report 14, para. 101; Donald K Anton, “Case Concerning pulp Mills on the River Uruguay (Argentina v. Uruguay) (Judgment)”, *Australian International Law Journal*, 2010, Vol. 17, pp. 213 – 223; Xiaopin Zhu, Jinlong He, “International Court of Justice’s Impact on International Environmental Law: Focusing on the pulp Mills Case”, *Yearbook of International Environmental Law*, 2012, Vol. 23, No. 1, pp. 106 – 130.

力采取适当的措施以取得最佳的效果。[55] 国际海洋法法庭认为“尽职的义务”因时间和活动的危险性而不同。也可以说,越危险的活动对国家“尽职的义务”要求越高。无论是国际法院还是国际海洋法法庭都强调该义务的程序性要求。其中最为重要的程序性义务是进行“环境影响评估”。尤其是当沿海国在大陆架的开发活动可能产生跨界影响或者对国际海底区域造成损害时,应对活动给环境造成的影响进行评估。但是,目前国际社会尚未对具体环境影响评估的范围和内容达成共识。在“乌拉圭河纸浆厂”案中,国际法院指出如果相关的国际法要求沿海国实施“环境影响评估”,那么该国应该参考联合国环境规划指南和原则[56]以适当的方式履行该义务。因此,“具体评估的范围和内容由沿海国根据活动的性质来决定”。[57]需要注意的是,环境影响评估不应是“事后评估”(a post hoc assessment)。国际法院就“尼加拉瓜在边界地区进行的某些活动”以及“哥斯达黎加圣胡安河沿线修建道路”两起诉讼案指出,哥斯达黎加声称对其修建公路的活动做了环境影响评估。但事实上,哥斯达黎加是对已经建成的公路的影响做了评估。而环境影响评估应该在项目开始建设之前就对其环境

---

〔55〕 See Advisory Opinion on Responsibility and Liability for International Seabed Mining (ITLOS Case No. 17), para. 110; Donald K Freestone, “Responsibilities and Obligations of States Sponsoring persons and Entities with Respect to Activities in the Area”, *American Journal of International Law*, 2011, Vol. 105, No. 4, pp. 755 – 760; Hui Zhang, “The Sponsoring State's “Obligation to Ensure” in the Development of the International Seabed Area”, *International Journal of Marine & Coastal Law*, 2013, Vol. 28, No. 4, pp. 681 – 699; Tim poisel, “Deep Seabed Mining: Implications of Seabed Disputes Chamber's Advisory Opinion”, *Australian International Law Journal*, 2012, Vol. 19, pp. 2013 – 2233.

〔56〕 1987 Goals and principles of Environmental Impact Assessment of the United Nations Environment programme, Adopted by the Governing Council of UNEP, Decision 14/25, 17 June 1987.

〔57〕 See Case Concerning pulp Mills on the River Uruguay (Argentina v. Uruguay) (Judgment) [2010] ICJ Report 14, para. 205.

影响和可能发生损害的风险进行评估。[58] 在“关于区域活动担保国的责任与义务”咨询案中，国际海洋法法庭称“预防方法”（the precautionary approach）也是“尽职义务”的组成部分。《里约宣言》原则十五对何为“预警方法”做了阐释，即各国为了保护环境，不得以缺乏科学证据为由不采取预防措施，而应按照本国的能力，广泛适用预防措施，预防严重或不可逆转损害或者威胁的发生。该法庭还指出越来越多的条约将预警方法纳入其中，表明它有成为国际习惯法的发展趋势。[59] 但是，部分学者并不同意国际海洋法法庭关于预警方法是“尽职义务”的组成部分的说法。[60]

无论如何，在外大陆架信息不充分的情况下，预警方法在沿海国决策的过程中发挥着重要的作用。该方法的意义在于，即使缺乏充分确实的科学证据，在必要的情况下沿海国应该采取保护措施防止其管辖或者控制下的活动对邻国或者国家管辖范围外的海域造成损害。

（三）联合国大会决议及文件

一段时间以来，联合国大会及其他国际组织反复重申国家和国际组织应该采取行动保护脆弱的海洋生态系统，包括海底脆弱的生态系统。联合国大会决议列举了一系列可能对脆弱海洋生态系统产生影响的活动，例如，过度捕捞渔业资源、采取破坏性的捕捞方式、外

---

〔58〕 See Certain Activities Carried Out by Nicaragua in the Border Area (Costa Rica v. Nicaragua); Construction of a Road in Costa Rica Along the San Juan River (Nicaragua v. Costa Rica) (Merits) ICJ, 16 December 2015, para. 161.

〔59〕 See Advisory Opinion on Responsibility and Liability for International Seabed Mining (ITLOS Case No. 17), para. 135.

〔60〕 See Yoshifumi Tanaka, "Obligations and Liability of Sponsoring States Concerning Activities in the Area: Reflections on the ITLOS Advisory Opinion of 1 February 2011", *Netherlands International Law Review*, 2013, Vol. 60, No. 2th, p. 214.

来物种引入及其产生的污染等。[61] 例如,联合国大会2004年11月17日通过的第59/24号决议、2006年12月通过了有关可持续渔业的61/105号决议。此外,联合国粮农组织多次召开关于脆弱生态系统和公海深海渔业的研讨会,于2008年审议并通过了《公海深海渔业管理国际准则》,旨在协助国家执行联大61/105号决议。这些法律文件并非对沿海国在外大陆架主权权利的限制,而是为了便于沿海国限制公海捕鱼活动而建议采取的一致措施。目前,一些国家以及区域渔业组织已经依据这些决议和准则,以预警方法和生态系统管理方法,划定一定区域采取措施保护脆弱的海底生态系统。这些实践一般采取的措施主要是:收集信息,确定"脆弱生态系统"和"重大不利影响"的标准,渔船报告制度。未来,中国应该以这些法律文件为依据,借鉴现有的国际实践,为保护我国的外大陆架生态系统而制定相应的法律法规制度。

(四)相关的国际实践

建立保护区成为国际社会保护脆弱生态系统的实践。现有实践中的各类保护区存在差异。这主要是因为海底环境存在差异导致海底生物的种类不同,由此对区域内活动的限制程度不同。例如,有的保护区绝对禁止捕捞,有的保护区只是对相关活动进行管理;有的国家单独设定保护区,有的国家与其他国家或者区域国际组织共同设立保护区。现有的具有代表性的合作设立保护区的实践主要是1999年法国、意大利与摩洛哥三国建立的地中海派拉格斯海洋保护区、2009年11月通过的南奥克尼群岛南大陆架海洋保护区以及2010年9月通过的大西洋中央海脊海洋保护区。国家单独设立保

---

[61] 联合国大会于2006年12月通过了有关可持续渔业的61/105号决议,联合国粮农组织多次召开关于脆弱生态系统和公海深海渔业的研讨会,于2008年审议并通过了《公海深海渔业管理国际准则》。

护和与其他国家或者国际组织合作建立保护区各有利弊。国家单独设立保护区的优点在于效率高,无须与其他国家或者机构协商,由一个国家全权决定;但是,从保护效果来看,发挥的作用有限,因为海洋生态系统是一个整体,就局部或者某一物种进行保护不足以达到充分保护脆弱的海洋生态系统的效果。通过与国际组织或者与其他国家合作,对海洋生态系统的保护效果较好,但是由于经济社会发展存在差异的国家达成共识并非易事。

综上所述,沿海国在大陆架尤其是外大陆架承担以下义务并对相关事项具有管辖权:保护海洋环境的义务、采取措施保护生物资源多样性的义务、确保其管辖或者控制下的活动不对别国或者国家管辖范围外的海域造成严重损害的义务、尽职履行其承担的义务、对可能产生严重的跨界或者对国家管辖范围外海域损害的活动进行"环境影响评估"。总的来看,大陆架海洋生态保护的义务主要由沿海国来承担。换言之,沿海国可为保护海底生态系统的目的对大陆架上覆水域的活动进行管理,但是要符合适度和成比例要求,不能对船旗国享有的公海权利造成不正当的干扰。此外,船旗国对其管辖和控制的船舶也承担相应义务。

第二节　国家在国际海底区域的海洋维权民事管辖权

根据《公约》第十一部分,国际海底区域是指国家管辖海域以外的海床及其底土。该区域内资源的一切权利属于全人类,由管理局代表全人类行使。下面将对国际相关制度的发展以及我国的实践作一简要分析。

一、国际海底区域制度的产生与发展

尽管早在1872年至1876年,英国的考察船(HMS Challenger)就发现深海海底存在锰结核。但是由于技术限制,在20世纪60年代

以前国际社会主要关注的是国家管辖外海域的渔业资源。国际海底区域的矿产资源并未引起人类的关注。这反映在第一次国际海洋法会议的成果上——四个条约没有关于国际海底区域的任何规则。

20 世纪 60 年代后，随着科学技术的发展和人类对海洋认知的加深，人类发现国际海底区域蕴含着丰富的战略矿产资源。海洋强国对开采国际海底区域的矿产资源跃跃欲试，特别是多金属结核的发现使深海海底的法律地位和性质成为国际法学界谈论的前沿热点问题。当时，对于国际海底区域及其资源各国主要持三种观点。第一种观点认为，国际海底区域矿产资源属于人类共同继承的财产，任何国家或者个人不得对该区域的资源主张权利或者宣布占有。这种观点的拥护者主要是发展中国家。第二种观点认为，国际海底区域适用公海自由原则，国家只要适当顾及其他国家的公海合法权益就可以开采国际海底区域资源。第三种观点认为，国际海底区域是"无主地"，适用先占原则，即第一个勘探和开发国际海底区域资源的国家可对特定矿区享有权利。后两种观点主要为发达国家所赞同。

1967 年，马耳他大使阿维德·帕尔多(Arvid Pardo)在联合国大会上作了关于国际海底区域的演讲，建议国际海底区域适用人类共同财产原则。1967 年和 1968 年，联合国大会为此问题的研究专门设立了两个机构。前者为特设委员会，后者为国家管辖范围外海床和洋底和平使用委员会。1970 年，联合国大会通过《管理国家管辖范围外海床和洋底及其底土原则宣言》。该宣言宣布深海海底及其自然资源是"人类共同继承的财产"，这些资源应为全人类的利益进行开发，尤其应特别考虑发展中国家的利益和需求。例如，在开发深海海底某种矿产资源时，特别指出不能对生产该种矿产资源的发展中国家的经济造成巨大的影响。换言之，不能因为海底矿产资源的开发，导致该种矿产资源的价格下降，从而给陆上生产该种资源的发展中国家的经济发展造成负面影响。

1982 年《公约》第十一部分正式确认了国际海底区域及其自然

资源是人类共同继承的财产的法律地位和性质，并为开发和利用国际海底区域的矿产资源建立了管理制度、分配制度和争端解决机制，还设立了专门的管理机构——国际海底管理局。但由于美国、德国、英国等工业国家对于第十一部分技术转让条款以及缔约国负担的义务表示不满，1994 年之前这些世界上主要的发达国家都拒绝加入《公约》。为了保证该《公约》的普遍性和完整性，在时任联合国秘书长的倡议下，对该部分的规定进行修改，达成了《关于执行 1982 年 12 月 10 日〈联合国海洋法公约〉第十一部分的协定》（以下简称 1994 年《深海协定》）。该协定限制了国际海底管理局大会的权限，增强了其理事会的权限；删除了市场机制条款、生产上限条款和强制转让技术条款；对开发国家海底区域矿产资源合同的严苛的经济条款也进行了修改，减轻了缔约国的财政负担。

目前，国际海底管理局已经开始正常运转。我国也已经在太平洋、大西洋、印度洋的国际海底区域，经国际海底管理局批准获得了 6 个矿区的勘探采矿权。根据《公约》规定，我国于 2016 年 5 月制定了《中华人民共和国深海海底区域资源勘探开发法》。2017 年 8 月 29 日至 12 月 1 日，我国“向阳红 06”科考船首次执行大洋科学考察任务，完成国际海底合同区首个海上调查航次科考任务。但是，由于市场需求的变化，目前国际海底区域矿产资源还未进入实质开发阶段。

区域内的其他活动，如区域内的科学研究、海底基因资源的开发和利用在外大陆架已经有所提及，在此不再赘述。需要注意的是，目前，国际海底区域的生物资源是国际上关注的热点问题，发达国家的立法和实践已经走在前列。但是，国际社会就此问题尚未形成一致的法律制度。我国应抓紧研究，探讨该区域的生物资源利用问题，提出中国方案。

二、存在的主要问题

虽然，国际海底区域“人类共同继承的财产”原则已经确立，但是在未来商业化开发区域资源时是否能确保为了实现全人类的利益,将现有的原则落实,这还有待国际社会进一步努力。

(一)关于生产限额的规定

第三次联合国海洋法会议期间,考虑到大规模的开采国际海底区域矿产资源,会导致相关资源市场价格下降,对陆地生产国尤其是发展中国家的经济造成不利影响,于是在七十七国集团的坚持下,对国际海底区域矿产资源的生产量进行限制。虽然该规定只是过渡性的条款〔62〕,但是引起以美国为代表的工业国家的不满。这些国家认为,生产限额的做法具有强烈的计划经济色彩,不利于资本运作。于是,1994 年《深海协定》中删除了相关规定。该协定中不再适用“生产最高限额”(producing ceiling)、“生产限制”(production limitations)等具体条款,代之以市场经济的自由竞争原则为依据。这事实上相当于取消了对生产量的限制。但是,国际海底区域作为人类共同继承的财产,如果完全按照自由市场经济的供求机制来决定生产政策,事实上放任了具备开发能力的国家对该区域的资源任意开采,最后会侵蚀国际海底区域制度的根基。随着科学技术的发展,可能五到十年内,深海资源开发会进入商业生产阶段。届时如何平衡投资者和全人类的利益还待完善。

(二)关于审查会议

为了根据情势的变化,不断完善海底资源开发制度,确保《公约》目的实现,尤其是全人类利益得到保障,《公约》第 155 条设立了审查会议制度。该制度与第 154 条规定的“定期审查”制度不同,后者是对国际海底区域的全面的、系统的、定期的审查,但是其结果不改变区域开发制度。而“审查会议”制度主要审查区域开发制度的

---

〔62〕《公约》第十部分第 151 条。

相关事项。该制度主要审查以下问题:(1)《公约》第十一部分及其附件关于勘探和开发区域资源的所有规定,是否达到目标;(2)《公约》第150条和第15条是否得到履行;(3)在"15年内"同非保留区相比,保留区是否得到有效开发;(4)是否防止区域内活动被垄断;(5)区域内因开发矿产资源而产生的利益是否得到了公平合理的分配。它的结果可能改变区域矿产资源开发制度。而工业国家担心区域开发制度发生变化,不利于保护投资的安全性和稳定性,于是在1994年《深海协定》规定,会议的召开要根据理事会的建议召开。这就意味着,理事会代表中的任何分组中的任何利益集团只要以简单多数反对,该会议就无法召开。也就是说,只要某些利益集团不愿意改变现有的1994年《深海协定》的相关规定,审查会议就无法召开。

三、我国相关立法

2016年5月1日《中华人民共和国深海海底区域资源勘探开发法》(以下简称《深海法》)正式实施。这是第一部规范中国国籍的各类主体在国家管辖范围以外海域从事深海海底区域资源利用活动的法律。它对中国以及世界的国家管辖外海底区域的资源开发都具有重要意义。时隔一年,2017年5月3日国家海洋局公布了《深海海底区域资源勘探开发许可管理办法》(以下简称《管理办法》)。《深海法》的规定主要是原则性和框架性的。而《管理办法》是具体实施《深海法》的配套规定。为了促进深海海底区域资源可持续利用、保护海洋环境、切实加强对上述区域内资源开发利用活动的管理和规范,该办法对深海海底区域资源开发的各个环节,如勘探、开发活动的申请、受理、审查、批准和监督等事项都作了详细规定。2017年12月29日,国家海洋局(现为自然资源部)还颁布了《深海海底区域资源勘探开发资料管理办法》《深海海底区域资源勘探开发样品管理办法》,近期还将颁布《深海海底区域资源勘探环境调查与评价管理办法》。可以说,我国开发深海资源基本形成。

我国《深海法》与《公约》第十一部分关于区域制度的规定既有联系又有明显的不同。(1)我国依据《公约》的相关规定制定《深海法》及其配套措施。我国的《深海法》与《公约》不冲突,是履行《公约》义务的具体表现。(2)二者涉及的客体不同。我国《深海法》除了规范国家管辖外深海海底矿产资源的开发活动,还适用于国家管辖外生物资源的开发活动。由于国际社会关于国家管辖外生物资源开发利用的原则、规则和制度尚未建立,可以说我国的深海在该领域具有领先性和开创性。但由于国家管辖外生物资源的相关法规制度还在逐渐发展中,未来我国还应对惠益分享机制、环境评估机制等重点问题进行研究和细化,并进行相关立法。

第三节 国家在公海的海洋维权民事管辖权

广义上的公海是指除开国家管辖海域和国际海底区域以外的全部海域的水面、水体及其上空。公海实行公海自由制度。《公约》在《1958年日内瓦公海公约》(以下简称《公海法》)规定的公海四大自由的基础上[63],又增加了"建造国际法所容许的人工岛屿和其他设施的自由"和"科学研究的自由"两项。此外,各国还有保护公海环境养护公海生物资源的义务。本部分将详述一国在公海可能享有的民事管辖权。

一、对船舶的管辖权

一般来讲,公海上对船舶的管辖权适用船旗国专属管辖原则,但也有例外情况。

---

〔63〕 1958年《公海公约》第2条第1款规定:"公海自由,对沿海国及非沿海国而言,均包括下列等项:(1)航行自由;(2)捕鱼自由;(3)敷设海底电缆与管线之自由;(4)公海上空飞行之自由。"

（一）船旗国专属管辖

通常，船舶在公海上行驶应该悬挂一国的国旗或者国际组织的旗帜，除国际条约或本《公约》明文规定的例外情形外不可以悬挂两个或者两个以上国家的旗帜，否则视同无国籍船舶。一国只对悬挂该国旗帜的船舶进行专属管辖。根据1958年《公海公约》和1982年《公约》，一国对于悬挂其国旗的船舶享有行政、技术及社会事项上的管辖和控制权，同时对其船长、高级船员和船员行使管辖权。[64]如果必要，也可以对无国家船舶依法采取必要措施。

国家应该根据有关国际法的规定，为保证航行安全，对以下事项制定详细规则并依法进行管理：明确管理船舶的主管部门，并分门别类地规定需要登记的船舶种类及其他具体信息，如名称和船舶的详细情况等；根据国际海事组织的法律文件，根据我国的国情和海情对船舶的构造、装备和适航条件等提出要求；明确船舶的人员资质以及船舶装备的标准等；为防止碰撞对信号和通信设备的要求；制定检查船舶的规则和程序，明确检查事项如航海图、航海出版物以及航行装备和仪器等；其他船舶必须遵守的法律法规制度，如防止污染、海上安全、防止碰撞等。

（二）公海上特殊的情况

除了船旗国专属管辖，公海上有些特殊情况需要相关国家合作管辖。例如，根据国际法规定如果我国船舶在公海上因海难或航行事故对另一国国民造成死亡或严重伤害，或对另一国的船舶、设施或海洋环境造成严重损害，都应由另外一国适当合格人士的一人或数人或在有类似这种人士在场的情况下进行调查。另一国就上述海难或航行事故进行的任何调查，我国与该国合作。另外，为了维护公海

〔64〕 1982年《公约》第七部分第94条。

航行秩序,如果我国有明确理由相信某一船舶的船旗国未对其行使适当的管辖和管制,可将这项事实通知其船旗国。船旗国接到通知后,应对这一事项进行调查,并于适当时间采取任何必要行动,以补救这种情况。

需要注意的是,上述规定只适用于一般船舶,或者说商船。而一国的军舰、非商业性服务的公务船舶,不受船旗国以外任何其他国家管辖。

(三)救助的义务

根据国际法,一国除了对本国船舶及相关事务进行专属管辖,为了航行的安全有时需与其他国家合作外,在公海上还承担救助的义务。

救助的前提是在不严重危及自身船舶、船员或乘客安全的情况下对遇难船舶和人员进行救助。一国在公海行驶的船舶应对以下情形进行救助:海上遇到生命危险的人;遇难的船舶。在碰撞后,应尽量将自己船舶的名称、船籍港和将停泊的最近港口通知其他正常在公海行驶的船舶,以便更多的船舶知晓遇难情况。

此外,根据现行国际法,一国应就促进有关海上和上空安全及提供有效的搜寻和救助服务制定规则并建立相关机制。由于我国大部分海域属于闭海和半闭海,与周边沿海国相邻或者相向,建议尽快与周边沿海国谈判建立起我周边海域的区域救助合作机制。

二、公海六大自由

根据《公约》,所有国家不论内陆国还是沿海国,在公海享有航行自由、飞越自由、铺设海底电缆和管道的自由、建造国际法所容许的人工岛屿设施和结构的自由、捕鱼自由。

(一)航行与飞越的自由

航行自由是公海自由中最传统的、最主要的自由之一。与国家管辖内海域不同，除商船之外，军舰、潜水器和为政府服务等非商业船舶和各种航行器同样在公海享有航行自由。各国就这一点是没有争议的。

飞越自由是由航行自由引申出来的。在公海上空，各种飞行器除受其所属国管辖外，不接受任何国家或者国际组织的民事管辖。换言之，任何国家不得以国内法规定为由对飞行器在公海的飞行进行限制和妨碍。但是这种自由也不是绝对的，要遵守一般可接受的国际规章、程序和惯例的原则和规则的相关规定。

（二）铺设海底电缆和管道的自由

铺设海底电缆和管道的自由，是指所有国家都有权在公海海底铺设电缆和管道。根据国际法委员会的规定，通常的电缆主要是指用于通信或者输电的电缆，常见的管道如运送石油天然气等物质的管道。

早在19世纪50年代开始，公海铺设海底电缆和管道自由逐渐形成。1879年国际法协会对此问题的规制进行谈论。在法国的倡议下，1884年缔结了《国际保护海底电缆公约》（the International Convention for the Protection submarine cable）。其主要内容包括：（1）除因自卫而破坏公海海底电缆外，故意或过失损害海底电缆的行为应受到处罚；（2）船舶遇到指示海底电缆有关的浮标，应在四分之一海里外通过；（3）违反该公约禁止事项的船舶由其船旗国管辖；（4）缔约国军舰对于任何国家的商船若有合理证据证明其违反了公约的规定，可命令其停驶并进行检查；（5）该公约只适用于和平时期，而不适用于战时的情形。

1958年《公海公约》正式将其列为公海自由之一。它对各国铺设海底管道和电缆的权利、保护措施、损害赔偿以及惩罚等事项作了规定。同时，它还指出应顾及已经铺设的海底电缆和管道，特别是不能妨碍修理现有管道和电缆的权利。

1982年《公约》在1958年《公海公约》的基础上进一步细化了相关规定,还对该项自由作出两项限制。根据《公约》第79条的规定,第一,在大陆架上铺设管道的线路要经沿海国同意;第二,上述规定不影响沿海国对进入其领土或领海的电缆或管道订立法律法规制度,也不影响沿海国对因勘探其大陆架或开发其资源或经营其管辖下的人工结构而建造或使用的电缆和管道行使管辖权。

根据上述公约的规定,我国有权制定相关的法律法规,对损害我国在公海海底大陆架电缆或者管道的行为要求赔偿损失,并依法处罚。[65] 目前我国的相关规定主要体现在《铺设海底电缆管道管理规

---

〔65〕 参见1958年《公海公约》第27条规定:"各国应采取必要立法措施,规定凡悬其国旗之船舶或属其管辖之人如故意或因过失破坏或损害公海海底电缆,致使电报或电话通讯停顿或受阻,或以同样情形破坏或损害海底管线或高压电缆,概为应予处罚之罪行。此项规定不适用于个人基于保全其生命或船舶之正当目的,虽曾为避免破损作一切必要之预防而仍发生之任何破坏或损害情事。"第28条规定:"各国应采取必要立法措施,规定凡受该国管辖之公海海底电缆或管线所有人因敷设或修理此项电缆或管线致有破坏或损害另一电缆或管线之情事者,应偿付其修理费用。"第29条规定:"各国应采取必要立法措施,确保船舶所有人之能证明其为避免损害海底电缆或管线而捐弃一锚、一网或其他渔具者向电缆或管线所有人取得赔偿,但以船舶所有人事先曾采取一切合理之预防措施为条件。"1982年《公约》第七部分第113条海底电缆或管道的破坏或损害"每个国家均应制定必要的法律和规章,规定悬挂该国旗帜的船舶或受其管辖的人故意或因重大疏忽而破坏或损害公海海底电缆,致使电报或电话通信停顿或受阻的行为,以及类似的破坏或损害海底管道或高压电缆的行为,均为应予处罚的罪行。此项规定也应适用于故意或可能造成这种破坏或损害的行为。但对于仅为了保全自己的生命或船舶的正当目的而行事的人,在采取避免破坏或损害的一切必要预防措施后,仍然发生的任何破坏或损害,此项规定不应适用。"第114条海底电缆或管道的所有人对另一海底电缆或管道的破坏或损害"每个国家应制定必要的法律和规章,规定受其管辖的公海海底电缆或管道的所有人如果在铺设或修理该项电缆或管道时使另一电缆或管道遭受破坏或损害,应负担修理的费用。"第115条因避免损害海底电缆或管道而遭受的损失的赔偿"每个国家应制定必要的法律和规章,确保船舶所有人在其能证明因避免损害海底电缆或管道而牺牲锚、网或其他渔具时,应由电缆或管道所有人予以赔偿,但须船舶所有人事先曾采取一切合理的预防措施。"

定》中,立法层次太低,不足以保护我国公海合法利益。

(三)捕鱼自由

捕鱼自由也是传统的公海自由之一。公海自由不是绝对的而是受限制的。这在捕鱼自由中体现得尤为明显。公海捕捞的发展趋势从绝对自由走向相对自由,从不受管制走向日益规范。

早期公海捕鱼自由是建立在公海渔业资源取之不尽用之不竭的理念上的。早在公元2世纪,罗马法学家艾利乌斯马尔西安(Aelius Marcianus)认为公海是共有物,海洋资源"因自然法而运作,为所有人类开发",而渔业资源又是可再生资源,因而任何国家的国民有权利捕捞公海的渔业资源。[66] 著名的国际法学家格劳秀斯在《海洋自由论》中曾作出如下论断:"(公海)渔业资源是如此丰富,以至于任何人对其拥有专属权都不能获得更大的利益,而且它们也不可被过度捕捞。"但是,随着人类捕捞技术、航海技术不断进步,对公海渔业资源的捕捞强度不断增大,公海渔业资源已被过度捕捞,呈衰竭之势。据统计,公海渔业资源在1989年前后达到顶峰后,呈现日益衰竭的趋势。人类逐渐认识到如果不对公海渔业资源的捕捞行为进行规范,公海渔业资源将枯竭。于是,在科学依据的基础上对捕捞进行规范成为各国的共识。

从19世纪末开始,一些沿海国通过签订协定对区域渔业资源进行管理。如1882年,英国、比利时、丹麦、法国、德国和荷兰就签订了《北海渔业公约》。1911年当时的公海捕捞大国英国、美国、俄国和日本签订了《北太平洋海豹保护办法公约》。类似的保护和管理公海渔业资源的公约还有《国际捕鲸管制公约》《东北大西洋渔业公约》《东南大西洋渔业公约》等。1958年的《捕鱼和养护生物资源公

〔66〕 姜皇池:《国际海洋法》(上册),台北,学林文化事业有限公司2004年版,第598页。

约》作为第一个规范公海捕鱼的全球公约，其第1条规定在确认公海捕鱼自由原则的前提下，对公海捕鱼自由作出如下限制：第一，公海捕捞的渔船要受其条约义务的限制；第二，该公约要受沿海国的利益和权利的限制；第三，要受该公约关于生物资源养护规定的限制。另外，要求国家有为“该国国民采取，或与其他国家合作采取养护公海生物资源的必要措施”的义务。1982年的《公约》重申了公海捕鱼自由的原则，在1958年公约基础上确立了公海渔业制度的基本框架和原则。例如，公海捕鱼国在捕捞跨界鱼类、高度洄游鱼类、海洋哺乳动物、溯河产卵种群和降河产卵鱼种等时要受沿海国的权利、义务和利益的限制，同时指出要顾及其他公海捕鱼国的权利和利益。此后，联合国和有关国家组织对公海捕鱼规范不断完善。例如，1991年联合国通过46/215号决议，要求自1992年年底起全面禁止公海流刺网捕鱼。随后的《促进公海渔船遵守国际养护与管理措施的协定》《执行1982年〈联合国海洋法公约〉有关养护和管理跨界鱼类种群和高度洄游鱼类种群的规定的协定》《负责任渔业行为守则》《国际渔业行动计划》等。从上述关于公海捕鱼的法律文件可以看出：船旗国养护公海生物资源的责任增强，毗邻公海的沿海国也有责任保护公海生物资源，同时国际组织监管公海捕鱼活动的职能也在不断增强。

公海捕鱼制度虽然在不断完善，但是还存在两大突出问题：(1)上述法律文件执行的问题。按照现行法规，船旗国只有为本国国民制定养护措施或者与其他国家、国际组织共同制定养护措施的权限。但是，如果国家既未为本国国民制定有关规则或者采取措施，也未与其他国家或者国际组织达成协议实施养护措施。目前，针对这种情况国际社会似乎也没有有效的方法对其进行制裁和约束。(2)公海配额制度尚未确立。虽然公海捕鱼自由是公认的国际法规则和国际习惯法，但是由于配额制度未建立，事实上公海适用的是“先到先得”的原则，如何保证没有远洋捕捞能力的国家分享公海渔业资源的利益,还有待相关规则的建立。

未来,为确保我国能够分享公海渔业资源,建议:一方面加强符合规范的远洋捕捞能力,另一方面尽快与周边沿海国,与我国台湾地区一侧公海海域中的捕鱼国达成养护上述区域渔业资源的规范。通过上述措施,为建立有序、可持续的公海捕鱼制度提供中国方案,提升我国的话语权。

(四)建造人工岛屿、设施和结构的自由

该项自由是《公约》新增的自由。20 世纪 60 年代后,科学技术发展,美国、日本、德国等发达海洋国家为了政治、经济、军事、科研等目的,开始在公海建造服务于各领域等不同目的(工业、交通、通信、海洋地质、天气预报、太阳能电站、军事演习、试验核武器、火箭导弹等)的人工岛屿、设施和结构。有的国家为了开发公海资源甚至还计划在公海建立城市。

为了适应这一发展需求,《公约》确认各国均有权在公海建造人工岛屿和其他设施,且各国对其建造的设施享有专属管辖权。但是,这种自由需为和平的目的,不能妨碍公海航行自由,且应符合主管国际组织所制定的一般为国际社会所接受的国际标准。

与大陆架相同,出于安全的考虑,有关国家可以在这些设施周边设置 500 公尺的安全区。相关问题已经在本章第一节第三部分详述,问题相似,这里不再赘述。

建议我国立法支持相关学科和技术的发展,占领该领域发展的高地,并根据国际法制定我国国内法。

(五)科研自由

科学研究自由也是《公约》新增的一项公海自由。鉴于公海资源的可持续利用的特点,基于海洋科学研究目的,《公约》将其确立为一项基本原则。

虽然各国都有权在公海进行科学研究,但是不能据此提出任意的权利要求,还要顾及沿海国的合法权利和利益。各国除了自行研究,还可以与他国合作进行研究。此外,各国还承担发展和转让海洋科学技术的义务。

值得注意的是,如果海底是沿海国的大陆架,根据《公约》第246条规定,研究国应征得沿海国的同意。国际海底区域的研究要受《关于执行1982年12月10日〈联合国海洋法公约〉第十一部分的协定》规范。至于核武器等试验则要受《禁止在海床、洋底及其底土安置核武器和其他大规模毁灭性武器条约》规范。

如果各国行使的公海自由发生冲突,一般具体案例具体分析,根据适当顾及原则、公海限于和平目的的用途和诚意原则与禁止权利滥用原则对冲突利益的重要性进行权衡。[67]

综上所述,一国享有的公海自由权利,不是绝对不受限制的自由,而要符合现行国际法规则,须顾及其他国家和国际海底区域的权利和利益,且应只用于和平的目的。对别国造成的损失我国可依法要求对方就必要的费用和损失进行赔偿,并采取司法程序。同时,若因我国采取的措施造成别国损失的,也要对其进行合理的补偿。[68]

三、紧追权

紧追权本质上是沿海国管辖权的延伸,是公海航行自由的例外。其立法目的是平衡沿海国与船旗国的利益,避免公海成为非法行为的庇护所,维护海洋环境的健康有序。

早期相关的司法判例并未明确承认紧追权,但各国实践都不同

---

〔67〕 姜皇池:《国际海洋法》(上册),台北,学林文化事业有限公司2004年版,第604~607页。

〔68〕 《公约》第十一部分第229条。

程度地将紧追权作为一项法律制度。直到1958年《公海公约》才正式明确沿海国享有紧追权。1982年《公约》将其适用范围从沿海国的领海、毗连区扩至群岛水域、专属经济区和大陆架。

根据《公约》第111条规定，当沿海国主管当局有充分理由认为外国船舶违反沿海国法律和规章时，可对该船舶进行紧追。若一小艇有违反沿海国法律规范的嫌疑，可对母船进行紧追。根据《公约》规定，行使紧追权的主体应该为一国"军舰、军用飞机或其他有清楚标志可以识别的为政府服务并经授权紧追的船舶或飞机"。紧追的对象应为外国的一般商船、渔船或者私人船舶，而不能是外国的军舰或者为政府服务或者经其授权的船舶。值得注意的是，一般认为为政府服务的商用船舶，若其不是用于政府公务，而是用于商业目的，仍然可视为商船，同样适用紧追权。紧追权需始于追逐国的内水、群岛水域、领水、毗连区内、专属经济区内或大陆架上，包括大陆架上设施周围的安全地带内，终于在被追逐的船舶进入其本国领海或第三国领海。

这里需要注意的是，外国船舶在不同水域违反的法律规范不同。因为不同水域的法律性质不同，沿海国的立法权限也不同。如在毗连区沿海国一般仅对下列事项具有立法权"海关、财政、移民或卫生"，而在专属经济区或者大陆架仅对利用和开发其自然资源或者为了维护航行安全的目的享有立法权。

沿海国行使紧追权还需同时具备两个条件：第一，有权行使紧追权的公务船舶或者飞机需对被追逐的对象在其视听所及的距离内发出视觉或听觉的停驶信号后才可开始对特定船舶或飞机的追逐；第二，追逐的过程不能中断，如果中断即视为紧追权终止。也就是说，行使紧追权的主体不仅要发出停止的信号，还要有持续不断的追逐行为。否则，追逐的主体不能对有关船舶或者飞机进行逮捕。此外，为了防止沿海国对紧追权的滥用，《公约》还规定在无正当理由行使紧追权的情况下，对发生的任何损失或损害要进行赔偿。

中国关于紧追权的立法最早可以追溯到1934年当时政府颁布的《中国海关预防法》。[69]新中国成立后，直至1992年颁布《领海及毗连区法》后，才有了紧追权的相关规定。[70]该法所称一般主管部门是指负责海上缉私的海关、负责海洋渔业的农业部、负责海上交通的交通部、负责海上防卫的海军、负责海洋环境保护的国家环保局和自然资源部等部门的执法船舶、飞机或人员。1998年《专属经济区和大陆架法》第12条对紧追权作了规定。[71] 根据上述法律，中国对在专属经济区和大陆架违反上述法律、法规的行为，有权采取必要措施，依法追究法律责任，并可以行使紧追权。

就我国目前立法来看，存在这么几个问题：首先，立法分散。没有一部统一的海洋基本法对紧追权进行完整的规定。其次，有些规定与《公约》不相符。例如，现行国际法规定，沿海国在开始紧追之前需向被追逐的船舶发出停驶的命令。但是，我国现行国内法没有相关规定。一旦因紧追权引发争端，这样的规定不利于我国维权。就执法层面看，我国目前海上执法主体过多，而且由于法规不明确，因此发生外国船舶违法的情形，我国很少适用紧追权。

此外，由于船舶技术和通信技术的发展，海上犯罪船舶增多。为了更好地维护沿海国的权益和尊严，很多国家采取合作的方式实施紧追，并且运用高科技手段对嫌疑船舶进行跟踪定位和证据收集。

为了彰显我国海域管辖权，维护我国合法的海洋权益，建议对国

---

〔69〕 其第11条规定："在中国海岸算起12海里海域内的或被追逐的任何船舶，一旦被发现为防止被抓获而毁坏或抛弃货物的任何部分，或与船舶、货物有关的文件，违反者应被处以不超过2000美元的罚款，该船只也应被没收。"

〔70〕 该法第14条规定，中华人民共和国有关主管部门有充分理由认为外国船舶违反中华人民共和国法律、法规时，可以对该外国船舶行使紧追权。

〔71〕 该法第12条规定，中华人民共和国在行使勘查、开发、养护和管理专属经济区的生物资源的主权权利时，为确保中华人民共和国的法律、法规得到遵守，可以采取登临、检查、逮捕、扣留和进行司法程序等必要的措施。

内关于紧追权的相关规定根据国际法进行梳理完善,明确执法主体及执法程序。同时,运用高科技对进入我国管辖海域的船舶进行监控,一旦发生违法行为,对其进行证据收集和及时的处置。

第七章　完善我国海洋维权民事管辖权制度的建议

完善我国海洋维权民事管辖权的制度需要从完善法律依据、构建协调机制、配置司法职能、规范法律程序这几个方面系统地进行解决问题对策的研究。(1)根据我国海洋维权民事管辖权法律依据缺乏的现状,应当以海域划分的视角,针对领海、毗连区、专属经济区、公海的不同情况和海洋维权民事管辖的需要,完善在不同海域的立法,为我国海洋维权民事管辖权的行使提供充分的法律依据。(2)要构建我国海洋维权民事管辖权与海洋行政管辖权、海洋刑事管辖权、外交豁免权以及国家豁免权的协调机制,处理好海洋维权民事管辖权与上述管辖权之间的关系,才能在现有的法律框架下合理地维护我国的海洋民事权益。(3)我国海洋维权民事管辖权的行使需要与司法职能相配套,在现有的司法职能配置下,还需要进一步调整我国海事法院、中级人民法院、最高人民法院以及人民检察院在海洋维权民事管辖方面的司法职能。(4)我国海洋维权民事管辖权在行使过程中,需要加强程序性规范,要完善海洋维权民事管辖权行使过程中的认定国籍、确定适用原则、采取措施,以及解决纠纷的法律程序。

一、完善我国海洋维权民事管辖权的法律依据

(一)完善我国领海维权民事管辖权的法律依据

领海是一国完全的主权范围,享有与陆地相同的法律地位。我国《领海及毗连区法》规定领海的主权及于领海的上空、海床及底土。[1]该条款的规定是我国领海维权民事管辖权的基本依据。但是,该条款的规定对于我国领海维权民事管辖权来说,属于原则性的规定,为更好地保障我国领海维权民事管辖权的行使,还需要进一步完善。具体来说,可以从以下几个方面完善我国领海维权民事管辖权的法律依据:

1. 从立法方面来说,现有的《海域使用管理法》《渔业法》《矿产资源法》等涉海法律规范多从海洋行政管理的角度出发,在海洋民事关系的规范上相对薄弱。完善领海维权民事管辖权的法律依据,需要调整现行可以适用到领海范围内的涉海法律规范的立场,从民事关系保护的角度出发,增加调整海上维权的民事法律关系的条款。在领海范围内,调整海洋维权民事关系的绝大部分法律规范,都可以适用《中华人民共和国民法典》《物权法》《中华人民共和国侵权责任法》等民事法律规范,但是,这些民事法律规范并未对海洋维权的情形作出具体规定,通常情况下,涉外民事法律关系会适用《涉外民事关系法律适用法》及其相关的司法解释,所以有必要在现有的法律规范的基础上适当增加涉海的条款,衔接民法、海洋、涉外这三个要素,为领海民事管辖权的行使提供依据。

2. 从司法方面来说,根据《最高人民法院关于审理发生在我国

---

[1] 《领海及毗连区法》第 5 条规定:"中华人民共和国对领海的主权及于领海上空、领海的海床及底土。"

管辖海域相关案件若干问题的规定(二)》的规定[2],目前我国人民法院审理海上民事案件的类型,只明确列出海上船舶碰撞、海上污染等事故造成损害引起的渔船、渔具、渔货损失以及收入损失这几种案件的类型。这些案件类型从整个海洋维权民事管辖的范畴来看,也算是领海维权民事管辖权的一部分内容,但是并不能应对新出现的海洋民事维权的需要,如海上构筑物引起的民事侵权、海底资源开发引起的民事争议等。综合来看,现有的司法解释还不够完善和全面,在司法实践中难以为海上民事维权案件的处理提供完善的法律依据,因此有必要根据实际需要进一步补充和完善有关海洋民事维权其他类型的司法解释。

3. 从行政管理方面来说,目前我国涉海的法律规范多数都是海洋事务行政管理类的法律规章,海洋事务的管辖综合性的特征,使得海洋事务管理机构的职能也逐渐向综合性职能配置的方向发展。在这种职能配置下,涉海事务管理的主体行政管理的特性比较明显,而相对地弱化了民事管理的职能配置,那么在综合性的海洋事务管理模式下,海洋事务的管理就不可避免地会涉及一些民事法律关系的内容,而海洋民事管理法律规范的不健全,使得海洋民事管理职能的行使在法律上缺乏相应的依据。因此,为更好地完善领海维权管辖权的法律依据,可以考虑通过在保持现有海洋事务行政管理法规体系不变的前提下,将海洋行政管理的职能与民事管理的职能在一定的法律框架下实现衔接,通过制定授权条款,与海洋民事管理的职能相协调,完善领海内民事管辖权行使的依据。

---

[2] 《最高人民法院关于审理发生在我国管辖海域相关案件若干问题的规定(二)》第1条规定:"当事人因船舶碰撞、海洋污染等事故受到损害,请求侵权人赔偿渔船、渔具、渔货损失以及收入损失的,人民法院应予支持。当事人违反渔业法第二十三条,未取得捕捞许可证从事海上捕捞作业,依照前款规定主张收入损失的,人民法院不予支持。"

（二）完善我国毗连区维权民事管辖权的法律依据

毗连区是海域分类中的过渡区域。根据《领海及毗连区法》的相关规定，毗连区内有关安全、海关、财政、卫生或者出入境管理方面的法律法规是行使民事管辖权的法律依据。〔3〕就目前我国在毗连区的法律规范制定情况来看，仅《领海及毗连区法》中规定了沿海国的管制权，以及在外国船舶违反我国的法律规范时可以行使紧追权。毗连区内维权民事管辖权是沿海国行使管辖权的一种表现形式，是陆地领土、内水、领海民事管辖权在海洋上的延伸。同样地，由于现有领海内维权民事管辖权的依据具有行政管理的特征，缺少专门规范民事法律关系的条款，所以在完善领海维权民事管辖权的法律依据的同时，需要考虑到这些规范在毗连区的适用性。另外，还要考虑到我国有权在有充分理由认为外国船舶违反我国法律规范的前提下，在毗连区内对外国船舶行使紧追权〔4〕。因此，我国毗连区维权民事管辖权的法律依据，应当以紧追权为核心，制定以紧追权行使为主的法律规范。具体来说有以下几个方面需要完善：

1. 进一步细化《领海及毗连区法》关于紧追权主体的解释。可以通过不完全列举的方式，对《领海及毗连区法》第 14 条第 5 款中

---

〔3〕《领海及毗连区法》第 13 条规定："中华人民共和国有权在毗连区内，为防止和惩处在其陆地领土、内水或者领海内违反有关安全、海关、财政、卫生或者入境出境管理的法律、法规的行为行使管制权。"

〔4〕《领海及毗连区法》第 14 条规定："中华人民共和国有关主管机关有充分理由认为外国船舶违反中华人民共和国法律、法规时，可以对该外国船舶行使紧追权。追逐须在外国船舶或者其小艇之一或者以被追逐的船舶为母船进行活动的其他船艇在中华人民共和国的内水、领海或者毗连区内时开始。如果外国船舶是在中华人民共和国毗连区内，追逐只有在本法第十三条所列有关法律、法规规定的权利受到侵犯时方可进行。追逐只要没有中断，可以在中华人民共和国领海或者毗连区外继续进行。在被追逐的船舶进入其本国领海或者第三国领海时，追逐终止。本条规定的紧追权由中华人民共和国军用船舶、军用航空器或者中华人民共和国政府授权的执行政府公务的船舶、航空器行使。"

“中华人民共和国政府授权的执行公务的船舶、航空器”进行解释，明确毗连区内维权民事管辖权行使的主体，并进一步在相关的行政法律规范中明确或者细化有关于海关、财政、移民、卫生等海洋事务管理机关享有的紧追权，制定这些机关在毗连区内行使紧追权的法律规范，形成相应的配套规范。与我国的《领海及毗连区法》及其相关条款形成完整的法律规范体系。

2. 规范应对民事案件行使紧追权的程序。在民事管辖权范畴内，紧追权的目的在于防止违反我国民事法律规范的外国船舶等逃离我国的管辖海域，使得我国民事权益受到不法侵害。但是，紧追权的行使需要与海洋自由原则相协调，要慎重地处理两者的关系。不能侵害到海洋权利的自由，同时也需要保护外国船舶在海洋享有的自由权利，遵循相关国际条约和国际习惯法的规定。所以紧追权在毗连区维权民事管辖权的范畴下，应当以最小侵害原则为前提，制定适宜的程序规范，综合考虑国家不法行为的构成要素，使我国在国际海洋法的框架内以程序规范审慎地规制紧追权的运用，避免引起国家责任。

3. 扩大民事法律规范的适用范围。我国的国内法律规范的有效范围基本都是在领海范围以内，不包括毗连区、专属经济区海域，而且现有的民事法律规范在适用范围上也没有特别明确说明是否可以适用到特定的海域，通常情况下会认为该民事法律规范仅适用于陆地范围之内。因此在民事管辖的法律适用问题上因为法律适用范围的局限，使得民事法律规范适用的空间受到了制约，导致可以适用于海洋维权的民事法律规范无法适用于特定的海域。所以，在不违背国际条约和国际习惯法的前提下，适当地修改部分民事法律规范，将其适用范围拓展到毗连区内，可以完善毗连区维权民事管辖权的依据。

（三）完善我国专属经济区维权民事管辖权的法律依据

沿海国在专属经济区仅享有开发自然资源的主权性权利。目前我国调整专属经济区法律关系的法律是1998年6月26日第九届全国人民代表大会常务委员会第三次会议通过的《专属经济区和大陆架法》。该法规定了我国在专属经济区内对开发利用自然资源活动的管辖权力。专属经济区内自然资源开发活动涉及大量的民事法律关系，《专属经济区和大陆架法》作为已有的法律规范是我国专属经济区维权民事管辖权的依据，除此之外的其他法律规范无论是在适用范围上，还是从法律规范的内容上来说，都无法援引或者通过授权成为专属经济区维权民事管辖权的法律依据。因此，在专属经济区内，海上维权民事管辖权需要在现有的《专属经济区和大陆架法》的框架下制定实施细则。具体来说，应当从以下几个方面进行完善：

1. 专属经济区内从事自然资源开发利用活动的主体法律规范。民事主体是构成民事法律关系的重要要素，也是行使海上维权民事管辖权的必要条件之一，所以，有必要制定规范专属经济区内自然资源开发活动主体的法律规范，方便对专属经济区内自然资源开发利用活动的管辖。在现有民事法律规范关于民事主体规定的基础上，针对海洋活动特殊性，增加由海洋民事主体所有，但又具有自动运行能力的特殊的海洋活动主体的法律规范，如海上构筑物、无人潜航器、水下自动探测设施等。

2. 专属经济区内自然资源开发利用活动民事纠纷解决的法律规范。专属经济区内自然资源开发和利用的民事纠纷解决法律规范是海上维权民事管辖权具体解决纠纷的法律依据，完善程序性的法律规范能够为海上维权民事活动提供指引，为海上维权民事管辖权提供更好的法律依据。这些纠纷解决的法律规范需要以我国诉讼程序、仲裁程序、调解程序为基础，结合专属经济区内自然资源开发利用的具体实际，制定专门的法律规范。如可以设置专属经济区自然资源纠纷调解委员会，负责调解有关专属经济区自然资源开发利用产生的纠纷，也可以在部分沿海港口设置专门的海洋资源开发利用仲裁委员会，负责具体纠纷的仲裁工作。

3. 专属经济区内自然资源开发利用的法律责任规范。海洋资源开发的权利与责任并存，制定专属经济区内开发利用自然资源的责任规范，建立权利与义务的对应规范，可以将海上维权民事管辖权与司法职能紧密联系到一起，为专属经济区内维权民事管辖权提供有力的规范保障。这种责任的设置要突破诸如《中华人民共和国环境保护法》等设置的单一的法律责任，综合在专属经济区内进行自然资源开发的环境保护、生态养护、航道维护等法律责任，通过制定专项责任法规，整合各个部门法或者单项行政法规中的责任，形成专属经济区内自然资源开发利用的综合性法律责任规范。

（四）完善我国公海维权民事管辖权的法律依据

公海是整个海洋海域划分中享有自由权利最多的海域。一般来说，任何沿岸国家都没有权利单方面去制定法律规章制度管理公海，因此完善公海维权民事管辖权的国内立法相对困难。但是，沿海国可以遵循有关国际公约，如《公约》《国际海上人命安全公约》《国际海上避碰规则公约》等相关条约的内容制定可以适用于处理本国与外国之间海上关系的国内法律规范。那么，完善公海维权民事管辖权的法律依据，具体来说有以下几个方面：

1. 制定有关公海的国内法律规范。目前我国的国内立法并没有制定公海方面的立法，这部国内法律规范的缺失，是导致公海海上民事维权管辖困难的一个原因。另外，公海又是世界各国行使管辖权最弱的海域，在公海海域很难有大量的法律规范去规制海上民事活动，也缺乏相应的国际条约或者国际习惯法，这也是公海民事维权的客观现实。所以，为了更好地维护我国在公海的民事权益，可以尝试制定公海民事权益保护的专项国内法律规范，或者在国际法的框架下参与国际条约的制定，积极参加到海洋民事维权国际习惯法的形成过程中，抑或在现有民事权益保护法律规范体系结构的基础上，增加有关公海保护的章节或者条款，如在民法法典的编纂体系中，在分则部分增加专门的海洋民事权益保护章节。

2. 完善国际涉海公约的实施细则。《公约》是调整各个国家海洋行为规范的重要依据。《公约》的制定过程是多个国家参与的过程，代表了各个国家的利益。《公约》的实施，在一定程度上需要国内法的转化，因为世界各国法律制度和体系的差异，有些时候《公约》并不一定就能在各国的法律实践中直接引用。以目前的情况来看，我国《领海及毗连区法》《专属经济区和大陆架法》等国内立法的制定和实施，是对《公约》的国内法转化，细化了《公约》部分条款的规定。在公海维权民事管辖权法律依据缺乏的情况下，也可以比照涉及公海维权民事管辖权的国际公约，以国内法的形式对这些国际公约进行转化，并加以整合，形成公海维权民事管辖权的法律依据。

3. 制定国际公约。同我国的状况一样，世界各国在公海的民事权益，都是各国在公海的海洋利益，在有着共同利益的前提下，可以尝试制定维护民事权益的国际公约，构建公海民事管辖的法律规范体系和机制，公平友好地处理海上民事争议，为公海的自由维持一个和平稳定的秩序，尤其是在公海生物资源保护、公海民事争议处理方面，发挥更加积极的作用，同时也为我国公海维权民事管辖权建立了更充分的国际法律依据。

二、构建我国海洋维权民事管辖权的协调机制

（一）构建我国海洋维权行政管辖权与民事管辖权的协调机制

目前我国海洋管理采用的是集中型管理模式，这意味着行政管理在现有海洋事务的管理中占绝大部分比重。2018 年，第十三届全国人民代表大会第一次会议批准通过了《关于国务院机构改革方案

的决定》,在国务院机构此次的改革过程中,海洋管理的职能得到进一步的整合。自然资源部的成立,整合了海洋资源开发管理的职能,对外依然保留国家海洋局的牌子。实质上,本次国务院机构改革将原国家海洋局海洋行政管理职能并入自然资源部,将原国家海洋局的海上执法职能并入中国人民武装警察部队海警总队。这样一来,自然资源部成为最主要的海洋行政管理机关,成为我国在海洋维权行政管辖与民事管辖权协调机制下,行政管辖权向民事管辖权对接的主体。另外,从司法职能领域的海洋维权行政管辖权与民事管辖权的协调机制来看,根据《最高人民法院关于审理发生在我国管辖海域相关案件若干问题的规定(二)》这一司法解释的规定,我国人民法院在审判执行工作中,如果发现违法行为,需要有关单位对其依法处理的,应及时向相关单位提出司法建议,必要时可以抄送该单位的上级机关或者主管部门。[5]该规定建立了海洋维权民事管辖权或刑事管辖权与海洋维权行政管辖权的协调机制。我国海洋维权行政管辖权与民事管辖权的协调机制应当在这种模式和制度框架下进行构建。具体来说,包括以下几个方面的内容:(1)中国海警局是海洋维权行政管辖权的承担主体。2018年6月22日,第十三届全国人民代表大会常务委员会第三次会议审议通过了《全国人民代表大会常务委员会关于中国海警局行使海上维权执法职权的决定》,明确规定了中国海警局在海洋维权执法中的相关职责。在行政管辖权的职能安排方面,中国海警局执行海洋资源开发利用、海洋生态环境保护、海洋渔业管理、海上缉私等方面的执法任务,行使法律规定的有关海洋行政管理机关相应的执法职权,是各个海洋管理部门的执法主体,行使各个海洋管理部门授予的海洋事务的行政管辖权。

---

〔5〕《最高人民法院关于审理发生在我国管辖海域相关案件若干问题的规定(二)》第2条规定:"人民法院在审判执行工作中,发现违法行为,需要有关单位对其依法处理的,应及时向相关单位提出司法建议,必要时可以抄送该单位的上级机关或者主管部门。违法行为涉嫌犯罪的,依法移送刑事侦查部门处理。"

(2)我国涉海管理部门是海洋民事维权管辖的对接主体。虽然说中国海警局承担了各个涉海机构的执法职责,但行政管辖权依然是各个海洋管理部门依法享有的职权,并依法承担海洋事务管理的责任,因此在这些涉海管理部门的职责配置下,涉及海上维权的民事部分也应当属于涉海管理部门的职责范畴之内,并不绝对地与行政管理相隔离。无论行政管辖或是民事管辖,其目的都是保障海洋开发利用活动的有序开展,维护和平稳定的海洋建设和发展的环境。在这一点上,我国海洋维权的行政管辖权和民事管辖权是互相协调的。所以,中国海警局在海洋行政执法过程中,需要建立与具体的涉海行政管理部门相协调的海洋行政执法机制,对于行政执法过程中遇到的属于民事管辖范畴内的事项,与其相对应的海洋行政管理部门联系,将执法过程中遇到的情况及时通报给有关海洋行政管理部门,由有关的海洋行政管理部门负责及时处理海上维权民事管辖权的相关问题。(3)调整涉海管理部门的职能安排是行政管辖权与民事管辖权协调的具体方法。海洋管理部门的职能是通过行政管理手段调整海洋开发利用的相关活动,那么行使海上维权民事管辖权的目的是解决民事冲突,维护基本的权益,在这一点上,海洋管理部门需要弱化行政管理的模式,适当调整其职能安排,中立或者与民事主体保持平等的地位,参与海洋民事维权的过程。另外,海洋行政管理部门大量的海洋管理经验也是完善海洋维权民事管辖权立法的实践来源,可以通过提出修改相关的法律议案,进一步推进我国海洋民事管辖权的行使。

(二)构建我国海洋维权刑事管辖权与民事管辖权的协调机制

海洋活动本身具有复杂性,涉及多方面的法律规范,就目前我国的海上维权执法力量建设来说,历经多次调整,分工逐渐明确,海上维权执法力量在历次海上维权执法机构改革过程中逐渐集中,形成了以警察和军队作为依托的重要海上执法力量。现有的海上维权执法力量，即中国海警，在我国海洋维权方面的管辖权是刑事管辖权，并不具有民事管辖权。所以，要行使我国海洋维权民事管辖权，必须依托现有的海上维权执法力量的职能，构建我国海洋维权刑事管辖权与民事管辖权的协调机制，充分利用现有海上维权执法的职能体系配置，才能更好地维护海上民事权益。具体来说，海洋维权刑事管辖权与民事管辖权的协调，主要是在司法职能范围内的协调。例如，依据《最高人民法院关于审理发生在我国管辖海域相关案件若干问题的规定（二）》的规定，我国人民法院在审判执行工作中，发现违法行为涉嫌犯罪的，应依法移送刑事侦查部门处理。〔6〕那么，刑事管辖权与民事管辖权的协调，需要结合中国海警局侦查、维权、执法等职权。2013年，国家海洋局重组，中国海警局正式挂牌，成为维护我国海上权益的重要警察力量。2018年在国务院进行的机构改革中，将海警队伍作为一个整体，划归到中国人民武装警察部队中，接受其领导和指挥，并统一履行海上维权执法的职责。我国海警队伍整体划归到武警部队中，并调整领导和指挥体制，将海上维权执法的职责进行统一，这样的制度安排没有改变海警基本任务的属性，也没有改变中方在相关涉海问题上的原则立场。〔7〕2018年6月22日，第十三届全国人民代表大会常务委员会第三次会议通过了《全国人民代表大会常务委员会关于中国海警局行使海上维权执法职权的决定》，明确了中国海警局履行海上维权执法职责，赋予其对海上发生的刑事案件行使侦查权，行使法律规定的公安机关相应的执法职权。具体来说，海上维权执法职责包括了维护海上治安、海洋资源开发利

---

〔6〕《最高人民法院关于审理发生在我国管辖海域相关案件若干问题的规定（二）》第2条规定："人民法院在审判执行工作中，发现违法行为，需要有关单位对其依法处理的，应及时向相关单位提出司法建议，必要时可以抄送该单位的上级机关或者主管部门。违法行为涉嫌犯罪的，依法移送刑事侦查部门处理。"

〔7〕"组建中国人民武装警察部队海警总队"，载新华网：http://www.xinhuanet.com//mrdx/2018-06/29/c_137289498.htm，2018年11月2日最后访问。

用、海洋渔业管理等各个方面，基本上涵盖了大多数海洋活动。这些海洋活动中包含了大量的民事法律关系，而刑事管辖权所涉及的案件，在危害后果上都具有相当程度的严重性或者产生严重后果的可能，所以中国海警局在行使海上刑事案件侦查权的过程中，可能发现涉及海上维权民事争议的案件，一般都是涉及海上民事维权重大利益或者涉及多数海上民事主体权益的案件，因此，海洋维权刑事管辖权与民事管辖权的对接单位，应当是中国海警局与人民检察院，也就是说，中国海警局在行使海上刑事案件侦查权的过程中，发现有涉及海上维权民事管辖的案件，应当及时通知相应的人民检察院。人民检察院在接到中国海警局的通知后，及时作出是否需要立案的决定，并通知中国海警局。人民检察院认为需要中国海警局协助调查的，应当请求中国海警局及时对需要调查的事项开展调查，中国海警局应协助人民检察院行使海上维权民事管辖权。

（三）构建我国海洋维权外交豁免权与民事管辖权的协调机制

外交豁免的本质是身份的豁免。依据《维也纳外交关系公约》的相关规定，外交人员享有豁免权，实际上享有外交豁免权的人员除了外交代表之外，还包括其配偶、未成年子女、成年未婚儿女这些人员。从外交豁免的发展情况来看，在民事关系领域，大多数国家都主张限制豁免原则，也就是说在民事关系领域，享有外交豁免权的人员受到其所在国的除民事执行管辖权之外的其他民事管辖权的制约，如外交人员以自己的名义在派出国购买商品，与当地商品提供者发生民事纠纷被起诉到法院，此时该外交人员不能主张自身因为外交人员的身份而享有豁免权。那么在我国管辖海域范围内，外交人员的民事活动行为同样也应当受到民事管辖权的制约。不过考虑外交人员身份的特殊性，海洋维权外交豁免权与民事管辖权需要建立一定的协调机制，需要区分外交人员和非外交人员的身份，以及其所从事活动的性质是否属于外交活动，才能准确地维护我国海洋民事权益。具体来说有以下几个方面的内容：

1. 需要对海洋民事主体的身份进行确认。外交人员身份的确认需要海洋维权执法机构与我国外交部门或者外国在我国的使领馆建立相应的协调机制，在身份确认方面建立相应的信息交流机制，才能核查海洋民事纠纷中的当事方是否属于外交人员，以及其民事行为是否属于执行外交工作或任务。

2. 选择适当的管辖权。如果是外交人员从事的属于外交活动范畴内的海洋民事活动，那么该外交人员享有外交豁免权，不能因为该纠纷对此外交人员采取任何措施。如若是外交人员但其从事的海洋民事活动不属于外交活动的范畴，那依然可以行使海洋民事管辖权，按照正常的民事纠纷解决程序进行。那么在具体的认定过程中，需要与对方的使领馆有一定的协调，他国的使领馆可以对本国的外交人员的行为提供担保或证明，作为我国民事纠纷解决机构在认定是否行使管辖权时的参考。

3. 海洋民事案件的移交。对于外交豁免的案件，海洋维权执法机构或者司法机构应当向我国外事部门或者外交部移送，将海洋民事争议的事实、争议焦点、侵权损害等情况如实反馈，避免因为外交豁免而使得本国人的海洋民事权益缺乏保障的情形出现。

4. 海洋民事权益受损的补偿。海洋民事侵权发生后，享有外交豁免权的民事主体不受我国民事管辖相关程序的约束，但并不代表海洋民事侵权事实不存在，海洋民事权益受损一方应当受到相应的补偿，因此需要协调外交豁免权与民事管辖权。海洋民事权益受损的一方在对方享有外交豁免权的情形下，可以向我国的外事部门或者外交部门申请获得相应的补偿，也就是说通过申请补偿这种方式，实现对本国海洋民事主体权益的有效保护。

（四）构建我国海洋维权国家豁免权与民事管辖权的协调机制

国际法上的国家豁免指一个国家或其政府不受另一个国家国内

法院的管辖。[8]在海洋维权方面,可能存在国家豁免问题的地方主要集中于一国的军舰或者非商业目的政府船舶所涉及的海洋民事法律争议。海洋维权所涉及的国家豁免问题的本质,是一国在海洋上的国家行为问题,也就是说判断某个民事行为是否享有国家豁免权,需要判断该民事行为是否属于国家行为。如若是国家行为,沿海国无法就该行为实行海洋管辖权。在这种情形下,虽然一国的海洋民事侵权行为因为国家豁免权无法被沿海国的国内法院管辖,但海洋民事侵权的事实是客观存在的,而且即便沿海国的国内法院无法在司法的职权范围内对海洋民事侵权行为行使管辖权,在行政职权范畴内,该民事侵权行为仍然要受到相应的规制,这就需要构建海洋维权国家豁免权与民事管辖权的协调机制,以贯彻法律的公平正义,使每个海洋民事主体的权益都得到保障。我国海洋维权国家豁免权与民事管辖权的协调机制构建需要从国内法和国际法两个层面去考虑:

1. 国内法的层面。我国海洋维权国家豁免权与民事管辖权的国内法协调,是在遇到国家豁免权的情况下以国内法的视角去解决海洋民事权益受损的问题。(1)在国内法范畴内,司法无法对国家豁免权情形下的民事侵权行为进行管辖。具体来说可以建立以行政管理为中心的海洋维权协调机制。发生海洋侵权行为时,海洋执法机构因存在国家豁免权无法对民事侵权行为进行管辖时,海洋执法机构可以先行在海洋行政管理的职权范围内制止民事侵权行为,及时采取措施,对受损一方的民事权益进行保护,对相应的损失给予补偿。(2)在海洋行政管理的内部,将涉外损害的情形向上级机关报告,将事件的报告和现行处理的情况上报到上级机关,由上级机关与外交部门对接和沟通,最后由外交部门和侵权国家的相关部门进行

[8] 龚刃韧:《国家豁免问题的比较研究——当代国际公法、国际私法和国际经济法的一个共同课题》,北京大学出版社 1994 年版,第 11 页。

沟通,通过外交或者其他途径对海洋民事损害进行补偿。

2. 国际法层面。我国在国际法层面开展海洋民事维权的依据是国际条约,所主张的诉求是国家责任。因国际条约规定的具体内容因具体情形而定,我国依据国际条约所诉求的国家责任也有所不同。如《公约》对不同海域中国家豁免权以及承担国际责任的不同规定,使国际法层面上的海洋民事维权因民事侵权行为发生的海域不同而有所区别。以军舰为例,在公海上,一个国家的军舰不受船旗国以外的任何国家管辖,享有公海上的完全豁免权。[9] 但是在领海范围内,沿海国如果因一国军舰不遵守沿海国有关通过领海的法律、规章、《公约》的规定,或其他国际法规则,使得沿海国受到损害,那么该军舰的船旗国应当承担国际责任。[10] 同样,在适用于国际通行的海峡内,享有主权豁免的船舶所属的船旗国或飞机的登记国,在该船舶或飞机不遵守这种法律和规章或本部分的其他规定时,应当对海峡沿岸国遭受的任何损失和损害负有相应的国际责任。[11] 因此,在国际法层面上的海洋民事维权需要首先认定国家不法行为,才能依据一国的不法行为主张民事侵权国家承担相应的责任。这种国家与国家之间海洋民事权益的争议,需要以国家作为两个平等的法律主体来进行维权的相关程序。

---

〔9〕《公约》第七部分第 95 条规定:"军舰在公海上有不受船旗国以外任何其他国家管辖的完全豁免权。"

〔10〕《公约》第二部分第 31 条规定:"对于军舰或其他用于非商业目的的政府船舶不遵守沿海国有关通过领海的法律和规章或不遵守本公约的规定或其他国际法规则,而使沿海国遭受的任何损失或损害,船旗国应负国际责任。"

〔11〕《公约》第二部分第 42 条第 5 款规定:"享有主权豁免的船舶的船旗国或飞机的登记国,在该船舶或飞机不遵守这种法律和规章或本部分的其他规定时,应对海峡沿岸国遭受的任何损失和损害负国际责任。"

三、调整我国海洋维权民事管辖权的司法职能

（一）调整我国海事法院海洋维权民事管辖权的司法职能

2015 年 12 月 28 日，经我国最高人民法院审判委员会第 1674 次会议审议，通过了《最高人民法院关于海事法院受理案件范围的规定》，该规定对海事法院受理案件的范围作了进一步详细的规定，案件类型的归类主要包括海事侵权纠纷案件、海商合同纠纷案件、海洋及通海可航行水域开发利用与环境保护相关纠纷案件、其他海事海商纠纷案件、海事行政案件、海事特别程序案件这六大类型。在原有规定 63 项海事案件类型的基础上增加了 45 项案件类型，将海事案件类型增加至 108 项。增加的案件类型主要是四类：（1）传统航运贸易中新出现的民商事纠纷案件，具体增加为港口货物质押监管合同纠纷等 28 项。（2）海洋开发利用和海洋生态环境保护类民商事纠纷案件，具体增加为污染海洋环境、破坏海洋生态责任纠纷案件等 9 项。（3）民事诉讼法修订后和海事诉讼实践中新出现的程序性案件，具体增加为就海事纠纷申请司法确认调解协议案件等 3 项。（4）具体细化海事行政案件类型，“2001 年规定”仅在第 40 ~ 41 项与第 60 项笼统规定海事行政案件、海事行政赔偿案件和海洋、通海水域行政主管机关依法申请强制执行案件，新的受案范围具体细化为 7 项〔12〕。由此可以看出我国海事法院在海洋维权民事管辖领域的职权包括了海上侵权、海上商事合同、海上贸易、海上特别程序等方面，当然除了民事领域，还包括了海上行政案件的职权。可以说目前我国海事法院的职能配置有综合化的趋势。虽然说《最高人民法院关于海事法院受理案件范围的规定》以涉海职能的整合为立

---

〔12〕《最高人民法院关于海事法院受理案件范围的规定》，载 http://www. court. gov. cn/zixun ~ xiangqing ~ 16682. html，2018 年 10 月 31 日最后访问。

足点对涉海的司法案件类型做了重要的完善和补充，但是缺乏从领海、毗连区、专属经济区、公海这些海域的特征去配置行使司法职权的职能，还需要进一步针对不同海域的情形配置相应的司法职能。此外，海事法院并没有制定海上渔业捕捞方面的民事管辖规定。专属经济区、公海是国际社会重要的海上渔业捕捞场所，也是最原始地利用海洋进行海洋资源开发与利用的活动场所之一，公海的海上渔业捕捞依然占据现代海洋活动的大部分内容，因此，海事法院的司法职能安排，需要考虑到海上渔业活动的民事管辖问题。

（二）调整我国中级人民法院海洋维权民事管辖权的司法职能

根据《民事诉讼法》的规定，中级人民法院仅对重大涉外案件、在本辖区有重大影响的案件、最高人民法院指定管辖的案件这三类案件享有一审的管辖权。[13] 而根据《人民法院组织法》的规定，中级人民法院除了依法管辖一审案件，还管辖基层移送和上诉、抗诉案件。[14] 从职能配置上来看，涉海方面的案件如果由中级人民法院来管辖，必须符合《民事诉讼法》中规定的"重大涉外案件"，或者人民检察院按照审判监督程序提出的抗诉案件这两种情形。在海洋维权民事管辖权的司法职能配置上，中级人民法院的职能配置显得很有局限性，一般来说，海洋维权民事管辖具有涉外性的特征，但是多数都不符合《民事诉讼法》规定的"重大涉外"的程度，这样就为中级人民法院在海洋维权民事管辖权司法职能配置方面设定了比较严苛的

---

〔13〕《民事诉讼法》第 18 条规定："中级人民法院管辖下列第一审民事案件：（一）重大涉外案件；（二）在本辖区有重大影响的案件；（三）最高人民法院确定由中级人民法院管辖的案件。"

〔14〕《人民法院组织法》第 23 条规定："中级人民法院审判下列案件：（一）法律规定由其管辖的第一审案件；（二）基层人民法院报请审理的第一审案件；（三）上级人民法院指定管辖的第一审案件；（四）对基层人民法院判决和裁定的上诉案件、抗诉案件；（五）按照审判监督程序提起的再审案件。"

标准。另一方面,从我国法院设置的体系来看,依据 1984 年 11 月《全国人民代表大会常务委员会关于在沿海港口城市设立海事法院的决定》和《最高人民法院关于设立海事法院几个问题的决定》的规定,我国法院体系中设置了专门处理海事和海商案件的海事法院,海事法院执行特殊的三级两审终审制,相比普通的民事管辖,相当于一审中级人民法院管辖。这种人民法院体系的安排,是将涉海司法职能与其他司法职能相分离,实现专业化的安排,但是目前海事法院在海洋维权民事管辖权方面的司法职能配置还不够全面,需要中级人民法院依据《民事诉讼法》规定对涉海民事维权的职能进行补充,与海事法院的司法职能形成一个完整的海洋维权民事管辖权的司法职能体系,更好地保障海上维权民事管辖权的行使。具体来说,可以通过以下几种途径来调整职能,第一,对《民事诉讼法》第 18 条第 1 项"重大涉外案件"的解释,通过不完全列举的方式,列举出属于"重大"的需要海上维权民事管辖的具体情形,以此方式调整中级人民法院海洋维权民事管辖权的司法职能。第二,对《民事诉讼法》第 18 条作进一步修改和完善,在原有条款的基础上增加一项"涉海民事案件",与其他条款并列为中级人民法院管辖的职能之一,以此方式来调整中级人民法院海洋维权民事管辖权的司法职能。

(三)调整我国最高人民法院海洋维权民事管辖权的司法职能

最高人民法院是司法的最后保障。根据《民事诉讼法》的规定,最高人民法院对全国有重大影响,和其认为应当由其审理的案件行使一审民事管辖权。[15]可以说,最高人民法院是海洋维权司法职能的最后保障。除此之外,最高人民法院在保障海洋维权民事管辖权

〔15〕《民事诉讼法》第 20 条规定:"最高人民法院管辖下列第一审民事案件:(一)在全国有重大影响的案件;(二)认为应当由本院审理的案件。"

方面还有两项重要的职能,一是监督海事法院审判工作的职能,〔16〕二是进行司法解释的职能〔17〕。《最高人民法院关于审理发生在我国管辖海域相关案件若干问题的规定》是最高人民法院行使司法解释职能的表现。因此,为更好地保障我国海上维权民事管辖权的行使,最高人民法院需要依法加强对海事法院审判工作监督的职能,重点监督海上民事案件的司法介入、司法调解、司法审判等方面的工作,及时发现海上民事维权管辖中存在的问题,并作出相应的调整,发挥司法的能动性。最重要的一点就是运用好司法解释的权力。海上维权民事管辖是我国在建设海洋强国战略背景下应对的新问题,海上维权民事管辖的体制机制还尚未完全建立起来,部分制度建设还在探索阶段,在这种情况下,司法解释是海上维权民事管辖权司法职能配置的重要手段,如《最高人民法院关于审理发生在我国管辖海域相关案件若干问题的规定》。那么为更好地配置海上维权民事管辖权的司法职能,最高人民法院可以通过司法解释的方式,补充规定毗连区、专属经济区、公海等现有法律规范未涉及的海域,诸如特种深海、远海捕捞、深海资源开发利用等海上民事维权方面的规定。

(四)调整我国人民检察院海洋维权民事管辖权的司法职能

人民检察院在海洋维权民事管辖权的司法职能主要体现在人民检察院的司法监督职能。根据《人民法院组织法》的规定,中级人民

---

〔16〕《人民法院组织法》第 10 条规定:"最高人民法院是国家最高审判机关。最高人民法院监督地方各级人民法院和专门人民法院的审判工作,上级人民法院监督下级人民法院的审判工作。"

〔17〕《人民法院组织法》第 18 条规定:"最高人民法院可以对属于审判工作中具体应用法律的问题进行解释。最高人民法院可以发布指导性案例。"

法院审理人民检察院按照审判监督程序提出的抗诉案件。[18]此外,《民事诉讼法》也赋予了人民检察院对人民法院监督的司法职能,如《民事诉讼法》第208条至第213条关于人民检察院提出检察建议和检察抗诉的规定。值得注意的是,《民事诉讼法》第55条规定了人民检察院在公益诉讼中的主体资格。[19]这种规定实质上是对民事关系中处于劣势的一方主体民事权益保护的一种机制。人民检察院相比一般民事主体,具有更强的专业性、更容易搜集证据的特点,由它代表民事权益受侵害的一方,参加到司法保护民事权益的程序中来,能够弥补一般民事法律主体在维护自身民事权益能力上的劣势。那么在海上民事维权方面,人民检察院依据上述原理依然可以充分发挥其海上维权民事管辖权的司法职能。具体来说,可以考虑进一步发展和完善我国的公益诉讼制度,将海洋民事维权纳入公益诉讼的范畴之内,或者借鉴公益诉讼制度的模式,建立海洋民事维权制度,并调整和配置人民检察院在海洋民事维权方面的职能。如对我国远海捕鱼渔民的民事权益的保护,是亟须在制度上完善的一个重要现实问题,长期以来我国渔民在远海的捕鱼过程中,受到外国海洋执法机构的罚款、驱逐、扣押甚至外国司法机构审判的案例经常发生,远海渔民的合法民事权在国内法的层面上缺乏相应的保护机制,使得这些渔民的海洋民事权益受到极大的损害而又得不到保障。所

---

〔18〕《人民法院组织法》第23条规定:"中级人民法院审判下列案件:(一)法律规定由其管辖的第一审案件;(二)基层人民法院报请审理的第一审案件;(三)上级人民法院指定管辖的第一审案件;(四)对基层人民法院判决和裁定的上诉案件、抗诉案件;(五)按照审判监督程序提起的再审案件。"

〔19〕《民事诉讼法》第55条规定:"对污染环境、侵害众多消费者合法权益等损害社会公共利益的行为,法律规定的机关和有关组织可以向人民法院提起诉讼。人民检察院在履行职责中发现破坏生态环境和资源保护、食品药品安全领域侵害众多消费者合法权益等损害社会公共利益的行为,在没有前款规定的机关和组织或者前款规定的机关和组织不提起诉讼的情况下,可以向人民法院提起诉讼。前款规定的机关或者组织提起诉讼的,人民检察院可以支持起诉。"

以，在海洋维权民事管辖权制度的完善方面，要特别重视远海渔民海洋民事权益的保护，而不仅仅局限于海洋环境污染等现有的公益诉讼范畴之内的民事权益的维护。因此，调整我国人民检察院海洋维权民事管辖权的司法职能可以从两方面去开展：一是完善现有的公益诉讼制度，将远海渔民的民事权益保障列入公益诉讼制度的范畴，增加人民检察院海洋维权民事管辖权的司法职能。二是调整现有的人民检察院职能，配置有利于海上维权民事管辖权行使的职能，借鉴公益诉讼制度的相关规定，建立海洋民事维权诉讼制度，将人民检察院作为海上维权民事诉讼的主体，维护处于劣势地位的海上民事权益受侵害方，更好地维护海上民事权益。

四、规范我国海洋维权民事管辖权运用的法律程序

（一）规范我国海洋维权民事管辖权认定国籍的法律程序

国籍的认定是判断海洋民事维权是否具有涉外性的必经程序。由于我国《国籍法》并不承认双重国籍，[20]在海上民事维权中我国国籍的认定一般不存在什么问题，而在外国民事主体国籍认定的问题上，由于外国民事主体并不执行单一国籍标准，有可能是双重国籍，甚至多重国籍，往往国籍的认定是比较复杂的问题，如海上船舶的国籍可能有包括本国国旗、多个方便国国籍这样的情形出现。海洋民事维权管辖的前提是清晰确定民事法律关系，只有准确认定国籍，才能够进一步行使海洋维权民事管辖权。那么，在行使我国海洋维权民事管辖权时需要规范认定国籍的法律程序，具体来说，需要考虑以下几个方面的内容：

1. 海洋民事主体国籍的查明程序。查明海洋民事主体的国籍是国籍认定程序的第一步。根据海洋民事主体的分类，海洋民事主

---

〔20〕《国籍法》第 3 条规定："中华人民共和国不承认中国公民具有双重国籍。"

体国籍的查明主要包括自然人国籍的查明、法人国籍的查明、船舶国籍的查明、航空器国籍的查明、潜艇国籍的查明、海上构筑物国籍的查明等。自然人国籍查明的程序指检查自然人身份的证件，如身份证、护照，并做好记录。特殊情况下如身份证或护照遗失，需要通过自然人的语言习惯、生活习惯、文化习惯等其他方式来查明国籍。法人的国籍查明程序指检查法人的登记注册证件、行政审批文件、经营资质许可批件等，并做好记录。船舶、航空器、海上构筑物的国籍查明程序基本相同，指记录船舶悬挂的旗帜所属国、航空器外体展示的国旗所属国、潜水器外体所展示的国旗所属国或浮于水面时所展示的国旗所属国、海上构筑物特定位置标识的国籍所属国，并与注册登记国的信息进行对比，如有不一致的情形，需要进一步询问。

2. 海洋民事主体国籍的确定程序。海洋民事主体国籍的确定程序是为了解决双重或者多重国籍导致无法行使海洋民事管辖权的问题。海洋民事主体国籍确定程序的结果是要最终确定在民事法律管辖权行使中的唯一确定的国籍。那么，海洋民事主体国籍的确定，应当首先平衡海上民事主体权益争议的情况。另外，需要充分合理的论证双重或者多重国籍情形下每种国籍选择的利弊，在此基础上选择能平衡双方民事权益的国籍，确定最终适用民事管辖权过程的国籍。

3. 海洋民事主体国籍的复议程序。海洋民事主体国籍的复议程序是为了保护民事程序中当事方应有的平等民事权益，海洋民事主体在国籍确定程序中，对自身国籍的确定有异议的，可以申请复议。复议的内容主要是根据有异议的海洋民事主体提出的申请理由，核查在海洋民事主体国籍确定程序中各个环节是否存在错误。对于复查的结果，应当以书面方式告知申请人。复议程序应当向与行使海洋民事管辖权相对应的机关的上级机关提出。

(二)规范我国海洋维权民事管辖权适用原则的法律程序

海洋维权民事管辖适用原则的确定是行使海洋维权民事管辖权的重要程序。根据《民事诉讼法》的相关理论,确定民事管辖的原则有级别管辖、地域管辖、移送管辖、指定管辖这四个基本原则。[21]显然,国内《民事诉讼法》确定管辖权的基本原则对于处理海洋维权民事管辖权来说无法直接适用。不过在现有的程序法规范下,确定管辖的原则除了上述《民事诉讼法》规定的几种确定管辖的原则之外,还包括了属地管辖、属人管辖、协议管辖、普遍管辖等确定管辖的原则。在规范我国海洋维权确定管辖原则及其法律程序时,需要综合现有程序法确定管辖原则和海上民事维权的特殊性,从整体考虑适用程序法确定管辖原则,并进一步规范针对不同情况适用不同确定管辖原则的选择程序。所以,需要结合海上维权民事管辖权的具体特征制定、选择适用具体原则的程序,确保海洋维权民事管辖的程序正当性。具体来说,我国海洋维权民事管辖权适用原则的法律程序,需要从以下几个方面进行规范:

1. 规范我国海洋维权民事管辖权适用原则的优先顺位程序。海洋维权民事管辖权所规制的对象是海上民事领域内的法律关系,从法理学的分类上来看,与海上维权民事有关的法律关系依然是属于"私"领域的范畴,而非公领域,所以,在确定海上维权民事管辖原则时,应当首先充分尊重当事方的意思表示,将其作为第一优先顺位,同时,应规范确定意思自治的程序,在涉外关系的处理中规范识别意思自治判断程序,确立书面管辖协议优先于口头协议,并确立作准文本的语言。

2. 规范我国海洋维权民事管辖权适用原则的衡平程序。海洋维权民事管辖权适用原则的衡平程序的设置,主要是从实质正义的

---

〔21〕 江伟主编:《民事诉讼法》(第5版),中国人民大学出版社2011年版,第83页。

角度出发,考虑到部分民事主体如普通渔民在专属经济区或者公海等远离大陆的海域处于海上民事维权的劣势地位,有必要在程序上保证这部分主体的合法民事权益,设置衡平程序,在属人管辖原则或者属地管辖原则的基础上,根据海洋民事维权的具体需要,在程序上增强上述主体海洋民事维权的地位,保障海洋民事维权的公平正义。

3. 规范我国海洋维权民事管辖权适用原则的论证程序。论证我国海洋维权民事管辖权适用原则是一个将国际规则国内化的过程,合理的论证程序是避免引起国家责任或者过度的海洋主张诟病的预防机制,那么,这种论证程序应当包括国际法律依据、国内法律依据、案件的涉外因素、海洋民事维权的诉求这些方面,应当从这些方面去规范我国海洋维权民事管辖权适用原则的论证程序。

(三)规范我国海洋维权民事管辖权采取措施的法律程序

基于海洋维权民事管辖权,在民事管辖范畴内,就海洋维权民事管辖事项采取相应措施是对海洋维权民事管辖权的保障。我国的海洋民事维权在采取措施方面的法律规范体系比较单一,还需要进一步探讨和规范相关的程序。虽然说紧追权是《公约》赋予沿海国在海上采取措施的先行权利,但是,海洋民事维权采取措施应考虑海洋民事维权的特殊性,海洋维权采取措施的范围应当在《民事诉讼法》规定的采取措施的范围基础之上适当将采取措施的范围拓展到诉讼程序之外,以满足不同海域海洋维权的需要,而采取措施的基本原理依然以《民事诉讼法》为基础,根据可适用海域的情况作以变通。具体来说,海洋维权民事管辖采取措施的法律程序,需要从以下几个方面去规范:

1. 海洋民事维权强制措施程序。海洋民事维权的强制措施程序,不拘泥于《民事诉讼法》中关于强制措施的规定。海洋民事维权的强制程序应当与海上紧追权紧密结合,作为海上紧追权行使之后海上民事权益的保障程序。海洋民事维权强制措施程序可以在领海、毗连区、专属经济区、公海适用。海洋民事维权强制措施启动的主体是我国海洋执法机构,对外国海洋民事主体正在侵害我国海洋民事权益或者我国海洋民事主体之间发生侵害的情形采取强制措施,强制措施的采取应当遵循最小侵害原则,适用海洋民事维权强制措施程序时,应当先向侵害一方提出警告,要求其停止侵害行为,对经三次警告之后仍不停止侵害行为的,我国海洋执法主体可以采取靠近和紧追侵权主体的行动,并再次提出警告,如若仍不能制止侵害行为,我国海洋执法主体可以采取强制措施暂时限制侵权主体的行动能力,在必要时可以实施登临行动,对有关违法行为询问并检查。

2. 海洋民事维权保全措施程序。海洋民事维权保全措施程序的规范,主要是为了保护海洋民事争议双方在争议解决过程中预期的民事权益。考虑到海洋自由的基本原则和海上船舶移动性强、海上活动监管难、海洋民事关系复杂等特点,要保护预期海洋民事权益,就需要将保全措施程序规范到对船舶和人员的管理这个范畴内,也就是说,如果发生采取保全措施的情形,那么在采取保全措施之后,船舶或者船员的活动范围将被限定在领海范围以内,直至海上民事纠纷处理完毕。这样的话,采取保全措施程序就需要和海上交通管理部门、海员管理部门、港口管理部门相协调,需要先向有关部门提出申请,得到审批后才能采取保全措施的程序。所以说,海洋民事维权保全措施程序是指与有关部门协调采取保全措施的申请与审批程序。这种程序概括来说,就是由海洋民事争议的当事人提起,经司法职能部门签署同意或者不同意申请的意见后,转交海洋事务管理的职能部门做最终审批。

3. 海洋民事维权执行措施程序。海洋民事维权的执行程序依然以《民事诉讼法》的执行程序为基础。海洋民事维权执行涉外程序比较复杂,需要以司法协助条约为基础才能够进行正常的程序,所以对海洋民事维权执行措施程序的完善还是存在很多困难的。不过海洋民事维权的执行措施程序可以进一步规范的领域是当场采取执行措施，换句话来说，当海洋民事权益受到侵害，在海洋执法机构的参与或者司法机构的参与下，现场处理民事纠纷后，可以当场采取执行措施，如果纠纷处理的过程发生在海上，那么这种情形非常便利于当事双方完成整个海洋民事维权程序。因此，当场执行措施的程序具有很强的时效性。当场执行措施程序启动的主体是海洋维权执法机构或司法机构，参与执行者是民事权益争议双方，执行的标的可当场交付，如现金、货物等其他物品。当场执行程序应当先由争议双方承认当场执行的承诺，然后确认和核对可当场执行的财产实物和清单等，在合理地估价后，双方现场交付被执行的财产，最后实现当场终止执行程序。

（四）规范我国海洋维权民事管辖权纠纷解决的法律程序

行使海洋维权民事管辖权的目标是解决海洋民事纠纷，维护海洋民事权益，其最终落脚点，都要归结到司法程序上来。规范我国海洋维权民事管辖权纠纷解决的法律程序，是落实海洋维权民事管辖权的具体措施。1999 年 12 月 25 日第九届全国人民代表大会常务委员会第十三次会议修订通过了《海事诉讼特别程序法》，该法是审理海事案件的专门法律，是目前我国处理海事纠纷的专门程序法。《海事诉讼特别程序法》主要规定了船舶扣押、船载货物、船舶碰撞、共同海损、船舶优先权等方面的内容，仅代表了海上民事维权的一部分，在此基础上，需要进一步规范海洋维权纠纷解决的法律程序。具体来说有以下几个方面的内容：

1. 现场调解程序。现场调解是解决海上民事权益侵害最直接、最便捷的方式。现场调解程序主要适用于海上权益纠纷人数较少、案情简单清晰的海上民事纠纷。现场调解的主体一般来说是指我国海上维权执法部门，也就是中国海警局。在现场调解开始前，调解主体需要对争议双方的身份进行查明，并征询双方自愿接受调解的意愿。调解的地点必须是在海上民事权益争议的海域现场。调解的过程应当采用记录仪实时记录，并做好录影资料的保存。调解的结果应当以书面材料反映出来，制作中文和外文调解书，并由双方签字认可。需要注意的是，现场调解可以进行的前提是海上权益的补偿有预期的保障，即在调解现场，对于民事权益受到侵害方所受的损失，对方有能力现场赔付。

2. 简易诉讼程序。简易诉讼程序是在保证争议解决公平的基础上，降低诉讼成本，提高效率的一种司法程序的简化。《海事诉讼特别程序法》只援引了《民事诉讼法》简易程序的规定〔22〕，并未专门制定处理海事纠纷的简易程序。那么，在规范我国海洋维权民事简易程序时需要进一步考虑海上民事维权程序的可执行性。这一方面是因为海上民事维权具有涉外性，另一方面也是考虑到海上民事物权管辖的困难，海洋活动主体的行为具有很强的流动性和不可预测性，海上民事侵权发生后，不同于陆地民事侵权案件适用正常程序，在适用法律、调查取证、保全措施、裁决执行等方面相比一般的民事诉讼程序，存在很多困难。因此，我国海上民事维权简易程序适用的前提是能够确保海上民事权益受侵害一方的利益在简易程序结束之后得到真实保障，这就需要在适用简易程序前，增加海洋民事维权可执行性确保程序，可以要求争议双方提供合理的担保，同时也需要司法主体运用其职权，对双方的财产进行调查和评估，以确保整个简易程序顺利开展。

3. 诉讼程序。在现有的程序法律体系下，很难明确界定我国海洋民事维权可以适用哪种程序，既有的《民事诉讼法》和《海事诉讼特别程序法》都不是专门的海洋民事维权程序，所以，可以考虑制定专门的《海洋民事维权程序法》，配合海洋维权民事管辖权的行使。

---

〔22〕《海事诉讼特别程序法》第98条规定："海事法院审理事实清楚、权利义务关系明确、争议不大的简单的海事案件，可以适用《中华人民共和国民事诉讼法》简易程序的规定。"

当然,海洋民事维权程序法的制定应当遵循一般民事诉讼法的基本原理。《海洋民事维权程序法》的制定应按照领海、毗连区、专属经济区、公海海域的划分进行章节的设置和编排,在不同海域适用不同的诉讼程序规范,可以结合不同海域的具体特征,综合纠纷的涉外特性,规范适用管辖权的基本原则,恰当地制定海洋民事维权的程序。

4. 外交程序。外交程序主要针对海上维权民事管辖权与涉外豁免权产生冲突的情形。国际法上的豁免权是基于国家主权之间的相互尊重,海上民事维权涉及另一国外交人员或者国家财产时,普通的民事诉讼程序无法适用这种情形,所以需要通过外交程序来维护相应的海洋民事权益。外交程序启动前,应当根据海上民事权益争议的具体内容,由相对应的海洋主管部门先对纠纷的真实情况作出调查,制作调查报告并转送到地方外事管理部门,然后由地方外事管理部门逐级上报,提起海洋民事维权的外交程序,最终由外交部协调处理。

参考文献

一、著　作

1. 湖北省高院民事庭:《涉外民事诉讼管辖权问题研究》,武汉大学出版社2010年版。
2. 龚刃韧:《国家豁免问题的比较研究——当代国际公法、国际私法和国际经济法的一个共同课题》(第2版),北京大学出版社2005年版。
3. 王佳:《国家侵权行为的管辖豁免问题研究》,世界知识出版社2016年版。
4. 刘元元:《国家财产执行豁免》,厦门大学出版社2016年版。
5. 王卿:《国家豁免权的正当程序保障问题研究》,法律出版社2016年版。
6. 刘力主编:《中国涉外民事诉讼立法研究——管辖权与司法协助》,中国政法大学出版社2016年版。
7. 杨泽伟:《国际法析论》,中国人民大学出版社2017年版。
8. 李军、韩红俊、薛少峰:《中国司法制度》,法律出版社2017年版。
9. [美]伯纳德·施瓦茨:《民主的进程　影响美国法律的"十宗最"》,周杰译,中国法制出版社2015年版。
10. 龚虹波编著:《海洋政策与海洋管理概论》,海洋出版社2015年版。
11. 张兆松:《中国检察权监督制约机制研究》,清华大学出版社2014年版。
12. 屈广清、曲波主编:《海洋法》,中国人民大学出版社2014年版。
13. [斐济]撒切雅·南丹、[以]沙卜泰·罗森主编:《1982年〈联合国海洋法公约〉评注》(第2卷),吕文正、毛彬中译,海洋出版社2014年版。
14. 周忠海:《国际法》,中国政法大学出版社2013年版。

15. 张乃根:《国际法原理》,复旦大学出版社 2012 年版。
16. 薛桂芳:《〈联合国海洋法公约〉与国家实践》,海洋出版社 2011 年版。
17. 宋云霞:《国家海上管辖权理论与实践》,海洋出版社 2009 年版。
18. 薛桂芳、胡增祥:《海洋法理论与实践》,海洋出版社 2009 年版。
19. [英]伊恩·布朗利:《国际公法原理》,曾令良、余敏友译,法律出版社 2007 年版。
20. 徐显明主编:《法理学》,中国政法大学出版社 2007 年版。
21. 张海文主编:《〈联合国海洋法公约〉释义集》,海洋出版社 2006 年版。
22. 陈光中主编:《刑事诉讼法学》,中国人民公安大学出版社 2004 年版。
23. 姜皇池:《国际海洋法》(上),台北,学林文化事业有限公司 2004 年版。
24. 端木正主编:《国际法》,北京大学出版社 2000 年版。
25. [英]奥本海:《奥本海国际法》,詹宁斯、瓦茨修订,中国大百科全书出版社 1995 年版。
26. 陈德恭:《现代国际海洋法》,中国社会科学出版社 1988 年版。
27. [美]博登海默:《法理学、法哲学及其方法》,华夏出版社 1987 年版。
28. 魏敏主编:《海洋法》,法律出版社 1987 年版。
29. 倪征燠:《国际法中的司法管辖问题》,世界知识出版社 1985 年版。
30. Joanna Mossop, *The Continental Shelf Beyond 200 Nautical Miles Rights and Responsibilities*, Oxford University Press, 2016.
31. Philippe Sands, *Principles of International Environmental Law*, Cambridge University Press, 2012.
32. Donald R. Rothwell and Tim Stephens, *The International Law of the Sea*, Hart Publishing, 2010.
33. Daniel Bodansky et al., *The Oxford Handbook of International Environmental Law*, Oxford University Press, 2007.
34. Sheare, *Starke's International Law*, 1*th ed.*, Butterworth, 1994.
35. M. H. Nordquist et al., *United Nations Convention on the Law of the Sea 1982: A Commentary*, Vol. Ⅱ, Martinus Nijhoff Publishers, 1989.

二、论　文

1. 赵建文:《海洋法公约对国家管辖权的界定和发展》,载《中国法学》1996年第2期。
2. 王丽娜:《沿海国对外国船舶的民事管辖权问题探析——以〈联合国海洋法公约〉第28条规定为切入》,载《法学论坛》2016年第5期。
3. 范健、梁泽宇:《人工岛屿国际法地位的历史嬗变》,载《亚太安全与海洋研究》2016年第2期。
4. 谈中正:《科技发展与法律因应:人工固岛的国际法分析》,载《武大国际法评论》2013年第2期。
5. 李晶:《涉外民事管辖权立法完善研究》,载《政治与法律》2013年第8期。
6. 郭华炜:《关于〈物权法〉中捕捞权几个理论问题的探讨》,载《湖北师范第二学院学报》2010年第5期。
7. 张崟:《论国际民事管辖权冲突产生的原因及协调》,载《南昌大学学报》(人文社会科学版)2009年第2期。
8. 高智华:《论实施国家海洋管辖权的若干国际法问题》,载《东南学术》2009年第3期。
9. 杜睿哲:《国际民事管辖权冲突及其解决》,载《兰州交通大学学报》2004年第5期。
10. 朱利江:《国际海洋法法庭释放渔船的司法实践及其对我国的启示》,载《南洋问题研究》2002年第2期。
11. 刘卫国:《论国际民事管辖权的立法趋向》,载《法商研究》(中南政法学院学报)2001年第6期。
12. 赵理海:《国际海洋法法庭:油轮"塞加号"案评介》,载《中外法学》1998年第5期。
13. 刘卫翔:《国际民事管辖权的根据及限制》,载《比较法研究》1996年第4期。
14. 刘振江:《国际民事管辖权冲突及其解决》,载《法律科学》(西北政法学院学报)1990年第2期。
15. Hui Zhang, "The Sponsoring State's 'Obligation to Ensure' in the Development of the International Seabed Area", *The International Journal of Ma-*

rine and Coastal Law, 2013, Vol. 28, No. 4, pp. 681 - 699.

16. Yoshifumi Tanaka, "Obligations and Liability of Sponsoring States Concerning Activities in the Area: Reflections on the ITLOS Advisory Opinion of 1 February 2011", *Netherlands International Law Review*, 2013, Vol. 60, No. 2, pp. 205 - 230.

17. Tim Poisel, "Deep Seabed Mining: Implications of Seabed Disputes Chamber's Advisory Opinion", *Australian International Law Journal*, 2012, Vol. 19.

18. Lingjie Kong, "Environmental Impact Assessment under the United Nations Convention on the Law of the Sea", *Chinese Journal of International Law*, 2011, Vol. 10, No. 3, pp. 651 - 669.

19. David Freestone, "Responsibilities and Obligations of States Sponsoring Persons and Entities with Respect to Activities in the Area", *American Journal of International Law*, 2011, Vol. 105, No. 4, pp. 755 - 760.

20. EC Kamau et al., "The Nagoya Protocol on Access to Genetic Resources and Benefit Sharing: What is New and What are the Implications for Provider and User Countries and the Scientific Community?", *Law & Development Journal*, Vol. 6, No. 3, 2010.

21. David Leary et al., "Marine genetic resources: A review of scientific and commercial interest", *Marine Policy*, 2009. Vol. 33, pp. 183 - 194.

22. Joanna Mossop, "Protecting Marine Biodiversity on the Continental Shelf Beyond 200 Nautical Miles", *Ocean Development & International Law*, 2007, Vol. 38, No. 3, pp. 283 - 304.

23. Tullio Scovazzi, "Mining, Protection of the Environment, Scientific Research and Bioprospecting: Some Considerations on the Role of the International Sea Bed Authority", *The International Journal of Marine and Coastal Law*, 2004, Vol. 19, No. 4, pp. 383 - 410.

24. CH Allen, "Protecting the Oceanic Gardens of Eden: International Law Issues in Deep - Sea Vent Resource Conservation and Management", *Georgetown Environmental Law Review*, 2001 (Spring), Vol. 13.

25. FVW Penick, “The Legal Character of the Right to Explore and Exploit the Natural Resources of the Continental Shelf”, *San Diego Law Review*, Vol. 22, 1985.

26. Anthony Clark Arend, “Archaeological and Historical Objects: The International Legal Implications of UNCLOS Ⅲ”, *Virginia Journal of International Law*, Vol. 22, No. 4, 1982.

27. Shigeru Oda, “The Concept of the Contiguous Zone”, *The International and Comparative Law Quarterly*, 11, 1962, pp. 131 – 153.

28. Gerald Fitzmaurice, “Some Results of the Geneva Conference on the Law of the Sea”, *The International and Comparative Law Quarterly*, Vol. 8, part 1 – 4, 1959, pp. 73 – 121.

三、法律法规

1.《联合国海洋法公约》

2.《生物多样性公约》

3.《中华人民共和国宪法》

4.《中华人民共和国人民检察院组织法》

5.《中华人民共和国人民法院组织法》

6.《中华人民共和国深海海底区域资源勘探开发法》

7.《中华人民共和国海事诉讼特别程序法》

8.《中华人民共和国民事诉讼法》

9.《最高人民法院关于审理发生在我国管辖海域相关案件若干问题的规定（一）》

10.《最高人民法院关于审理发生在我国管辖海域相关案件若干问题的规定（二）》

11.《全国人民代表大会常务委员会关于在沿海港口城市设立海事法院的决定》

12.《最高人民法院关于设立海事法院几个问题的决定》

图书在版编目(CIP)数据

国家海上民事管辖权研究 / 王琦等著. -- 北京 : 法律出版社，2020

ISBN 978 -7 -5197 -4741 -1

Ⅰ.①国… Ⅱ.①王… Ⅲ.①海洋法－国际公法－民事诉讼法－研究 Ⅳ.①D993.5

中国版本图书馆 CIP 数据核字(2020)第 121355 号

国家海上民事管辖权研究
GUOJIA HAISHANG MINSHI GUANXIAQUAN YANJIU

王 琦 等 著

责任编辑 郑怡萍
装帧设计 凌点工作室

出版 法律出版社
总发行 中国法律图书有限公司
经销 新华书店
印刷 北京虎彩文化传播有限公司
责任校对 郭艳萍
责任印制 胡晓雅

编辑统筹 法律教育出版分社
开本 A5
印张 10.25
字数 253 千
版本 2020 年 8 月第 1 版
印次 2020 年 8 月第 1 次印刷

法律出版社/北京市丰台区莲花池西里 7 号(100073)
网址/www.lawpress.com.cn
投稿邮箱/info@ lawpress.com.cn
举报维权邮箱/jbwq@ lawpress.com.cn
销售热线/400 -660 -8393
咨询电话/010 -63939796

中国法律图书有限公司/北京市丰台区莲花池西里 7 号(100073)
全国各地中法图分、子公司销售电话：
统一销售客服/400 -660 -8393/6393
第一法律书店/010 -83938432/8433　西安分公司/029 -85330678　重庆分公司/023 -67453036
上海分公司/021 -62071639/1636　深圳分公司/0755 -83072995

书号:ISBN 978 -7 -5197 -4741 -1　**定价**:42.00 元

四、案　例

1. Advisory Opinion on Responsibility and Liability for International Seabed Mining
2. Certain Activities Carried Out by Nicaragua in the Border Area (Costa Rica v. Nicaragua)
3. Construction of a Road in Costa Rica Along the San Juan River (Nicaragua v. Costa Rica)
4. Case Concerning Pulp Mills on the River Uruguay (Argentina v. Uruguay)
5. Corfu Channel case (United Kingdom v. Albania)